꼭 가봐야 할 버킷리스트 여행지

유네스코
세계문화유산

UNESCO World Cultural Heritage

김후영 지음

상상출판

WORLD MAP

1. **영국** 런던의 국회의사당과 웨스트민스터 사원
2. **영국** 런던 타워
3. **영국** 에든버러의 구시가지와 신시가지
4. **영국** 배스
5. **프랑스** 파리의 센강 강변
6. **프랑스** 베르사유 궁전과 정원
7. **프랑스** 루아르 계곡
8. **프랑스** 몽생미셸
9. **바티칸 시국** 바티칸 시티
10. **이탈리아** 로마의 역사 지구
11. **이탈리아** 베네치아와 석호
12. **이탈리아** 피렌체의 역사 지구
13. **이탈리아** 친퀘테레 해안 마을
14. **독일** 중상류 라인 계곡
15. **벨기에** 브뤼헤의 역사 지구
16. **오스트리아** 빈의 쇤브룬 궁전과 정원
17. **스페인** 바르셀로나의 안토니 가우디 건축물
18. **스페인** 그라나다의 알람브라
19. **포르투갈** 포르투의 역사 지구
20. **포르투갈** 신트라의 문화경관
21. **튀르키예** 이스탄불의 역사 지구
22. **체코** 프라하의 역사 지구
23. **헝가리** 부다페스트의 다뉴브강 강변과 부다성 지구
24. **크로아티아** 두브로브니크의 구시가
25. **우크라이나** 키이우의 성 소피아 대성당과 수도원 건물들
26. **에스토니아** 탈린의 역사 지구
27. **조지아** 스바네티 북부 지방
28. **아르메니아** 게하르트 수도원과 아자트 계곡
29. **일본** 교토의 역사 기념물

- ㉚ 중국 만리장성
- ㉛ 중국 리장의 구시가
- ㉜ 캄보디아 앙코르 신전
- ㉝ 스리랑카 갈의 구시가와 요새
- ㉞ 인도 델리의 붉은 요새 복합단지
- ㉟ 인도 아그라의 타지마할
- ㊱ 우즈베키스탄 사마르칸트의 문화 교차로
- ㊲ 이란 페르세폴리스
- ㊳ 요르단 페트라
- ㊴ 예멘 사나의 구시가
- ㊵ 이집트 룩소르
- ㊶ 이집트 기자 피라미드와 스핑크스
- ㊷ 에티오피아 랄리벨라의 암굴 교회군
- ㊸ 케냐 라무의 구시가
- ㊹ 탄자니아 잔지바르의 스톤타운
- ㊺ 모로코 마라케시의 메디나
- ㊻ 말리 도곤 카운티의 반디아가라 절벽
- ㊼ 니제르 아가데즈의 역사 중심지
- ㊽ 미국 메사버드 국립공원
- ㊾ 멕시코 치첸이트사 유적
- ㊿ 쿠바 아바나의 구시가와 요새
- 51 아이티 상수시 궁전과 라미에르 성채
- 52 콜롬비아 카르타헤나의 구시가
- 53 페루 쿠스코의 구시가
- 54 페루 마추픽추 역사보호지구
- 55 브라질 리우데자네이루의 산과 바다 사이 카리오카 경관
- 56 브라질 살바도르 데 바이아의 역사 지구
- 57 피지 레부카의 역사적 항구 도시
- 58 호주 포트 아서 유형지

PROLOGUE

●

유네스코UNESCO는 유엔교육과학문화기구United Nations Educational Scientific and Cultural Organization 입니다. 1945년 설립된 유네스코는 프랑스 파리에 본부를 둔 유엔의 전문기구로서 전 세계의 교육과 과학, 문화와 관련하여 빈곤국에서의 문맹 퇴치율 향상이나 교육을 통한 인간 사회의 차별 해소 등 인류의 보편적 삶의 질을 향상시키는 데 기여하고 있는 국제기구입니다.

특히 유네스코는 위에서 언급한 것처럼 인류가 창조한 역사적 가치를 지닌 다양한 유형의 문화적 아이템을 세계문화유산으로 지정하여 유네스코 공식 웹사이트(whc.unesco.org)를 통해 나라별로 문화유산 지역을 리스트업해 알리고 있습니다. 이 리스트에는 우리가 잘 아는 프랑스 파리의 에펠탑과 같은 건축물에서부터 앙코르와트 같은 신전, 이집트 피라미드와 같은 고대 유적, 오만의 관개수로와 같은 구조물까지 실로 방대한 영역의 인류유산이 포함되어 있습니다.

또한 유네스코에서는 문화유산을 지정하는 일뿐만 아니라 문화유산으로 지정된 곳의 관리, 보호, 보존 등에도 관심을 기울이고 있으며 위험에 처한 곳이나 위협을 받고 있는 곳도 알리고 있습니다. 그러하기에 일부 세계유산 중에는 관리나 보존이 제대로 되지 않아 리스트에서 제외되는 곳들도 있습니다. 이러한 면에서 볼 때 잘 알려지지 않은 역사적 명소가 유네스코 세계문화유산 리스트에 속하게 되어 많은 사람들의 관심을 받게 됩니다. 더불어 사람들의 무관심 속에 방치되다시피 한 곳도 사람들의 관심과 여행자들의 방문으로 인해 관리와 보존에 더욱 신경을 쓰게 되는 효과가 있습니다.

현재 전 세계 195개국 중 167개국 1,157군데가 유네스코에서 지정한 세계유산으로 등록되어 있습니다(자연유산 포함). 상당 지역의 세계문화유산은 전 세계 여행자들의 방문으로 매우 인기 있는 여행지가 되었지만 일부 지역에서는 관리, 보호하는 데에 어려움을 겪고 있는 것도 사실입니다.

○ UNESCO

　저는 개인적으로 남들이 다녀오지 않은 곳을 여행하는 것을 좋아합니다. 대학시절부터 전 세계 곳곳을 다니다 보니 알게 모르게 유네스코에 의해 지정된 세계문화유산의 상당수를 다녀오게 되었습니다. 세계문화유산 지역은 단순히 인기 있는 관광지라기보다는 그 지역적 특성에 따라 역사적 가치를 지닌 도시나 유적, 건물이라서 더욱 흥미를 느끼게 되었습니다. 그 후 세계문화유산에 관심을 가지고 잘 알려지지 않은 세계문화유산도 일부러 찾아가 둘러보게 되었습니다.

　이 책은 지난 20여 년간 다녀온 세계문화유산 중 일부를 선별하여 글과 사진으로 소개한 책입니다. 그중에는 오래전에 다녀온 곳도 있고 최근에 다녀온 곳도 있습니다. 서아프리카에 위치한 말리의 도곤 카운티와 니제르의 아가데즈 같은 곳은 혹독한 환경과 열악한 편의시설 등으로 지금까지 여행해 본 지역 중 가장 여행하기가 힘들었던 곳입니다. 하지만 지금 와서 생각하면 모든 지역이 꿈같이 그립기도 하고 수많은 세계문화유산을 국내의 독자들에게 소개한다는 사실만으로 감개무량하기도 합니다.

　저는 인류 역사나 문화유산에 대단한 전문지식이 있는 사람이 아닙니다. 또한 대학에서 사진을 전공하지도 않았습니다. 아무쪼록 부족한 글과 사진이지만 너그럽게 봐주시고 인류의 문화유산에 대한 이해와 앞으로의 여행길에 작은 도움이나마 될 수 있길 진심으로 바라며 이 글을 마칩니다.

　마지막으로 저의 여행길에 늘 동행하시고 후원하시는 하나님께 감사를 드립니다. ❦

김후영

CONTENTS

WORLD MAP ▪ 4
PHOTO ALBUM ▪ 6
PROLOGUE ▪ 12

CHAPTER 1
EUROPE

UNITED KINGDOM
런던의 국회의사당과 웨스트민스터 사원 ▪ 20
런던 타워 ▪ 26
에든버러의 구시가지와 신시가지 ▪ 31
배스 ▪ 36

FRANCE
파리의 센강 강변 ▪ 42
베르사유 궁전과 정원 ▪ 50
루아르 계곡 ▪ 54
몽생미셸 ▪ 60

VATICAN CITY
바티칸 시티 ▪ 64

ITALY
로마의 역사 지구 ▪ 71
베네치아와 석호 ▪ 79
피렌체의 역사 지구 ▪ 88
친퀘테레 해안 마을 ▪ 93

GERMANY
중상류 라인 계곡 ▪ 99

BELGIUM
브뤼헤의 역사 지구 ▪ 105

AUSTRIA
빈의 쇤브룬 궁전과 정원 ▪ 110

SPAIN
바르셀로나의 안토니 가우디 건축물 ▪ 115
그라나다의 알람브라 ▪ 122

● UNESCO

| PORTUGAL | 포르투의 역사 지구 ▪ 130 |
| | 신트라의 문화경관 ▪ 138 |

| TURKEY | 이스탄불의 역사 지구 ▪ 144 |

| CZECH | 프라하의 역사 지구 ▪ 151 |

| HUNGARY | 부다페스트의 다뉴브강 강변과 부다성 지구 ▪ 158 |

| CROATIA | 두브로브니크의 구시가 ▪ 163 |

| UKRAINE | 키이우의 성 소피아 대성당과 수도원 건물들 ▪ 168 |

| ESTONIA | 탈린의 역사 지구 ▪ 173 |

| GEORGIA | 스바네티 북부 지방 ▪ 180 |

| ARMENIA | 게하르트 수도원과 아자트 계곡 ▪ 184 |

CHAPTER 2
ASIA

| JAPAN | 교토의 역사 기념물 ▪ 194 |

| CHINA | 만리장성 ▪ 199 |
| | 리장의 구시가 ▪ 204 |

| CAMBODIA | 앙코르 신전 ▪ 210 |

CONTENTS

	SRI LANKA	갈의 구시가와 요새 ▪ 219
	INDIA	델리의 붉은 요새 복합단지 ▪ 224
		아그라의 타지마할 ▪ 228
	UZBEKISTAN	사마르칸트의 문화 교차로 ▪ 232
	IRAN	페르세폴리스 ▪ 238
	JORDAN	페트라 ▪ 243
	YEMEN	사나의 구시가 ▪ 250

CHAPTER 3
AFRICA

	EGYPT	룩소르 ▪ 260
		기자 피라미드와 스핑크스 ▪ 265
	ETHIOPIA	랄리벨라의 암굴 교회군 ▪ 270
	KENYA	라무의 구시가 ▪ 276
	TANZANIA	잔지바르의 스톤타운 ▪ 284
	MOROCCO	마라케시의 메디나 ▪ 290
	MALI	도곤 카운티의 반디아가라 절벽 ▪ 296
	NIGER	아가데즈의 역사 중심지 ▪ 302

CHAPTER 4
AMERICA & OCEANIA

USA	메사버드 국립공원 ▪ 310
MEXICO	치첸이트사 유적 ▪ 314
CUBA	아바나의 구시가와 요새 ▪ 319
HAITI	상수시 궁전과 라미에르 성채 ▪ 326
COLOMBIA	카르타헤나의 구시가 ▪ 330
PERU	쿠스코의 구시가 ▪ 336 마추픽추 역사보호지구 ▪ 341
BRAZIL	리우데자네이루의 산과 바다 사이 카리오카 경관 ▪ 345 살바도르 데 바이아의 역사 지구 ▪ 350
FIJI	레부카의 역사적 항구 도시 ▪ 356
AUSTRALIA	포트 아서 유형지 ▪ 362

☐ UNITED KINGDOM

☐ FRANCE

☐ VATICAN CITY

☐ ITALY

☐ GERMANY

☐ BELGIUM

☐ AUSTRIA

☐ SPAIN

☐ PORTUGAL

☐ TURKEY

☐ CZECH

☐ HUNGARY

☐ CROATIA

☐ UKRAINE

☐ ESTONIA

☐ GEORGIA

☐ ARMENIA

CHAPTER 1
EUROPE

UNITED KINGDOM

런던의 국회의사당과 웨스트민스터 사원

House of Parliament & Westminster Abbey in London

Information

국가	위치	등재연도
영국	런던	1987년

영국 왕실이 거주하였던 고딕 양식의 웨스트민스터궁은 오늘날 영국 의회 정치의 본가인 국회의사당으로 사용되고 있다. 웨스트민스터 사원은 런던의 대표적인 교회 건축물로 역대 잉글랜드 국왕들의 대관식이 열린 곳이자 역대 국왕들의 시신이 안장되어 있는 곳이다. 이 건축물을 통해 900여 년간 지속된 영국 의회주의와 영국 왕실의 역사적 모습과 관계성을 엿볼 수 있다.

런던의 국회의사당 House of Parliament은 아마도 런던에서 가장 아름다운 건축물이 아닐까 싶다. 그만큼 런던을 대표하는 건축물이기도 하다. 런던의 국회의사당은 영국의 대표적인 고딕 건축물로 1987년 유네스코 세계문화유산으로 등재되었다. 런던의 국회의사당은 민주주의의 꽃이라 불리는 영국 의회 정치의 산실이자 영국 의회 정치의 본가이다. 사실 이곳은 1512년 대화재로 인해 건물이 크게 손상되기 전까지 11세기경부터 잉글랜드 왕실이 거주하던 곳으로 웨스트민스터궁 Westminster Palace으로 불렸다. 1512년의 대화재 이후 이 건물은 더 이상 왕궁으로 사용되지 않고 의회 건물로 사용되기 시작하였다. 1834년에도 다시 큰 화재가 나서 웨스트민스터 홀만 남기고 크게 전소되었는데, 그 후 30년(1840~1870)에 걸쳐 대대적인 재건을 통해 오늘날의 모습을 갖추게 되었다. 당시 재건축을 맡은 인물은 찰스 배리 Charles Barry 경으로 건물 전체를 고딕 복고 양식으로 설계하여 지금의 모습을 갖추게 했다. 오늘

PHOTO ❶
웨스트민스터 사원

PHOTO ❷
템스강 맞은편에서 바라본 국회의사당과 빅벤

PHOTO ❸
국회의사당 건물
외벽에 장식된 조각물

PHOTO ❹
예수와 12사도,
성모 마리아 등
웨스트민스터 사원의
입구에 장식된 부조물

날 건물 전체 길이는 266m에 달하고 부지의 면적은 3만㎡에 달한다. 건물 내부에는 1,100개의 방이 있으며 부지에는 11군데의 안뜰이 놓여 있다. 지난날 IRA의 폭탄 테러 이후로 일반인의 경우 의회 심의 방청 형식으로만 방문이 가능하다. 의회가 시작되면 의장이 하얀 가발을 쓰고 한가운데에 앉고 양편에 여당과 야당이 마주 본다. 영국은 노동계급의 지지를 받는 진보적 성향의 노동당과 중산층과 부유층의 지지를 받는 보수 성향의 보수당, 여기에 자유당이 가세하여 집권을 꿈꾼다. 마주 앉은 여당과 야당 사이에는 붉은색으로 칠해진 스워드 라인Sword Line이라는 것이 있는데, 이것은 옛날에 의원들이 저마다 긴 칼을 차고 다니던 시절, 칼로 상대를 찌르는 불상사를 막기 위해 일정 거리만큼 떼어 놓은 선이다. 이 선을 넘어서면 안 되는 것이 불문율로 되어 있다. 앞좌석에는 각 당의 간부들이 앉고 뒷좌석에는 평의원들이 앉는다.

PHOTO ❺
성자들의 조각상으로
장식된
웨스트민스터 사원 외관

빅벤Big Ben은 1858년 완공된 국회의사당 건물의 시계탑이다. 이 시계탑을 빅벤이라고 부르게 된 것은 당시의 건설 책임자의 이름 벤저민에서 유래되었다. 원래는 시계탑 안에 13톤이 넘는 거대한 종을 빅벤이라고 부른 것이다. 혹자는 빅벤의 시곗바늘 움직이는 소리를 '영국의 숨소리'라고 표현하기도 했다. 영국 출신의 심리 소설가 버지니아 울프의 대표작인 『댈러웨이 부인』에서는 주인공 댈러웨이 부인이 빅벤의 종소리를 들으며 의식과 무의식 세계를 넘나들며 스토리가 진행된다. 빅벤은 영국 의회민주주의의 힘을 상징하기도 한다. 찰스 1세 국왕은 이 빅벤 아래에서 의회의 재판을 받고 사형당했으며, 윌리엄 3세 때에는 영국의 헌법이라 할 수 있는 「권리장전」을 의회가 쟁취하기도 했다. 2012년 엘리자베스 여왕 즉위 60주년을 기념하여 의회의 동의하에 빅벤은 엘리자베스 타워Elizabeth Tower로 공식 명칭이 바뀌었다.

국회의사당 옆에 자리한 웨스트민스터 사원Westminster Abbey은 세인트 폴 대성당과 더불어 런던의 대표적인 교회 건축물이다. 유네스코 세계문화유산으로 지정된 이곳은 원래 11세기에

PHOTO 6
템스강 위에 세워진
웨스트민스터 브리지와
국회의사당

지어진 교회 건물이었다. 이후 초기 영국식 고딕 양식이 가미되었으며 14세기 후반에는 프랑스의 고딕 양식이 추가되었다. 1519년에는 헨리 7세에 의해 세워진 예배당 건물이 추가되었다. 11세기 윌리엄왕 이래로 대부분의 영국 왕들의 대관식이 열렸으며, 13세기의 헨리 8세부터 18세기 조지 2세 국왕에 이르기까지 수많은 왕들의 시신이 이곳에 묻혀 있다. 사원 내부에서 둘러볼 만한 곳으로는 역대 왕들의 대관식이 열렸던 수도원의 심장부인 랜턴Lantern과 영국을 대표하는 문인들을 추모하는 포엣츠 코너Poets' Corner가 있다. 대관식에 사용되어 역대 왕들이 왕관을 쓰고 앉았던 의자인 코로네이션 체어Coronation Chair는 헨리 8세 채플 맞은편에 놓여 있으며, 사원 내에는 퀸 엘리자베스 채플을 비롯해 헨리 8세 채플, 로열 에어포스 채플 등이 자리해 있다. 팔각형으로 이루어진 챕터 하우스Chapter House에서는 유럽에서 가장 잘 보존된 타일로 만들어진 바닥을 볼 수 있다. 사원의 서쪽 출구로 나가면 마틴 루터 킹 목사와 나치에 의해 살해된 막시밀리안 콜베 주교의 석상을 찾아볼 수 있다. 2011년 윌리엄 왕자와 케이트 미들턴의 세기의 결혼식이 열렸던 장소이기도 하다. ♣

Travel Story

영국의 상원과 하원

영국 국회는 상원과 하원으로 나뉜다. 상원은 귀족 중심으로 세습제 귀족과 종신직 귀족, 성공회 주교 등으로 구성되어 있다. 이에 반해 하원은 국민의 선택에 의해 당선된 의원들로 구성되어 있다. 따라서 영국의 정치는 하원을 중심으로 펼쳐진다. 상원 의원은 명예직이라 별도의 연봉이 없다. 단, 의회 출석 수당을 받는다. 반면에 의정활동을 펼치는 하원은 국민이 낸 세금으로 연봉을 받는다. 수상직을 은퇴한 윈스턴 처칠은 상원직을 마다하고 하원직을 받았으며, 이와 반대로 마거릿 대처 수상은 은퇴 후 남작 서품을 받고 상원 의원이 되었다.

Travel Info

런던

(Access) 대한항공, 아시아나항공 등이 인천국제공항과 런던 히드로국제공항 사이를 직항 운항한다.

(Travel Season) 런던은 사계절 내내 방문해도 언제나 흥겨움과 볼거리가 넘쳐난다. 5~9월 사이에 가장 온화한 날씨를 선보인다. 정원 가꾸기에 관심 있다면 5월의 첼시 플라워쇼도 기대해 볼 만하다. 5월에는 FA컵 결승전이 웸블리 경기장에서 열리며 8월에는 노팅힐 카니발이 열린다. 11월 중순부터 런던 시내 곳곳이 크리스마스 장식으로 치장된다.

(Travel Tip) 국회의사당 가이드 투어에 참여해 보자. 단, 의회가 열리는 동안에는 제한적이다. 크리스마스나 부활절 등에 웨스트민스터 사원에서 열리는 주요 행사 예배에 참석해 보자(무료).

UNITED KINGDOM

런던 타워
Tower of London

Information

국가	위치	등재연도
영국	런던	1988년

런던처럼 변화가 더딘 도시가 또 어디 있을까?
예나 지금이나 이 도시를 방문할 때마다 느낀다. 이 고풍스러운 도시의
역사적 건물들은 템스강의 세찬 바람 속에서도 빈틈없는 옛 풍모를
그대로 간직하고 있다는 것을. 이제는 제법 변할 법도 하지만
그건 기우다. 이 도시는 남부럽지 않은
풍부한 문화유산을 지녔다는 강한 자부심이 있으니까.

찬바람에 트렌치코트의 옷깃을 여미어도 영국 신사의 오롯한 자세는 런던 타워의 위풍처럼 당당하기만 하다. 런던 타워Tower of London는 정복왕 윌리엄 시대 이후 영국 왕권의 상징적 기념물이 되었고 영국의 수많은 고성 건축의 모델이 되었다. 이러한 가치를 인정받아 1988년 유네스코 세계문화유산으로 등재되었다. 런던 타워는 런던뿐 아니라 영국 왕조의 역사를 대변하는 매우 중요한 역사적 명소이다. 이 성의 역사는 노르만인 정복왕 윌리엄이 1078년 이곳에 런던을 방어하고 자신의 권력을 과시할 목적으로 화이트 타워White Tower를 세우면서 시작된다. 13세기까지는 이곳에서 영국 왕실의 즉위식이 열렸으나 14세기 이후로는 웨스트민스터 사원에서 국왕 즉위식이 행해지게 된다. 이 성은 왕실의 병기고, 보물 창고, 화폐를 주조하는 곳 등으로 사용되기도 했다.

이후 헨리 3세와 에드워드 1세 때 부속 건물이 많이 들어섰다. 특히 요새 안에 자리한 궁전은 13~14세기 중세시대에 다른 국가나 영주에게도 큰 영향을 미쳤다. 다시 말해 런던 타워는 중세 요새 궁전의 교과서였던 것이다. 오늘날까지 방문객들은 런던 타워의 구석구석을 둘러보며 중세 군주들의 생활상을 엿볼 수 있다.

런던 타워는 중앙의 27m 높이의 화이트 타워가 우뚝 솟아 있는 모습이 참으로 인상적이다. 화이트 타워는 11세기 말 노르만 왕실 성의 뛰어난 본보기로 중세 군사 건축사에 역사적 큰 의미를 부여한다. 중앙으로부터 남서쪽에는 ㄴ자 모양으로 놓인 퀸스 하우스Queen's House가 있고, 중앙으로부터 북쪽에는 워털루 병영Waterloo Barracks이 자리해 있다. 또한 퀸스 하우스와 워털루 병영 사이에는 주얼 하우스Jewel House, 로열 채플Royal Chapel과 처형대가 놓여 있다. 런던 타워로 들어가는 정문은 남쪽의 트레이터스 게이트Traitor's Gate이다. 방문객들이 즐겨 찾는 영국 왕실의 왕관들이 전시된 주얼 하우스에는 530캐럿의 다이아몬드로 장식된 셉터Scepter(왕이 지니고 다니는 막대)가 놓여 있다. 이 밖에도 2,800개 이상의 다이아몬드로 장식된 영국 왕실의 왕관도 볼 수 있다.

PHOTO ❶
성벽으로 둘러싸인
런던 타워 전경

PHOTO ❷
에드워드 시대에
런던 타워의 확장으로 세워진
라이언 타워가
있던 자리에 놓인
사자 조각상

호사가들에게 런던 타워는 왕위 쟁탈로 인해 처절했던 처형이 진행되었던 곳으로 유명하다. 런던 타워는 한때 영국 왕실이 사용하던 성이자 요새화된 왕궁이었으나 12세기 초부터 감옥으로 사용되면서 투옥과 처형 등 영국 왕실과 관련된 잔인한 역사가 이 도시의 지독한 날씨처럼 혹독하게 진행되었다. 오늘날 방문객들은 성의 곳곳에서 그 쓰라린 역사적 상처의 흔적을 엿볼 수 있다. 런던 타워는 여러 개의 탑으로 이루어져 있는데, 외곽을 둘러싸고 있는 성벽의 모퉁이에 세워진 미들 타워를 비롯해 내곽 성벽의 모퉁이를 이루는 비워드 타워, 데벨린 타워 등이 있으며, 성채를 구성하는 벨 타워, 블러디 타워, 뷰챔프 타워, 데베록스 타워, 바우어 타워, 마틴 타워 등으로 이루어져 있다. 특히 블러디 타워는 헨리 8세의 두 번째 아내인 앤 불린Anne Boleyn이 남편에 의해 간통 혐의를 뒤집어쓰고 도끼로 처형당한 곳으로 유명하다. 어떻게 자신의 아내였던 여자를 도끼를 내리쳐 죽일 수 있었을까? 서슬 퍼렇던 시절이란 이때를 말하는 게 아닐까? 헨리 8세에게 왕권은 존엄의 상징이 아니라 자신의 욕망을 채우기 위한 횡포의 수단이었던 것이다.

헨리 8세는 로마 가톨릭 교황의 허락 없이 전처였던 캐서린 왕비와 이혼하고 스스로 영국 국교회의 수장이 된 인물이다. 당시 신이 위임하였다고 할 정도로 막강한 권력을 행사하던 로마 가톨릭 교황에 맞섰던 인물은 헨리 8세가 유일했다(배짱이 두둑했다기보다 한 여자에 눈이 멀어 앞뒤 가리지 않던 남성상의 전형을 보여주는 인물이다). 이러한 무시무시한 역사적 배경 뒤에는 앤 불린이라는 아리따운 여자가 숨어 있었다. 앤 불린은 왕비의 시녀이자 왕의 정부였다. 결국 왕의 강압으로 비밀결혼 후 그의 둘째 아내가 되었는데, 그녀 역시 첫째 왕비와 마찬가지로 왕위를 상속시킬 아들을 낳지 못하자 왕에게 버림받는다. 이어 헨리 8세는 앤 불린의 시녀였던 제인 시무어Jane Seymour와 가까워지기 시작했고 간통, 근친상간, 반역 등의 죄목으로 앤 불린을 이곳 런던 타워에서 처형했다. 그때가 1536년이었다. ❦

Travel Story

피의 역사, 런던 타워

　현재의 온화한 모습과는 달리 지난 세월 피 흘림의 상흔 속에 죽은 사람의 넋이 밤마다 울부짖는다는 소름 돋는 이야기가 나도는 곳이었다. 앤 불린이 처형을 당한 후 그녀의 유령이 로열 채플 안에서 나타났다는 전설이 있으며, 사후 나인 데이스 퀸9days Queen이라 불렸던 레이디 제인 그레이Lady Jane Grey의 유령 출현도 종종 회자되었다. 헨리 7세의 손녀였던 그녀는 여왕으로 즉위한 9일 후 헨리 7세의 딸인 메리 튜더Mary Tudor를 여왕으로 즉위하고자 하는 세력들의 음모에 의해 1554년 이곳에서 처형되고 말았다. 그 외에도 여러 형태의 유령이 야밤에 나타났다는 증언들이 지난 세기까지 꼬리에 꼬리를 물었다고 한다. 많은 영국인들에게 고문과 처형의 장소로 각인되어 있는 이유가 여기에 있다.

Travel Info

런던 타워

(Access) 런던에서 지하철을 타고 타워 힐Tower Hill역에서 하차하여 도보로 1분 소요된다.

(Travel Tip) 런던 타워에 입장하여 한국어 오디오가이드를 신청하자. 안내와 함께 런던 타워에 얽힌 흥미진진한 역사를 들어볼 수 있다.

UNITED KINGDOM

에든버러의
구시가지와 신시가지

Edinburgh in Scotland

에든버러의 구시가지와 신시가지는 지난 1995년 유네스코 세계문화유산으로 지정되었다. 15세기부터 본격적으로 개발된 구시가지와 18세기 후반부터 개발이 이루어진 신시가지가 남북으로 나란히 배치되어 있는 독특한 도시 구조를 이루고 있다. 각 지역마다 역사적으로나 건축학적으로 의미 있는 명소를 지니고 있음은 물론이고 굴곡이 심한 지형 위에 세워진 독특한 건축물이 자아내는 도심 풍광은 흥미롭기 그지없다.

Information

국가	위치	등재연도
영국	에든버러	1995년

PHOTO ❶
멀리 보이는
에든버러성과 앞에 놓인
왕립 스코틀랜드 기마병 동상

PHOTO ❷
칙칙한 벽돌색의
건물들로 이루어진
에든버러 구시가

PHOTO ❸
스코틀랜드 국립박물관의
메인 홀 내부

구시가지와 신시가지는 오늘날 에든버러 시내의 중심부를 이루고 있다. 에든버러는 15세기 후반부터 스코틀랜드의 수도였다. 15세기부터 구시가지를 중심으로 외침에 대비해 도시를 성벽으로 둘러싸기 시작했다. 실제로 이 시기부터 잉글랜드로부터 끊임없는 공격이 이어졌다. 구시가지는 바위로 이루어진 언덕 위의 에든버러성에서부터 홀리루드 궁전까지 뻗어 있는 넓은 도로인 로열 마일Royal Mile을 따라 형성되었다. 17세기 초부터 상업의 발달로 상인들이 부를 축적하자 구시가지의 건축물도 화려하게 세워지기 시작했다. 신시가지는 18세기부터 개발되었는데, 18세기 후반부터 19세기 후반까지 주거 단지를 세울 목적으로 여러 건축가들이 참여하는 대대적인 프로젝트를 통해 계획되고 정비되었다.

오늘날 구시가지와 신시가지의 경계는 로열 마일이라 불리는 하이 스트리트High Street이다. 하이 스트리트를 기준으로 북쪽에 신시가지가, 남쪽에 구시가지가 놓여 있는 셈이다. 구시가지의 랜드마크는 에든버러성이다. 이 고성은 언덕 위에 자리해 있어 고성 위에 올라 내려다보는 도심 전망이 기막히다. 12세기부터 17세기 초까지 왕궁 역할을 한 에든버러 고성은 17세기에 들어와 군사화된 요새로 사용되었다. 고성 내부는 박물관으로 개조되어 성안의 곳곳을 방문객들에게 개방하여 스코틀랜드 왕실의 유물 등을 보여주고 있다.

PHOTO ❹
로열 마일 거리와
그 앞에 놓인
세인트 자일스 대성당

에든버러성을 나와 오늘날 수많은 상점과 레스토랑 등이 밀집해 있는 하이 스트리트를 따라 동쪽으로 이동하면 에든버러 시내에서 조금 떨어진 곳에 자리한 홀리루드 궁전Holyrood Palace이 등장한다. 다시 말해 이 궁전은 하이 스트리트를 사이에 두고 에든버러성과 대칭점을 이룬다. 홀리루드 궁전은 16세기 이래로 오늘날까지 스코틀랜드 왕실이 머무는 곳이다. 엘리자베스 여왕이 생전에 스코틀랜드를 방문할 때마다 머물렀으며, 공식 행사가 없을 때에는 일반 대중에게 공개하고 있다. 궁전은 1671년 찰스 2세가 개축한 이래로 계속 그 모습을 유지하고 있다.

PHOTO ❺
스코틀랜드 초상화 미술관 내부

PHOTO ❻
스코틀랜드 국립미술관 내부

구시가지에 주목할 만한 또 다른 건축물로는 세인트 자일스 대성당St. Giles Cathedral이 있다. 1126년 노르만 스타일로 지어진 뒤 침략자들에 의해 1385년 파괴되고 현재는 15세기에 복원된 이후 모습이다. 이곳은 17세기 대주교가 거했던 유일한 성당으로 유명하다. 이 대성당으로부터 두 블록 떨어진 곳에 자리한 스코틀랜드 국립박물관National Museum of Scotland은 아이들과 함께 방문하기 좋다. 방대한 면적을 지닌 독특한 실내 공간에 스코틀랜드의 역사와 자연사를 소개하는 다양한 전시물을 담고 있다.

녹지와 조화를 이룬 신시가지는 절제된 공간미가 돋보이며 신고전주의 건축물이 눈에 띈다. 이곳에서 주목할 만한 명소는 클래식한 건축미가 돋보이는 스코틀랜드 국립미술관National Gallery of Scotland과 스코틀랜드 초상화 미술관Scottish National Portrait Gallery이다. 스코틀랜드 국립미술관은 에든버러의 대표 미술 전시 공간으로 유럽의 주요 화가들의 작품과 영국의 대표 화가 터너의 수채화를 별도로 소개하고 있다. 스코틀랜드 초상화 미술관은 베네치안 스타일의 고딕 건축물 안에 들어서 있는데, 스코틀랜드 출신의 저명한 인물들의 초상화와 조각상을 전시하고 있다.

Travel Info
에든버러

18세기 이후 만들어진 신시가 거리

(Access) 급행열차로 런던 킹스 크로스King's Cross역에서 4시간 30분 정도 소요된다. 예전보다 기차 소요시간이 많이 줄어들어 원한다면 이른 새벽 출발하여 런던에서 당일 여행도 가능하며 돌아오는 길에 야간열차를 이용할 경우 좀 더 현지에서 많은 시간을 보낼 수 있다. 에든버러에서 글래스고Grasgow까지는 기차로 50분 정도 소요된다. 에든버러는 항공편을 이용하여 유럽의 주요 도시에서 직항으로 연결된다.

(Travel Season) 에든버러와 스코틀랜드는 비교적 온화한 6~9월이 여행하기 가장 좋은 시즌이다. 그 외 시즌에는 두꺼운 옷을 준비하는 게 좋다. 스코틀랜드 최대 축제인 에든버러 밀리터리 타투Edinburgh Military Tattoo는 에든버러성에서 매년 8월마다 3주 동안 펼쳐진다. 이 시기에 고성 내 안뜰에서는 스코티시 군악대의 기백 넘치는 군악연주가 울려 퍼진다. 무엇보다 킬트라고 불리는 체크 스커트를 입고 백파이프를 물고 있는 스코티시 근위병들의 인상적인 모습을 볼 수 있다.

(Travel Tip) 에든버러를 방문하기 위해 머나먼 땅 스코틀랜드를 방문했다면 며칠간 시간적 여유를 두고 스코틀랜드 북부의 하이랜드 지방을 방문해 보자. 태곳적 풍광을 보여주는 황량한 스코틀랜드 특유의 고원지대를 둘러보고, 곳곳에 숨어 있는 오래된 고성 유적지인 에일리언 도난성, 킬천성, 어쿼트성 등지를 방문하면 좋다.

UNITED KINGDOM

배스

City of Bath

Information

국가	위치	등재연도
영국	배스	1987년

배스는 잘 알다시피 잉글랜드를 차지했던 고대 로마 제국의 온천장이 있던 곳이다. 오늘날 여행자들은 대부분 고대 로마 제국의 온천장이 자리한 로만 배스 뮤지엄을 방문하기 위해 이곳을 찾는다. 하지만 이곳만이 배스의 전부는 아니다. 잉글랜드에서 배스만큼 평화롭고 아름다운 전원풍 도시는 찾기 어렵다. 이처럼 자연친화적인 18세기 타운 배스는 시 전체가 1987년 유네스코 세계문화유산으로 지정되었다.

배스는 도시 전체가 정원 같다. 이처럼 도시가 자연과 통합된 것 같은 느낌을 주는 곳은 많지 않다. 배스의 중심가에는 에이번Avon강이 도심 주변을 유유히 흐르며 그 위로 낭만적인 석교가 놓여 있다. 퍼레이드 가든과 같은 아름답게 조성된 공원은 이곳 시민과 방문객들에게 이국적인 휴식 공간을 제공하고 있다. 실제로 유네스코에서는 1987년 배스시 자체를 유네스코 세계문화유산으로 지정하였다. 이는 주변의 푸른 언덕과 골짜기에 어울리는 도시경관이 아름답게 펼쳐져 있기 때문이었다.

신고전주의인 팔라디오 양식(16세기 베네치아 출신의 건축가 안드레아 팔라디오의 건축양식으로 대칭적인 구조를 강조하였고 고전적인 형태와 장식 모티브를 건축에 사용하였다. 18세기 초부터 영국에서 크게 유행했다)으로 멋을 낸 18세기의 건축물이 줄지어 서 있는 도심 구조는 유럽의 어느 도시보다 인상적인 형태를 보여준다. 유럽의 르네상스시기에 발전한 고풍스러운 도시들과는 사뭇 다른 느낌이다. 배스의 구시가에 펼쳐진 팔라디오 양식으로 치장된 건물들은 온천 도시로서의 고상함과 우아함을 드러내며 주변의 자연 경관과 잘 어우러져 있다는 평가를 받고 있다.

배스는 영국에서 가장 오래된 도시 중 하나이다. 고대 로마인들이 2천 년 전 지금의 잉글랜드인 브리타니아를 정복하고서 이곳에 자신들을 위한 온천 요양소를 만들었는데, 당시의 고대 온천탕이 발굴되어 전 세계인들의 눈길을 끌고 있다. 19세기 말에 발굴된 배스의 고대 온천탕 유적지는 오늘날 가장 잘 보존된 고대 로마 유적 중 하나이자, 알프스 이북 지방에 자리한 대표적인 고대 로마 유적이다. 이곳은 오늘날 로만 배스 뮤지엄 Roman Bath Museum으로 불린다. 이곳을 둘러보면 2천 년 전 로마인들이 야외온천장과 사우나 시설까지 만들어 놓고 휴양을 즐겼다는 사실이 믿기지 않을 만큼 대단하게 여겨진다. 한마디로 고대 로마의 사회상과 문화적

PHOTO ①
로만 배스 뮤지엄의
온천장과
배스 수도원

PHOTO ②
로만 배스 뮤지엄

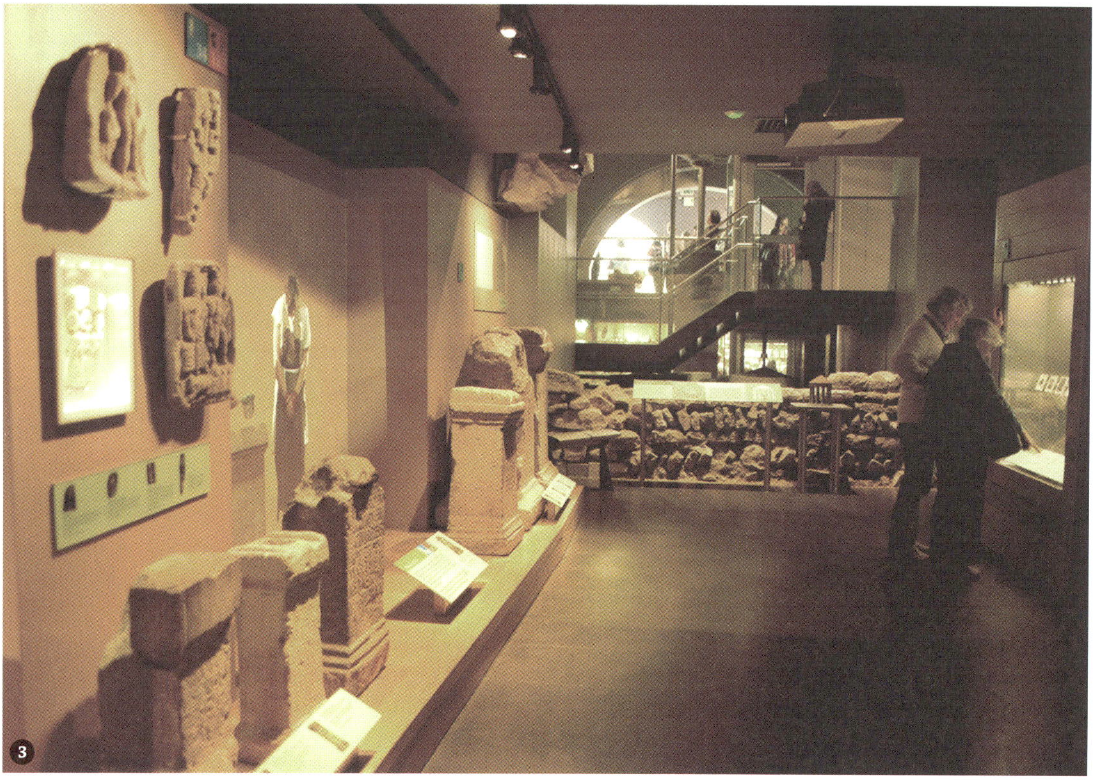

3

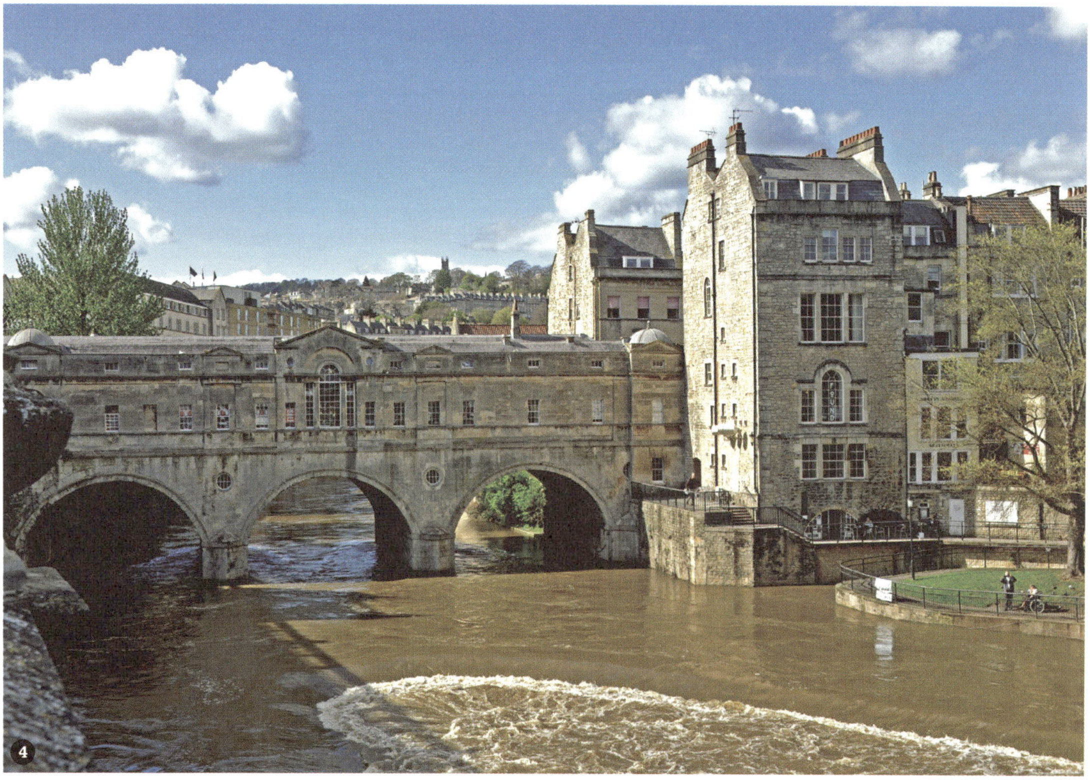

4

분위기를 한눈에 엿볼 수 있다. 당시 온천장에는 지하에서 46도의 온도를 지닌 온천수가 흘러나오는 곳이 세 군데나 있었다고 한다. 로마인들이 떠난 후에는 중세에 일부 사람들만 사용하는 온천장이었다가 17세기 후반에 다시 대중적인 명성을 얻었다고 한다. 오늘날 이 뮤지엄에는 발굴 당시 출토된 각종 로마시대의 유물들이 전시되어 있으며 지하에서 샘솟는 온천수가 흐르는 광경을 볼 수 있다.

PHOTO ❸
로만 배스 뮤지엄에 전시된 고대 로마 온천장에서 발굴된 유물

배스 수도원Bath Abbey은 배스에서 가장 멋진 중세 교회 건축물이자 이 도시의 랜드마크이다. 중세에 이곳은 베네딕트 수도회 소속의 수도원이기도 했다. 원래의 건물은 7세기에 세워졌으며 오늘날 보이는 건물은 12세기와 16세기에 대대적으로 개보수한 형태이다. 건축학적으로 배스 수도원은 영국뿐 아니라 서유럽에서 가장 대표적인 수직 형태의 고딕 양식 교회 건축물 중 하나이다. 수도원 앞 작은 광장에는 한낮에 여러 행인들을 상대로 각종 연주와 공연을 선보이는 재주꾼들로 넘쳐난다. 교회탑 전망대에 오르면 전원풍의 도시 전경을 한눈에 내려다볼 수 있다.

퍼레이드 가든Parade Garden은 에이번강 강가에 놓인 개방형 도심 공원이다. 이곳에 서면 배스가 잉글랜드의 대표적인 아름다운 도시인 이유를 쉽게 알 수 있다. 이 정원은 로만 배스 뮤지엄이나 배스 수도원에서 지척의 거리에 있다. 날씨 좋은 날 간단한 먹거리를 가지고 가서 잔디에 앉아 독서를 하거나 피크닉을 즐기기에 좋다. 푸른 하늘 아래 청록빛 에이번강 위를 떠가는 보트의 유유자적한 모습을 바라보는 것만으로도 마냥 즐겁다.

PHOTO ❹
에이번강 석교

배스 수도원과 로만 배스 뮤지엄이 자리한 중심가에서 북쪽으로 20분 정도 걸어가면 더 서커스라는 원형 교차로가 나오는데, 이 교차로를 감싸고 있는 고상한 건축물이 어셈블리 룸스Assembly Rooms이다. 당대 유명 건축가 존 우드John Wood가 심혈을 기울여 팔라디오풍의 건축양식으로 만든 어셈블리 룸스는 1771년

PHOTO ❺
18세기 후반 귀족들의
사교 공간으로 쓰인
어셈블리 룸스

오픈하여 18세기 후반 귀족들의 사교활동 공간으로 사용되었다. 귀족들은 이곳에서 음악연주를 감상하고 왈츠 춤을 추거나 카드놀이를 즐겼다고 한다. 오늘날 방문객들은 18세기에 만들어진 휘황찬란한 샹들리에가 장식된 무도회장 등 귀족들의 사교 공간을 잠시 들여다볼 수 있다. ❦

Travel Info
배스

로만 배스 뮤지엄

배스이이번강 강변에 둘러싸인 정원

(Access) 런던에서 기차로 가는 게 가장 빠르고 편리하다. 런던 패딩턴Paddington역에서 직행으로 1시간 20분 정도 소요된다. 런던 빅토리아 코치 스테이션Victoria Coach Station에서 출발하는 버스의 경우 3시간 30분 정도 소요된다. 로만 배스 뮤지엄은 배스 스파Bath Spa 기차역에서 약 400m 떨어져 있다(도보 10분).

(Travel Season) 7~8월 성수기에는 서둘러 오전 일찍 방문하거나 극도로 방문객이 몰리는 주말에는 방문을 피하는 게 좋다.

(Travel Tip) 로만 배스 뮤지엄 리셉션에서 한국어 오디오가이드와 브로슈어를 얻을 수 있다.

FRANCE

파리의 센강 강변

Paris, Banks of the Seine

Information

국가	위치	등재연도
프랑스	파리	1991년

혹자는 파리에 견줄 만한 아름다움을 지닌 도시는
이 세상에 존재하지 않는다고 말한다. 그만큼 파리가 지닌
문화적, 예술적 열정은 그 어느 도시에도 뒤지지 않는다.
파리가 진정 아름다운 것은 도시 곳곳에서
예술적 낭만이 날마다 피어오르기 때문인데, 그 중심에는
파리 도심을 유유히 흐르는 센Seine강이 존재한다.

프랑스의 수도 파리는 유럽의 심장이자 프랑스 문화와 예술, 역사가 모두 한자리에 집약된 곳이다. 역사적으로 파리는 6세기 프랑크 왕국 메로빙거 왕조 때부터 수도가 되었다. 파리는 11세기부터 유럽에서 학문과 교육의 중심지로 발달하였고, 지금의 파리 대학이 1200년에 설립되었다. 1789년 파리는 프랑스 혁명의 중심지이기도 했다. 이 혁명으로 루이 16세와 왕비 마리 앙투아네트가 콩코드 광장에서 처형당하면서 사치스럽던 프랑스의 절대왕정은 무너지고 오늘날 대통령제의 토대가 된 공화정이 설립되었다. 400년간 외세에 함락된 적이 없던 이 도시는 1814년 나폴레옹 황제가 패전하면서 러시아 군대와 그 연합군에게 점령당하고 만다. 1852년 나폴레옹 3세의 공화정 시대에 파리는 현대 도시로 대대적인 보수와 확장, 개발을 하게 된다. 1900년에 이르러 오늘날의 엑스포인 만국박람회가 이곳에서 개최됨과 동시에 파리의 지하철 개통식이 열렸다.

이곳 파리를 관통하는 센강은 길이가 무려 777m에 달하며 프랑스 중북부 일대를 흐른다. 프랑스에서 두 번째로 긴 강이기도 한데 폭은 고작 100~200m 정도로 매우 짧다. 파리에는 37개의 다리가 센강 위에 놓여 있는데, 우리에게 잘 알려진 다리인 퐁네프 Pont Neuf의 길이는 겨우 238m이다. 이러한 센강을 유네스코에서는 1991년 세계문화유산으로 지정했다. 파리의 센강 주변에 주옥 같은 역사적 명소가 많은 데다가 아름다운 도시 경관을 뽐낸다는 것이 이유였다.

센강을 따라 산책로를 걷다 보면 파리의 감성적인 도시 분위기에 금세 매료된다. 또한 파리의 유구한 역사와 도시 발전도 한눈에 볼 수 있다. 센강 주변에는 에펠탑, 노트르담 대성당, 개선문 등 아름다운 건축물뿐 아니라 루브르 박물관, 오르세 미술관, 퐁피두 센터, 오랑주리 미술관 등 내로라할 만한 미술작품 전시 공간이 들어서 있다. 콩코드 광장, 튈르리 정원도 빼놓을 수 없다. 게다가 샹젤리제 거리, 레알 지구, 생미셸 먹자골목 등 흥겹고 재미난 지

PHOTO ❶
센강 강변에 놓인
콩코드 광장과 에펠탑

PHOTO ❷
센강과 1345년 완공된
노트르담 성당

역도 센강으로부터 멀지 않은 곳에 포진하여 여행자를 반긴다. 도시 행정가인 오스만^{Haussmann} 남작이 19세기 중반부터 파리의 도시 계획을 수립하여 센강 강변 주위에 커다란 광장과 대로를 설계하면서 오늘날의 모습을 갖추게 되었고 이는 다른 나라의 도시 건설에도 큰 영향을 주었다.

파리의 야경을 만끽하는 방법 중 하나는 센강 위에서 유람선을 타는 것이다. 화려한 조명 아래 낮과는 다른 자태를 자아내는 도시의 모습이 센강의 물결 속에 투영되어 눈부시도록 아른거린다. 센강 유람은 꼭 밤이 아니어도 좋다. 낮에는 따스한 햇살 아래 일광욕을 즐기며 유람선의 선상에 서서 파리의 역사적 기운을 느끼며 고즈넉한 분위기를 즐길 수도 있다. 센강 위를 떠다니는 유람선 중 가장 대표적인 바토무슈는 사실 1867년부터 센강 강변에 증기유람선을 띄운 회사의 이름이다. 넓고 납작한 선체를 지녀 많은 인원을 태울 수 있고 파리의 낮은 교량 사이로 지나갈 수 있도록 설계되어 있는 게 특징이다. 바토무슈의 탑승 장소는 샤요궁 동쪽에 자리한 알마 다리$^{Pont\ de\ L'Alma}$ 북단의 오른편이다. 유람선은 먼저 동쪽으로 향하여 콩코드 광장, 루브르 박물관 주변을 지난 뒤 노트르담 성당이 위치한 시테섬을 돌아 퐁네프 아래를 지나고 앵발리드, 에펠탑, 샤요궁 근처를 둘러본 뒤 처음 탑승 장소로 돌아온다. 소요 시간은 약 70분이다.

PHOTO ❸
센강의 야경과
시테섬

에펠탑$^{Tour\ Eiffel}$은 센강 서편에 자리한 가장 인상적인 건축물이자 파리의 랜드마크이다. 1889년 파리 만국박람회를 기념하기 위해 세워진 탑으로 건축디자이너 구스타브 에펠이 고안하였다. 엄청난 양의 철제가 동원된 에펠탑의 총무게는 9,700톤에 달하며 320m의 높이를 자랑한다. 센강을 바라보는 루브르 박물관$^{Musee\ Louvre}$은 세계에서 가장 큰 박물관 중 하나이자 파리 관광의 핵심이다. ㄷ자 형태의 루브르는 크게 세 군데의 전시관으로 이루어져 있다. 지하 1층 및 지상 3층의 각 층은 10개 구역으로 나뉘어 있다. 루브르에서는 인상파 회화 이전의 프랑스를 비롯한 유럽의

2

3

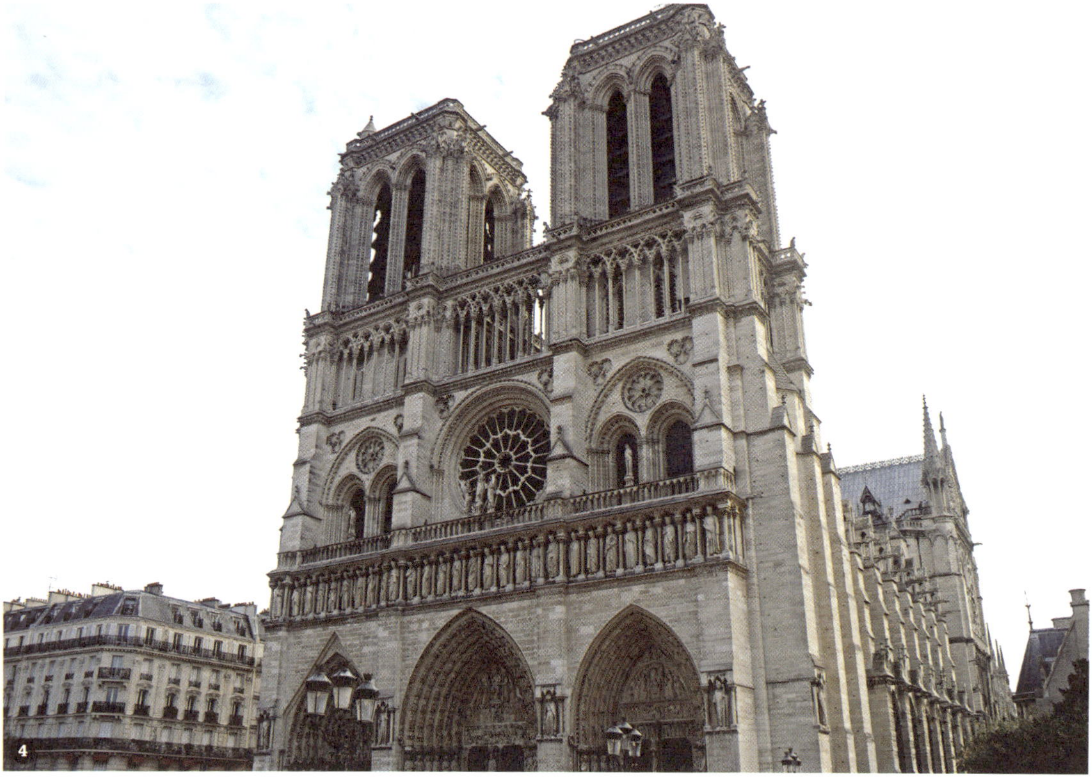
4

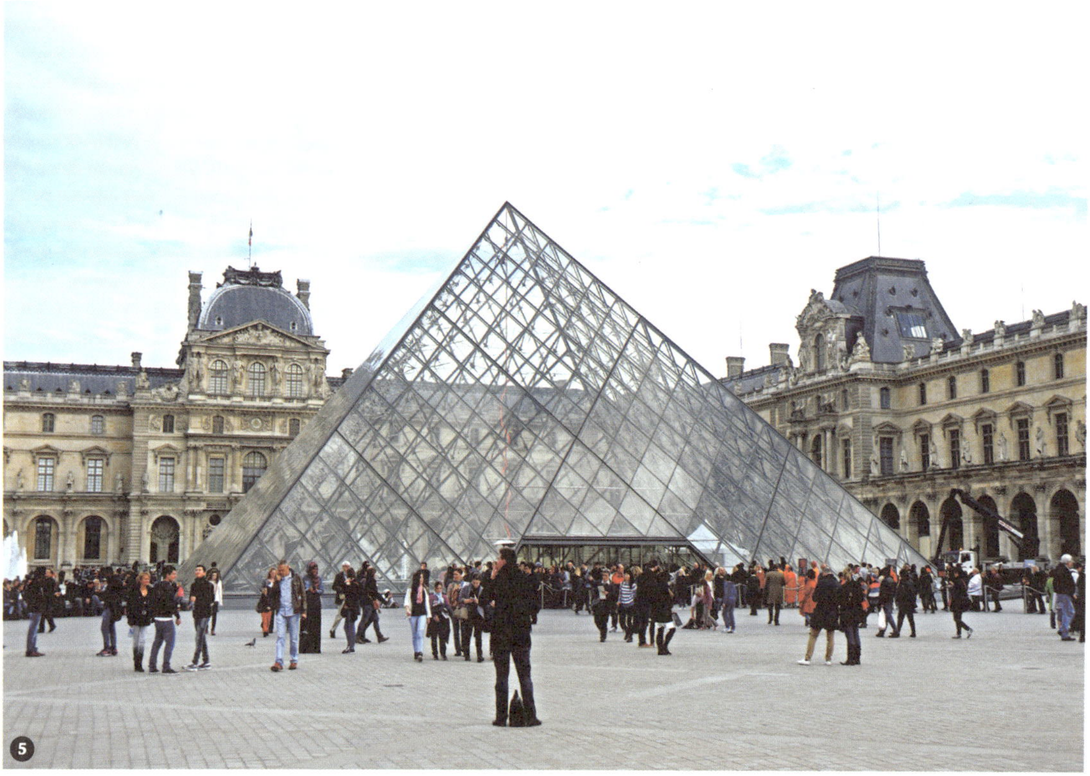
5

고전 회화들, 이를 테면 르네상스시대의 작품과 중세시대의 주옥같은 작품을 포함하는 미술품들을 선보인다. 또한 고대 이슬람 미술, 고대 이집트 미술, 고대 그리스와 로마시대의 미술, 공예품과 조각, 판화 등의 섹션으로 나누어 소개하고 있다.

PHOTO ④
센강 강변의
대표적 건축물인
노트르담 성당

센강을 가운데 두고 루브르 박물관을 마주 보는 오르세 미술관Musee d'Orsay은 파리에 머무는 동안 반드시 보아야 할 예술작품을 소장하고 있다. 대표작은 고흐의 〈아를의 별이 빛나는 밤〉, 밀레의 〈만종〉, 마네의 〈피리 부는 소년〉 등이 있다. 루브르 박물관이 중세시대와 르네상스시대 및 19세기 이전의 작품들이 있는 반면에 오르세 미술관은 19세기 중반부터 20세기 초반까지의 인상파와 후기 인상파의 작품을 주로 소개하고 있다.

센강이 흐르는 파리 시내의 한가운데 자리한 시테섬Il de la Cite은 파리 역사의 발생지이자 최고 헌법재판소를 비롯한 주요 기관들이 들어서 있다. 이곳엔 파리에서 가장 유명한 교회 건축물인 노트르담 성당Cathedrale Norte Dame de Paris이 자리해 있는데, 올드무비 팬들에게는 영화 〈노틀담의 꼽추〉로 잘 알려져 있다. 성당은 1163년 착공하여 1240년대까지 공사가 이어졌고, 그 후 다시 건축이 진행되어 1345년에야 완성되었다. 프랑스 가톨릭의 총본산인 이곳은 프랑스 고딕 건축물의 전형으로 잔 다르크의 명예회복 재판을 비롯해 18세기 후반 프랑스 혁명기에는 신성모독과 관련되어 혁명주도자들에 의해 크게 훼손될 상태에 빠지는 등 크고 작은 역사적인 사건의 무대가 된 곳이기도 하다.

시테섬의 명소 중 빼놓을 수 없는 곳이 바로 퐁네프이다. 레오 까락스 감독의 90년대 감성 영화 〈퐁네프의 연인들〉로 인해 국내 영화팬들에게 친숙한 이곳은 실제로 센강 위에 세워진 파리의 다리 중에서 가장 오래됐다. 5개의 아치로 이루어진 석교인 퐁네프는 시테섬과 파리를 남북으로 연결한다. ❤

PHOTO ⑤
루브르 박물관이 자리한
루브르 궁전 앞의
루브르 피라미드

Travel Story

루브르 박물관에 소장된 〈모나 리자〉

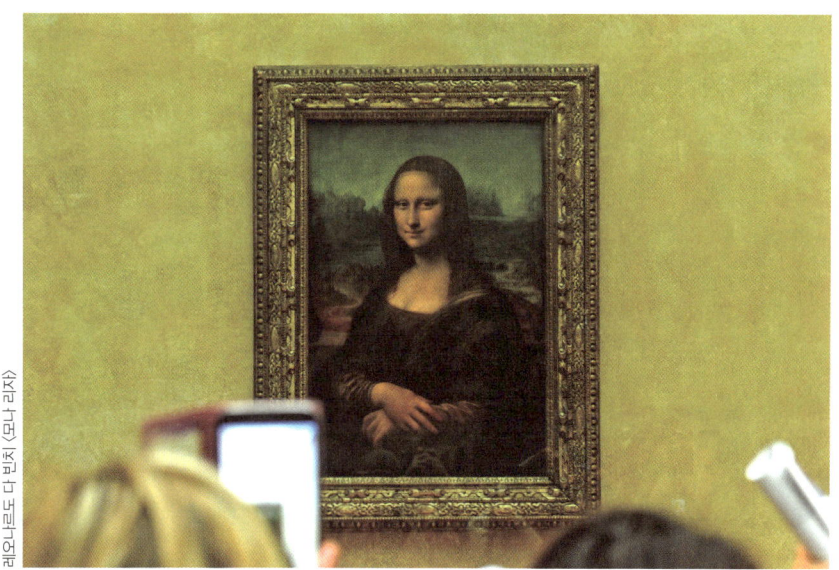

레오나르도 다 빈치 〈모나 리자〉

　신비의 미소라 불리는 〈모나 리자〉는 이탈리아의 거장 레오나르도 다 빈치가 남긴 세기의 걸작이다. 피렌체의 부유한 상인이었던 프란체스코 델 조콘다의 의뢰로 그의 부인, 리자를 그린 이 작품은 은은한 미소와 우아한 몸짓이 일품으로, 현재 프랑스 루브르 박물관에 소장되어 있다. 세계에서 가장 유명한 작품이라고 해도 과언이 아닐 정도라 루브르 박물관에는 이 그림을 보기 위해 많은 사람들이 줄지어 방문한다.
특히 사람들이 매료되는 여인의 미소는 '흐릿한'이라는 의미의 이탈리아어 '스푸마토 Sfumato' 기법을 이용한 것으로 알려져 있다. 인물의 윤곽을 일부러 흐릿하게 처리해 경계를 모호하게 하는 방법으로, 여인의 인상을 부드럽게 만들었다. 당시 다 빈치가 아들이 죽어 실의에 빠진 부인을 웃게 하기 위해 광대를 불러 즐겁게 했다는 이야기도 전해진다. 그림의 또 다른 특징으로 눈썹이 없는 것을 들 수 있는데 처음부터 그리지 않았다거나, 시간이 흐르면서 사라져버렸다는 등의 여러 설이 엇갈리고 있다.
한때 〈모나 리자〉는 세계를 경악에 빠뜨린 도난 사건의 주인공이 되기도 했다. 〈모나 리자〉 보호를 위해 유리를 설치하는 시공을 맡은 이탈리아인 빈첸초 페루자와 아르헨티나인 발피에르노가 공작하여 벌인 일이었다. 이후 발피에르노는 진품을 숨기고, 6점의 위작을 그려 고가에 팔았다. 그 사이 2년의 시간이 흐르고 애가 닳은 빈첸초 페루자는 진품을 되팔기로 결심한다. 그러다 덜미를 잡혔고, 〈모나 리자〉는 루브르 박물관에 다시 복귀한다. 하지만 세상을 놀라게 한 진범 빈첸초 페루자는 〈모나 리자〉를 고국으로 보내고 싶었다고 둘러대 아이러니하게도 이탈리아 시민들에게 영웅으로 떠올랐고, 1년도 안 되는 가벼운 형량을 받고 풀려나게 되었다.

Travel Info
파리

센강 강변의 튈르리 정원
바토무슈
오르세 미술관

Access   대한항공, 아시아나항공, 에어프랑스 등이 인천국제공항과 파리 샤를드골국제공항 사이를 직항 운항한다.

Travel Season   파리는 사계절 내내 방문해도 좋다. 10월 초에는 3일 동안 파리의 몽마르트르 언덕에서 해마다 포도 수확을 기념하는 몽마르트르 축제Fete des Vendanges a Montmartre가 열린다. 초콜릿 축제인 살롱 뒤 쇼콜라Salon deu Chocolat도 파리에서 10월마다 열리는데, 쇼콜라티에가 초콜릿 만드는 과정을 엿볼 수 있고 시식과 구입도 가능하다.

Travel Tip   로맨틱한 파리의 야경을 만끽하는 방법 중 하나는 센강에서 바토무슈 유람선을 타는 것이다. 샤요궁 동쪽에 있는 알마 다리 북단에 바토무슈 선착장이 있다. 이곳에서 출발하는 유람선은 콩코드 광장, 루브르 박물관, 노트르담 성당, 시테섬을 돌아 에펠탑, 샤요궁을 거쳐 돌아온다.

FRANCE

베르사유 궁전과 정원

Palace and Park of Versailles

Information

베르사유 궁전은 18세기 찬란한 파리 궁정 문화의 보고이다.
루이 14세가 이끈 부르봉 왕조의 극도의 사치는
프랑스 혁명을 조장하였지만 베르사유 궁전의 건축미는
건축, 조각, 장식, 조경 등 여러 분야에 걸쳐
18~19세기 유럽의 궁전 건축에 큰 영향을 주었다.

국가	위치	등재연도
프랑스	일드프랑스	1979년

파리 근교에 자리한 베르사유 궁전은 바로크 건축의 걸작으로 불리며 명실상부한 세계에서 가장 아름다운 궁전으로 인정받고 있다. 탁월한 겉모습뿐 아니라 타의 추종을 불허할 정도로 내부 역시 화려하고 독창적이다. 17세기에 완공된 베르사유 궁전은 1682년부터 프랑스 왕실의 터전이 되었던 곳으로 1789년 프랑스 혁명에 의해 힘을 잃고 무너질 때까지 프랑스 부르봉 왕조의 통치 기반이자 독재군주 권력의 중심이었다. 이 시기에 루이 14세부터 루이 16세까지 당대 프랑스 왕들이 이곳에 거주했다. 당시 베르사유 궁전은 사치의 극에 달한 프랑스 궁전의 본보기 자체였다. 원래 루이 13세의 사냥터 별장이었던 곳을 루이 14세가 1651년 방문한 뒤 루이 르 보, 샤를 르 브룅 등 유명 건축가를 고용하고 매년 2~3만 명의 인부를 동원해 오늘날의 화려한 궁전으로 변모시켰다.

오늘날 궁전 내부를 둘러보면 당시 프랑스 왕실에서 얼마나 공을 들여 호화롭게 왕궁을 꾸몄는지 엿볼 수 있다. 이렇듯 당

PHOTO ❶
17개의 거대한 거울로 이루어진 거울의 방. 이곳은 이 궁전에서 가장 화려한 공간이다.

　대에 숱한 화제를 뿌렸던 베르사유 궁전은 17세기 말부터 18세기까지 호화스럽던 프랑스 왕실의 궁정 문화를 유럽 사교계에 퍼트리는 역할을 하였다. 또한 유럽의 궁전 건축에도 지대한 영향을 주었는데 베르사유 궁전 이후에 완공된 유럽의 수많은 궁전들을 보면 건축, 실내장식, 조각, 조경 등 다양한 분야에서 베르사유 궁전의 모습을 본떴다는 것을 알 수 있다. 심지어 베르사유 궁전 앞 정원의 조경술까지 유럽의 여러 왕실 정원의 모델이 되었다.

　　프랑스 혁명이 일어나자 베르사유 궁전에 머물던 프랑스 왕실은 파리의 튈르리 왕궁으로 이사를 가게 된다. 결국 베르사유 궁전 안에 있던 수많은 고가의 가구와 장식물은 혁명 후 통치권자들의 결정에 따라 경매로 팔려나갔다. 프랑스 혁명의 시작은 베르사유 궁전이 쌓은 100여 년간의 아성을 무너뜨리는 순간이었다.

PHOTO ❷
궁전에 자리한
왕실 예배당

PHOTO ❸
루이 16세의 아내
마리 앙투아네트의
침실

오늘날 궁전 앞에는 루이 14세의 동상이 서 있다. 그는 이 궁전을 완성하는 데 가장 크게 기여한 인물이다. 궁전은 수많은 공간들로 이루어져 있다. 왕과 왕비의 침실을 비롯해 접견실, 회의실 등 봐도 봐도 끝이 없을 정도다. 가장 유명한 곳은 그랑 갤러리 Grande Galerie이다. 거울의 방이라고도 불리는 곳으로 베르사유의 내부를 소개하는 사진으로 가장 많이 등장한다. 화려한 샹들리에와 프레스코, 금빛 찬란한 벽면의 데커레이션으로 이루어진 75m 길이의 커다란 복도식 공간은 그 어디에서도 볼 수 없는 화려하고 사치스러운 왕궁의 진면목을 보여준다. 대부분의 방문객들은 왕궁 내부를 둘러보고 정원 앞에서 사진을 몇 장 찍은 뒤 돌아서지만, 시간적 여유가 있다면 아폴론 샘과 십자 형태의 운하로 이루어진 정원을 구석구석 둘러보고 베르사유 정원 오른편에 자리한 프티 트리아농Petit Trianon과 주변의 작은 정원들을 둘러보는 것도 좋다. 프티 트리아농은 루이 15세의 요양소로 세워진 곳으로, 훗날 루이 16세가 마리 앙투아네트에게 선물로 증정한 곳이기도 하다. ❧

Travel Info

베르사유 궁전

왕실 접견실

거울의 방의 촛대 든 여인상

궁전 앞 정원

(Access) 베르사유 궁전은 일드프랑스Ile de France라 불리는 파리 근교 지방에 자리해 있다. 파리에서 남서쪽으로 20km 정도 떨어진 곳에 위치해 있는데, 파리 시내에서 RER을 타고 베르사유-리브 고슈Versailles-Rive Gauche역에서 하차하여 도보로 15분 소요된다.

(Travel Season) 베르사유 궁전은 사계절 언제 방문해도 좋으나 5~9월에 아름다운 베르사유 정원의 화사함을 느낄 수 있어 좋다.

(Travel Tip) 베르사유 궁전을 가장 알차게 둘러보는 방법은 미리 현지 가이드를 예약하는 것이다. 예약을 통해 만난 한국인 가이드에게 재미난 왕실의 비하인드 스토리를 들어볼 수 있다. 한국어 셀프 오디오가이드도 신청해 볼 수 있는데, 자세한 안내와 함께 프랑스 역사의 기운을 느낄 수 있다. 베르사유 궁전은 매주 월요일에 문을 열지 않으니 참고해 두자.

FRANCE

루아르 계곡
Loire Valley

Information

국가	위치	등재연도
프랑스	상트르주와 페이드라루아르주	2000년

풍요로운 전원 풍경을 간직한 루아르 계곡은
아름다운 고성들이 숨어 있는 고장으로 유명하다.
샹보르성, 쇼몽성, 앙부아즈성, 쉬농소성 등 주옥같은 고성들이
루아르강 강변에 늘어서 있어 기막힌 풍치를 자랑한다.
투르와 블루와는 루아르 계곡에 자리한 대표적인 도시로
중세적 분위기를 간직한 구시가를 지니고 있으며
루아르 계곡의 고성을 둘러보는 베이스가 된다.

아름다운 자연 경관 속에 중세 고성과 중세 타운이 숨어 있는 루아르 계곡 일대는 2000년 유네스코 세계문화유산으로 등재되었다. 프랑스의 정원이라는 별칭을 지니고 있는 루아르 계곡은 19세기 이래로 프랑스의 문인과 화가들의 소중한 예술적 무대가 되었다. 루아르 계곡은 오늘날 파리를 벗어나 프랑스의 전원 풍경을 맛보고 싶은 여행자에게 탁월한 선택이 될 만한 여행지이다. 특히 프렌치풍의 중세 고성을 들여다보고 싶다면 파리에 머무는 동안 하루 정도 시간을 내어 루아르 지방의 고성들을 둘러볼 것을 추천한다. 파리에서 기차를 타고 쉽게 다다를 수 있는 투르Tours와 블로와Blois는 루아르 지방의 고성들을 둘러보기에 좋은 베이스 역할을 하는 작은 도시이다. 특히 블로와는 전형적인 프렌치풍의 중세 도시로 시내 중심에 눈여겨볼 만한 작은 규모의 블로와성(성채라기보다 저택 같은 궁전에 가깝다)이 있고 시내 곳곳에 16세기 프랑스 제2의 도시로 명성을 날릴 무렵 세워진 예스러운 멋을 지닌 건축물이 잘 보존되어 있다.

이곳 루아르 지방에는 크고 작은 고성들이 즐비하게 들어서 있다. 그중에는 여행자들이 쉽게 접근할 수 있는 곳도 있고, 몇몇 고성들은 개인 차량을 통해서만 접근이 용이한 곳도 있다. 먼저 파리에서 기차를 타고 가장 쉽게 방문할 수 있는 곳으로는 쉬농소Chenonceau성이 있다. 쉬농소성은 '여인들의 성'이라고도 불리며 감성적인 분위기가 충만한 정원과 숲을 지니고 있다. 동화 속에서나 등장할 법한 아름다운 자태를 지닌 쉬농소성은 16세기인 1514년부터 1522년 사이에 지어진 건물로 프렌치풍 르네상스 스타일의 건축미를 드러내고 있다. 셰르Cher강 강물 위에 놓인 쉬농소성의 자태는 우아하기 그지없다. 성과 연결된 강 위에 놓인 다리는 성보다 이후인 1559년에 세워졌다.

블로와에서 기차로 방문할 수 있는 쇼몽Chaumont성은 루아르 지방의 숨은 진주와 같은 곳이다. 오늘날의 쇼몽성은 15세기에 세워졌다. 원래 10세기 이곳에 고성이 세워져 있었으나 당시 이 지

PHOTO ❶
앙부아즈성과 루아르강

PHOTO ❷
쉬농소성 앞의 정원

방의 영주가 반란을 일으키자 프랑스 국왕이었던 루이 11세의 명령에 의해 성을 파괴했다. 그 후 다시 왕실의 환심을 얻고 영주의 아들과 손자로 이어지면서 성이 재건된 것이다. 쇼몽성은 블로와에서 남서쪽으로 약 20km 떨어져 있다. 아마도 여러 고성들 중에서 가장 우아하고 기품 있는 내부 공간과 실내장식을 자랑한다. 이 고성 내부의 일부 공간은 현대 미술작품 전시 공간으로도 사용되며, 또 다른 일부 공간은 연회 따위를 위한 특별 공간(일반인에게 공개)으로 사용된다.

제법 규모가 큰 타운 내의 언덕 위에 위치한 앙부아즈Amboise성은 블로와에서 기차로 쉽게 찾아갈 수 있다. 이곳은 난공불락의 모습을 띤 가장 요새적인 형태의 고성으로 중세적인 분위기의 타운과 잘 조화를 이루고 있는 모습이다. 앙부아즈성은 15세기부터 이 지방 영주로부터 압수해 프랑스 왕실이 거주했던 왕궁이다. 그 후 대대적인 확장공사를 통해 오늘날의 모습을 갖추게 되었다. 이곳에서는 왕들이 비교적 많은 시간을 지냈는데, 그중 가장 오래 머물렀던 샤를 8세 국왕이 1498년 문에 부딪혀 죽는 사건이 발생하기도 했다. 이어 구교(가톨릭)와 신교(위그노)의 갈등이 첨예되어 나타난 위그노 전쟁의 단초가 되는 역사적 사건도 이곳에서 벌어졌다. 이후부터 차츰 왕실의 발길이 뜸해지면서 노쇠해가기 시작했다.

PHOTO ❸
단아한 자태를 지닌
쉬농소성

그 밖에 추천할 만한 곳으로는 우아한 궁전 모습을 띤 샹보르Chambord성과 블로와Blois성, 셰베르니Cheverny성, 쉬농Chinon성, 소뮈르Saumur성 등이 있다. 특히 샹보르성은 루아르 계곡의 꽃이라 불릴 정도로 아름다운 자태를 뽐내는 성이다. 28년간의 장기간의 공사를 거쳐 1547년에 완공된 이 성은 프렌치풍의 르네상스 궁전 건축양식의 백미라 불리기도 한다. 크기 면에서도 루아르 계곡 고성 중 가장 크다. 이곳은 대중교통으로는 투르나 블로와에서 버스를 통해서만 접근 가능하다(겨울철에는 제한적으로 버스가 운행한다). 지금까지 언급한 성들을 최소한 서너 군데 이상 둘러보려면

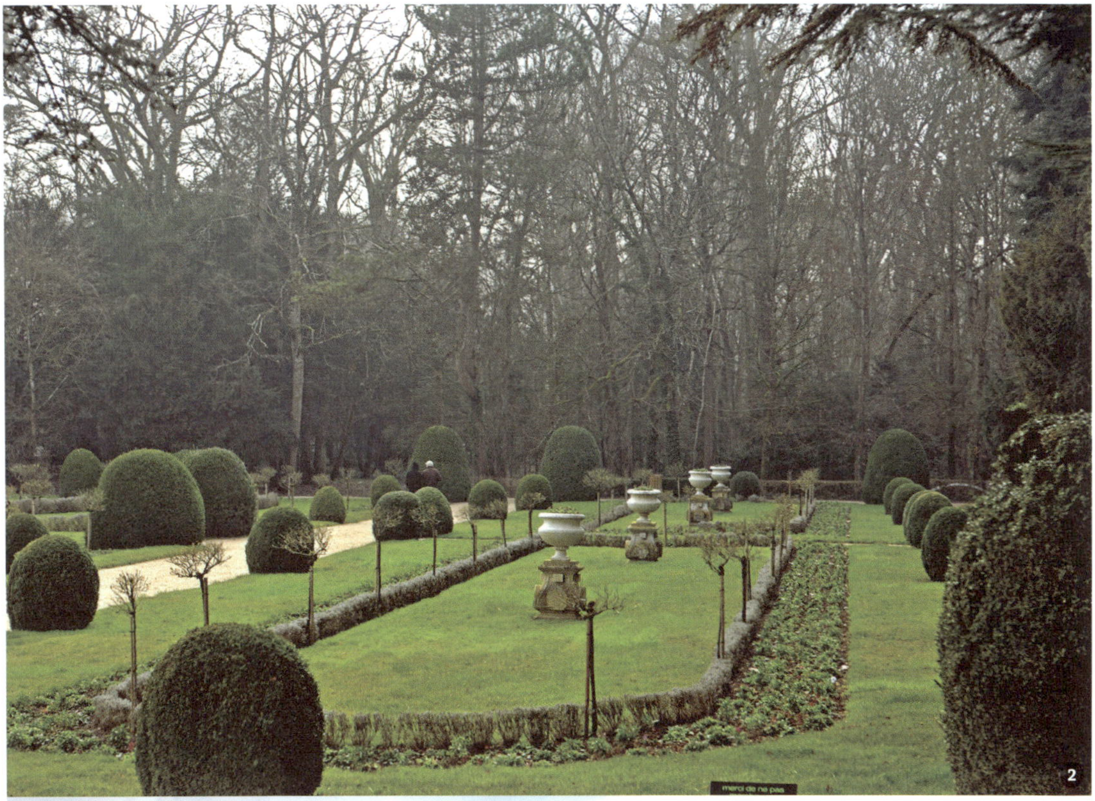

2

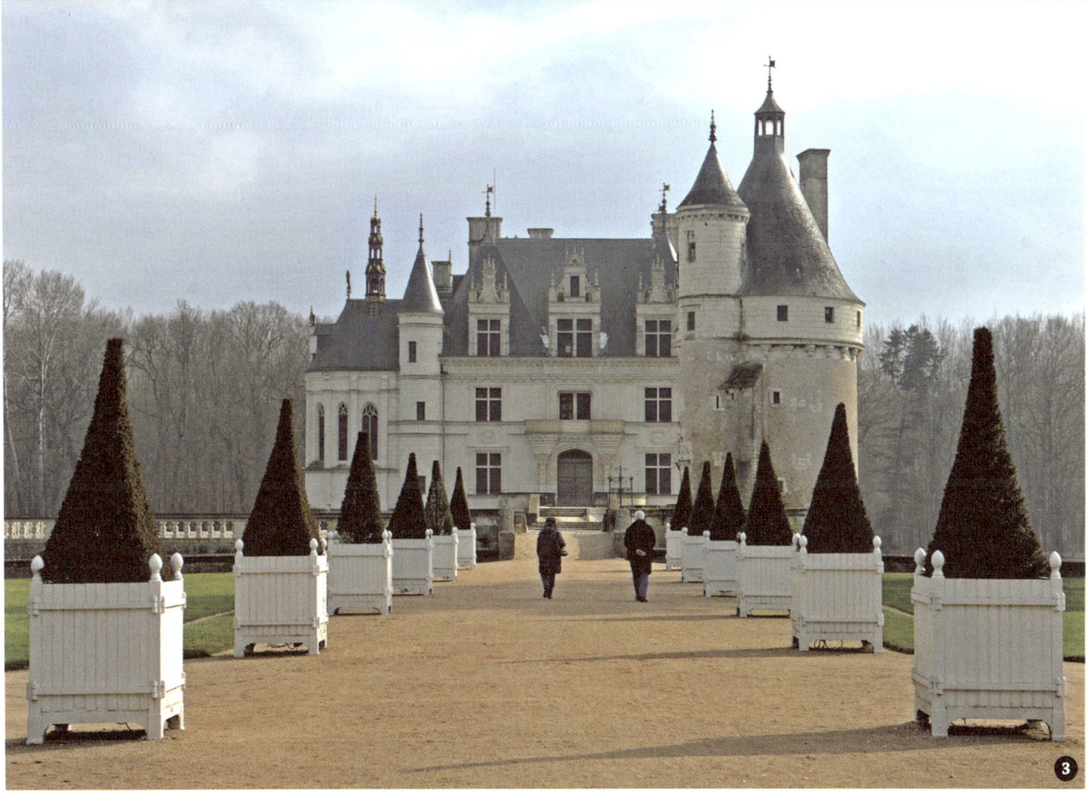

3

PHOTO ❹
우아한 자태를 뽐내는 쇼몽성

투르나 블로와에서 하룻밤을 머물거나 파리에서 버스 투어를 통해 방문하는 것이 좋다. 또한 렌터카를 이용한다면 보다 효과적으로 고성들을 둘러볼 수 있다. 파리에서 당일치기로 두 군데의 고성만을 둘러본다면 샹보르성과 쉬농소성을 추천한다. 기차로만 이동하여 하루 동안 두세 군데 성을 보고자 한다면 쉬농소성, 쇼몽성, 앙부아즈성을 추천한다. 참고로 쇼몽성은 기차역 옹쟁 Onzain 으로부터 약 2km 정도 떨어진 언덕 위에 자리해 있기에 기차역에서부터 찾아가는 데 도보로 약 40분 정도 걸린다. ☙

Travel Info
루아르 계곡

쇼몽성 응접실

쉬농성 거실

Access ❶ **쉬농소성** 고속열차 TGV로 파리 갸르 몽파르나스Gare Montparnasse역에서 출발하여 생 피에르 데 코르St Pierre des Corps역에서 일반열차로 갈아탄 뒤 쉬농소Chenonceau역에 내리면 성의 정원 입구까지 도보로 1분 거리이다. 기차 약 1시간 38분 소요.

❷ **쇼몽성** 쉬농소를 찾아가는 길과 마찬가지로 파리 갸르 몽파르나스역에서 TGV를 타고 생 피에르 데 코르역에서 일반열차로 갈아탄 뒤 옹쟁Onzain역에서 내려 마을 중심가까지 2km 정도(도보 30분) 직진하여 걸으며 다리를 건너 아래에 마을이 자리한 언덕 위에 쇼몽성의 모습을 볼 수 있다. 언덕 위 성으로 올라가려면 표지판을 잘 찾아야 쉽게 올라갈 수 있다. 블로와에서 출발하면 기차로 옹쟁까지 약 10분 거리이다.

❸ **앙부아즈성** 블로와에서 기차로 18분 거리이며, 파리 갸르 몽파르나스역에서 TGV로 생 피에르 데 코르역에서 일반열차로 갈아타 앙부아즈까지 갈 수 있다(1시간 36분 소요). 앙부아즈 기차역에서 다리를 2개 건너면 앙부아즈 타운의 중심가에 다다를 수 있고, 중심가의 언덕 위에 앙부아즈성이 서 있다(앙부아즈 기차역에서 성까지 도보 약 15분).

❹ **샹보르성** 투르나 블로와의 기차역 옆에서 샹보르행 버스를 타면 된다. 여름철에는 매시간마다 운행하나 여름철 이외의 시기에는 샹보르까지 가는 버스가 제한적으로 운행한다. 여름철이 아닌 시기에 이곳을 쉽게 방문하려면 미리 버스 스케줄을 알아놓거나 아니면 파리나 투르에서 투어에 참여하거나 렌터카를 이용하는 게 낫다.

Travel Season 루아르 계곡의 고성은 사계절 내내 방문해도 좋다. 여름에는 각 고성에서 종종 콘서트 공연 등 다양한 이벤트가 열린다. 겨울에는 종종 주변이 눈에 싸여 아름다운 설경 속 고성의 자태를 음미할 수 있어 좋다.

FRANCE

몽생미셸
Mont Saint Michel

Information

국가	위치	등재연도
프랑스	노르망디주	1979년

노르망디 북서해안으로부터 약 2km 떨어진 지점에 자리한 몽생미셸은 신비에 가까울 정도로 몽환적이다. 육지에서 떨어진 바위섬 위에 우뚝 서 있는 수도원의 모습은 그야말로 꿈속에서나 그려볼 법한 그림 같다. 그래서인지 사진이나 그림엽서로 몽생미셸을 접한 이들에게 이곳은 생애 꼭 한 번쯤은 방문해야 할 명소로 각인된다.

브르타뉴 지방과 접경한 노르망디의 해안가에 자리한 몽생미셸은 파리에서 하루 일정을 잡아야 쉽게 둘러볼 수 있다. 몽생미셸 섬을 둘러보는 데에는 그리 많은 시간이 필요하지 않은데 교통편이 불편해 파리나 인근에서 오가는 데에 많은 시간이 소요되는 편이다.

셀틱 신화에 따르면 몽생미셸은 바다 위의 거대한 묘지였다고 한다. 708년 천사장 미카엘이 오베르 주교 앞에 나타나 지금의 몽생미셸이 자리한 섬 꼭대기에 교회를 지으라고 명한다. 그리하여 오늘날 볼 수 있는 몽생미셸 섬 꼭대기에 수도원이 자리하게 되었다. 966년부터는 노르망디 지방 영주의 지휘 아래 베네딕트 수도원의 건축이 진행되었다. 따라서 수도사들은 이곳에서 수도를 하며 학문을 연구하게 되었다. 그 후 군사적인 용도로 적의 침입을 막는 요새로도, 18세기 후반 프랑스 혁명 시기에는 정치범들을 투

PHOTO ❶
오늘날 육지와 도로로 연결된 몽생미셸

PHOTO ❷
멀리서 바라본 몽생미셸의 몽환적 풍경

PHOTO ❸
작은 호텔과 레스토랑, 상점들이
빼곡히 들어서 있는
몽생미셸의 골목길

옥하는 수용소로도 사용되었다. 다시금 수도원으로서의 지위를 찾으면서 수도사들과 수녀들이 이곳에 머물게 된 건 1969년부터이다. 원래 육지와 떨어져 있던 섬인 몽생미셸은 제방을 쌓아 육지와 연결되면서 방문객들의 출입이 자유로워졌다. 몽생미셸 수도원이 자리한 바위섬은 화강암으로 이루어진 원뿔형의 섬이었다고 한다.

오늘날 몽생미셸을 방문하면 꼭대기의 수도원으로 올라가는 좁디좁은 골목길에 레스토랑, 상점들이 즐비하게 늘어서 있는 모습을 볼 수 있다. 수도원까지 올라가는 데에 소요되는 시간은 고작 30~40분 정도. 몽생미셸은 오믈렛이 유명하다 하여 이곳의 수많은 레스토랑에서 값비싼 오믈렛 메뉴를 제공하고 있다. 몇 군데를 제외하고는 맛에 비해 요금이 너무 비싸다는 평을 듣고 있기도 하다. 그래도 별미라 하니 한번 맛보는 것은 어떨까?

Travel Info

몽생미셸

(Access) 파리 몽파르나스역에서 TGV를 타고 렌Rennes까지 가서 다시 일반열차로 갈아타고 돌 드 브르타뉴Dol de Bretagne까지 가서 버스로 갈아타야 한다. 돌 드 브르타뉴-몽생미셸 구간의 버스 요금은 유레일패스로 할인이 되지 않는다(20분 소요). 렌에서 몽생미셸로 가는 버스도 있으나 이 경우 거리 때문에 버스 요금이 비싸다. 파리에서 돌 드 브르타뉴까지는 기차(편도)로 약 3시간 8분 소요된다.

(Travel Season) 몽생미셸은 겨울에도 방문할 수 있지만 방문객들로 붐비는 5~8월까지가 가장 온화한 기후 속에 포토제닉 풍광을 선보인다.

(Travel Tip) 몽생미셸 자체는 입장료가 없으나 꼭대기에 자리한 수도원의 경우 별도의 입장료가 필요하다. 수도원은 성수기 기준 오전 9시 30분부터 오후 6시 30분까지 문을 연다(7~8월에는 오후 7시까지). 몽생미셸 안에는 이렇다 할 저렴한 레스토랑이나 패스트푸드점이 없다. 저예산 여행자라면 미리 먹을거리와 마실 것을 준비해 가는 게 나을 수도 있다. 몽생미셸 옆에 자리한 라 카세른La Caserne 타운에는 호텔과 게스트하우스, 슈퍼마켓, 레스토랑 등 여행자들을 위한 편의시설이 마련되어 있으며, 몽생미셸과 라 카세른 사이는 무료 셔틀버스가 20~30분마다 운행한다(10분 소요). 대부분의 여행자들은 파리 등지에서 당일치기로 이곳을 방문하지만 보다 멋진 사진을 찍기 원한다면 몽생미셸이나 라 카세른의 호텔 등지에서 하룻밤을 머물면서 몽생미셸의 몽환적인 새벽녘 모습이나 야경을 카메라에 담는 것도 좋다.

VATICAN CITY

바티칸 시티
Vatican City

Information

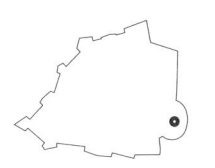

가톨릭교의 총본산이자 기독교의 주요 성지인 바티칸 시티는
가톨릭 교황이 머무는 곳이자 교황의 통치를 받는 도시 국가이다.
바티칸 시티 안에는 로마의 주요 명소인 산 피에트로 대성당과
바티칸 미술관이 자리해 있다.

국가	위치	등재연도
바티칸 시국	로마	1984년

    1984년 유네스코 세계문화유산으로 지정된 바티칸 시티는 로마 안에 자리한 작은 도시 국가이다. 면적이 0.44㎢에 불과한 세계에서 가장 작은 나라다. 세계에서 두 번째로 작은 국가인 모나코Monaco보다 무려 4배나 더 작다. 가톨릭 교황이 거주하는 이 작은 나라의 통치권은 가톨릭 교황이 지니고 있으며 국민 대부분은 성직자나 공직자로 구성되어 있다. 756년부터 1870년까지 로마 교황이 다스리는 교황령은 이탈리아반도 중부 지대를 넓게 차지하고 있었다. 하지만 1870년대 들어와서 교황령의 상당한 영토는 이탈리아 왕국에 강제 합병되고 만다. 오늘날의 바티칸 시티 영토는 1929년 라테란 협정에 의해 당시 이탈리아 통치자였던 무솔리니가 영토를 넘겨주면서 확정된 것이다.

    산 피에트로 대성당Basilica Papale di San Pietro은 세계에서 가장 큰 교회 건축물로 바티칸 시티 안에 있다. 이 건물의 건축과 장식에 라파엘로, 미켈란젤로, 베르니니, 마데르노, 브라만테 등 기

PHOTO ❶
산 피에트로 대성당의
쿠폴라에서 내려다본
산 피에트로 광장과
주변 풍광

라성 같은 예술가들이 참여하였다. 성 베드로 대성당이란 이름으로도 잘 알려진 이곳은 바티칸 박물관과 마찬가지로 이탈리아나 로마의 소유물이 아닌 독립국가 바티칸 시국의 소유이다. 산 피에트로 대성당은 로마 교황이 직접 예배에 참여하는 곳으로 잘 알려져 있다. 이 성당은 예수 그리스도의 제자인 사도 베드로의 무덤 위에 세워진 것으로 유명하다. 무엇보다 성당 건축에 위대한 예술가인 미켈란젤로의 참여가 눈에 띈다. 특히 성당의 돔 부분은 그가 직접 설계한 것이다. 성당의 돔을 쿠폴라^{Coupola}라고 부르기도 하는데, 나선형 계단 또는 엘리베이터로 이곳에 오르면 대칭형의 산 피에트로 광장을 바로 내려다볼 수 있을 뿐 아니라 로마 시내 전체를 조망할 수 있다.

르네상스 건축물의 백미로 불리는 산 피에트로 대성당을

방문하는 이유 중 하나는 바로 유럽에서 가장 아름다운 인테리어를 지닌 교회 건축물 내부를 보기 위해서이다. 갖가지 조각상과 모자이크화로 치장된 이 성당의 화려한 내부는 세계에서 가장 큰 교회 건축물로서의 위용을 잘 보여준다.

성당 내부에는 미켈란젤로가 조각한 〈피에타〉 상이 전시 보관되어 있다. 이와 함께 성당 내부에서는 베르니니가 청동으로 조각한 바로크 양식의 닫집 형태의 구조물인 〈발다치노 Baldaccino〉가 내부 중앙의 제단 위에 자리해 있다. 교황의 제단 위에 놓인 거대한 청동조형물인 이 작품은 높이가 무려 29m나 된다.

아울러 산 피에트로 대성당 앞에 놓인 산 피에트로 광장 역시 로마의 대단한 볼거리 중 하나이다. 건축가 베르니니가 설계한 이 광장은 아마도 세계에서 가장 장엄한 모습을 담은 광장이 아닐까 싶다. 도리이식의 기둥으로 이루어진 반원 형태의 건축물이 대칭형으로 광장을 둘러싸고 있다. 가톨릭 미사 집회에 수많은 가톨릭 신자들이 전 세계에서 몰려드는 관계로 성당 내부가 아닌 이 광장에서 교황의 집도 아래 가톨릭 미사 및 주요 종교행사가 열린다.

13세기 니콜라스 3세 국왕에 의해 세워진 바티칸 궁전은 전체 방이 1,400여 개에 이를 정도로 방대하다. 이곳은 15세기부터 17세기까지 당대 교황들의 경쟁적인 요구에 따라 대대적으로 확장되었는데 이로 인해 궁전을 들여다보면 당대의 르네상스시대 예술과 바로크시대 예술의 역사가 고스란히 묻어 있음을 알 수 있다. 1475년에는 교황 식스토 4세가 이 궁전 내에 도서관을 개장하여 여러 고서적과 자료, 인쇄물, 회화 따위를 보관하였다. 18세기 중엽부터는 교황들이 개인적으로 소장한 르네상스시대의 유물과 예술품이 한데 모이게 되었다. 이것이 오늘날의 바티칸 박물관이 탄생하게 된 계기가 되었고 새롭게 추가된 전시물을 진열할 공간을 마련하기 위해 새로운 건물을 추가로 세웠다.

PHOTO ❷
아래에서 올려다본
산 피에트로 대성당의
쿠폴라 내부

PHOTO ❸
바티칸 박물관에 진열된
아데미 여신상.
다산을 상징한다.

PHOTO ❹
웅장함이 깃든
산 피에트로 대성당 내부

PHOTO ⑤
바티칸 박물관에는 르네상스시대에 조각된 다양한 조각상이 진열되어 있다.

PHOTO ⑥
바티칸 박물관의 입구로 연결된 나선형 계단

바티칸 궁전 안에 자리한 바티칸 박물관Musei Vaticani은 고대 로마시대의 유물과 르네상스시대의 조각물과 회화를 볼 수 있는 유럽 최대의 박물관 중 하나이다. 이곳의 소장품들은 역대 교황들이 수집한 것으로 그 수만 해도 어마어마하다. 이 박물관은 여러 군데의 전시관으로 이루어져 있는데, 그중에서도 가장 인기 있는 시스틴 예배당은 1473년 식스토 4세 교황의 개인 예배당으로 만들어진 곳으로 미켈란젤로의 유명한 프레스코인 〈천지창조〉를 볼 수 있는 곳이다. 이 그림은 당시 교황 율리우스 2세의 명을 받아 4년만인 1512년에 완성하여 그린 것이다. 〈빛과 어둠의 분리〉, 〈해와 달의 창조〉, 〈식생의 창조〉, 〈아담의 창조〉, 〈이브의 창조〉, 〈아담과 이브의 죄악, 이로 말미암은 추방〉, 〈노아의 제물〉, 〈노아의 홍수〉, 〈술 취한 노아〉 9개의 그림들로 구성되어 있다.

이 프레스코 외에도 내로라할 만한 르네상스시대의 예술가인 보티첼리, 기를란디오, 핀터리키오, 시뇨렐리 등이 그린 프레스코가 전시관 천장과 벽면 곳곳에 그려져 있다. 특히 예배당 좌우에는 모세의 생애와 예수 그리스도의 생애를 담은 6개의 벽화가 각각 그려져 있다. 이곳의 또 하나의 거작 미켈란젤로의 〈최후의 심판〉은 1533년 클레멘트 7세 교황의 요청으로 1536년부터 1541년까지 그려졌다. 이 작품은 167.14㎡의 거대한 면적에 391명의 인물을 그려 넣은 대작으로, 그리스도를 중심으로 천상에서 지옥의 세계로 그 위치를 매겨 나갔다. 미켈란젤로가 이 그림 속의 인물을 모두 나체로 그려 넣는 바람에 훗날 그의 제자가 나체의 인물을 모두 옷을 입은 인물로 수정해 그리는 해프닝이 발생하기도 했다.

또한 방문객들의 이목을 끄는 라파엘로의 방Stanza di Rafaello도 반드시 들러보아야 할 곳이다. 이 방은 4개의 공간으로 이루어져 있는데, 〈서명의 방〉이라 불리는 곳에 교황에 의해 그가 그린 프레스코가 있다. 또한 이곳에는 그의 대표작 중 하나인 〈아테네 학당〉과 〈성찬에 대한 논쟁〉 등이 걸려 있다. ❤

5

6

Travel Story

로마와 종교의 자유를 맞바꾼, 라테란 협정

　　이탈리아 영토에 속한 바티칸 시국의 독립은 이탈리아 수상이었던 무솔리니와 교황청 국무장관 가스파리 추기경 사이에서 1929년 있었던 라테란 협정을 통해 이루어졌다. 이 협정 이전인 1870년 교황령이었던 로마를 이탈리아가 차지하면서 교황청과 이탈리아는 종교와 국가 문제로 끝없이 대립하게 된다. 수십 년 동안의 기나긴 갈등은 이 협정으로 진정 국면으로 접어들게 된다. 라테란 협정을 통해 이탈리아는 가톨릭을 유일한 국교로 인정했고, 로마 교황은 바티칸 시국의 원수로 자유로운 외교관계를 보장받았다. 이어 부속 협정을 통해 이탈리아는 기존의 교회 재산을 국유화했던 배상금으로 7억 5천만 리라와 10억 리라의 이자 채권을 지불하기로 했다. 당시 라테란 협정은 국민투표로 진행되었는데, 90%가 넘는 국민들이 이탈리아 로마 병합을 지지했다. 그 결과 이 협정을 이끌어낸 당시 집권당 파시스트는 그 위세를 높일 수 있었다.

Travel Info

바티칸 시티

산 피에트로 광장

바티칸 내부 박물관 중 한 곳

(Access) 대한항공, 아시아나항공 등이 인천국제공항과 로마 레오나르도다빈치국제공항 사이를 직항 운항한다.

(Travel Season) 비교적 온화한 기후를 보이는 5월이나 9~10월이 방문하기에 가장 좋다. 해마다 3~4월 사이의 부활절 시기에는 산 피에트로 대성당 앞에서 대규모 부활절 예배 및 관련 행사가 펼쳐진다.

(Travel Tip) 산 피에트로 대성당의 입장료는 무료이지만 계단이나 엘리베이터를 이용해 쿠폴라에 오를 경우 요금을 내야 한다. 보안 검사로 입장하는 데 시간이 많이 걸린다. 반바지, 슬리퍼, 민소매 옷차림, 모자 착용의 경우 입장이 제한될 수 있다. 바티칸 박물관의 경우 일요일에는 문을 닫지만 매달 마지막 주 일요일에 문을 열며 무료입장이다.

ITALY

로마의 역사 지구
Historic Centre of Rome

세계에서 가장 유구한 역사를 지닌 도시 중 하나인 로마는
고대 로마시대의 유적을 온전히 담고 있는 보물창고이다.
콜로세움, 포로 로마노 유적, 판테온, 트레비 분수 등이 자리한
로마의 역사 지구는 1980년 유네스코 세계문화유산으로 지정되었다.
그 후 1990년 바티칸 시티 외곽에 자리한 바티칸 시티 소속 교회인
산타 마리아 마조레 교회, 하드리아누스 황제의 묘 등이
로마 역사 지구의 문화유산 리스트에 새롭게 추가되었다.

Information

국가	위치	등재연도
이탈리아	로마	1980년

로마에서 가장 아름다운 광장인 나보나 광장

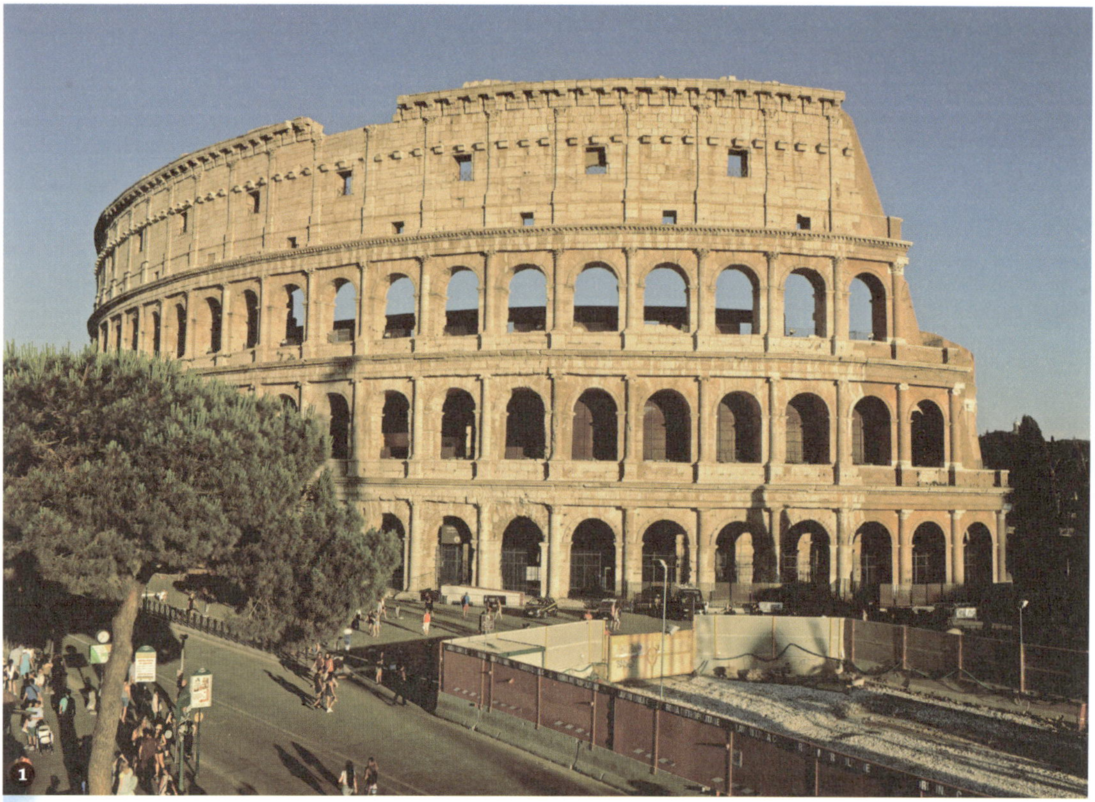
1

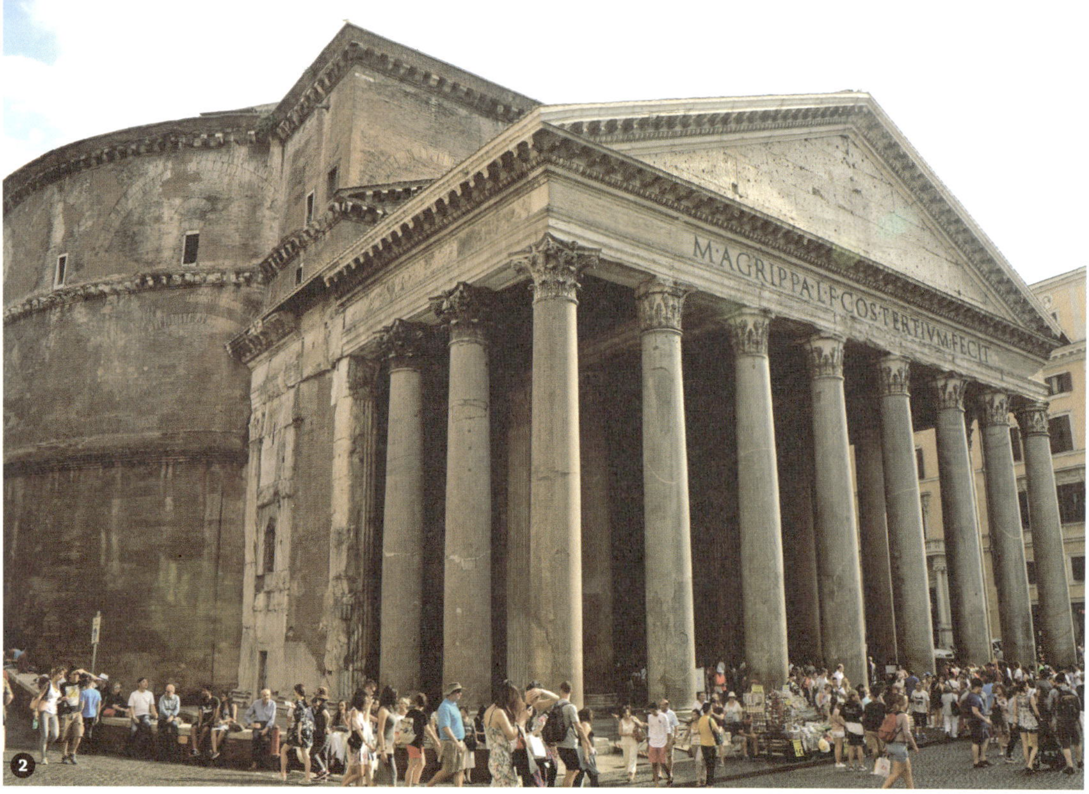

2

로마는 고대 로마 제국 시대를 거쳐 서기 4세기부터 기독교의 중심지로 자리 잡아 유럽의 중심에 섰다. 또한 시대별로 이탈리아의 역사와 문화를 담고 있다. '모든 길은 로마로 통한다'는 옛말이 오늘날에는 '모든 역사는 로마로 통한다'라고 말할 수 있을지도 모르겠다. 이처럼 로마는 유럽 전통 문화의 토대를 이룬 곳이자 기독교 문화의 신비를 간직한 곳이다. 로마의 역사 지구는 대부분의 명소가 밀집된 로마 시내와 그 주변을 가리킨다. 또한 고대, 중세, 근대 등 모든 시대의 찬란했던 문화를 보여준다.

PHOTO ❶
콜로세움 전경

로마는 고대의 유적과 중세의 신비와 멋이 담긴 곳이지만 몇몇 여행자들에겐 낭만적인 감성으로 똘똘 뭉쳐 있는 도시이기도 하다. 로마 하면 떠오르는 영화인 〈로마의 휴일〉은 이제 고전이 되어버렸지만 오드리 헵번이 공주의 신분을 속이고 로마의 이곳저곳을 다니며 특종을 찾아다니는 신문기자 그레고리 펙을 만나 로맨스를 나누던 장면이 현재까지도 잊히지 않고 현지의 명소들 속에서 살아 움직이는 듯하다.

콜로세움과 포로 로마노 유적은 빼놓을 수 없는 대표적인 고대 로마시대 유적이다 이탈리아에 남아 있는 고대 로마 유적 중에서 가장 뛰어난 건축미를 갖고 있는 콜로세움^{Colosseo}은 서기 72년 베스파시아누스 황제에 의해 건축이 시작되어 80년 티투스 황제 때 완성되었다. 4층으로 이루어진 원형 경기장으로 이 건축물의 지름은 155~187m이고 둘레는 527m이다. 높이는 48m로 1층은 도리아식, 2층은 이오니아식, 3층은 코린트식을 따라 각 층마다 변화를 준 것이 특이하다. 외벽에는 모두 80개의 아치가 만들어져 있다. 1층에는 특별석이 마련되어 황제와 원로원의 인사들이 배석하고, 2층에는 귀족들이, 3층에는 로마 시민권자, 4층에는 여자들과 빈민층이 자리해 약 5만 명을 수용했다고 한다. 콜로세움은 당시 검투사의 격투 시합이나 맹수와 검투사의 대결 따위를 볼 수 있던 곳으로 활용되었다. 특히 이곳은 티투스 황제 시절 100일 동안 5천 마리의 맹수가 도살된 것으로 유명하다.

PHOTO ❷
판테온 신전

73

PHOTO ❸
트레비 분수

로마에서 가장 넓은 고대 로마 유적지인 포로 로마노Foro Romano는 1,000여 년 동안 고대 로마 제국의 중심부였던 곳이다. 공회장, 신전, 공회당 등 주요 건물의 유적들이 남아 있다. 1871년부터 본격적인 발굴이 시작되어 비록 폐허가 되긴 했으나 아직 옛 흔적이 남아 있는 유적을 통해 당시 고대 로마의 위용과 영광을 그려 볼 수 있다. 콜로세움에서 티투스 황제의 개선문으로 향하는 길에 깔려 있는 커다란 포석들이 인상적이다.

PHOTO ❹
하드리아누스 황제의
영묘가 자리한
산탄젤로성

산 피에트로 대성당 동쪽 테베레강 강변에 놓인 산탄젤로성Castel Sant'Angelo은 캄피돌리오 언덕 인근에 자리한 아우구스투스 황제의 영묘를 본떠 로마 황제 하드리아누스Hadrianus와 그의 가족들의 묘를 안장하기 위해 130년부터 139년까지 만들었다. 다시 말해 산탄젤로성은 하드리아누스 황제의 영묘인 기념비적 건축물로 지난 1990년 로마의 역사 지구 문화유산 리스트에 추가되었다. 하드리아누스는 서기 117년부터 138년까지 22년간 로마 제국을 통치했던 14대 로마 황제이다. 그는 선왕들과는 달리 영토 확장 대신 장기간 순찰여행을 다니면서 선왕들이 이룬 확장된 영토의 국경을 확실히 하고 제국을 안정시키는 데 큰 공로를 세운 왕으로 평가를 받는 인물이다. 그가 외침을 막기 위해 세운 방벽은 오늘날 잉글랜드 북부 브램튼Brampton 근교에 유적으로 남아 있다.

로마 역사 지구의 명소 중 오랫동안 방문객들의 인기를 한 몸에 얻고 있는 트레비 분수Fontana di Trevi는 고고한 자태를 뽐내는 로마의 대표적인 문화유산 중 하나이다. 트레비 분수는 바로크 건축양식이 절정을 이루던 시기에 세워진 것으로 1732년 니콜라 살비에 의해 고안되었다. 트레비는 삼거리를 말하는데, 이곳 앞에 3개의 길이 놓여 있어 붙인 이름이다. 트레비 분수 뒤에 놓인 폴리 궁전Palazzo Poli은 트레비 분수와는 무관한 별도의 건물이었지만 트레비 분수와의 조화로운 모습을 위해 건축가 루이기 반비텔리가 궁전의 파사드를 오늘날처럼 아름답게 꾸몄다. 분수대에는 바다의 신 넵튠(그리스 신화의 포세이돈과 동일)과 넵튠의 아들이

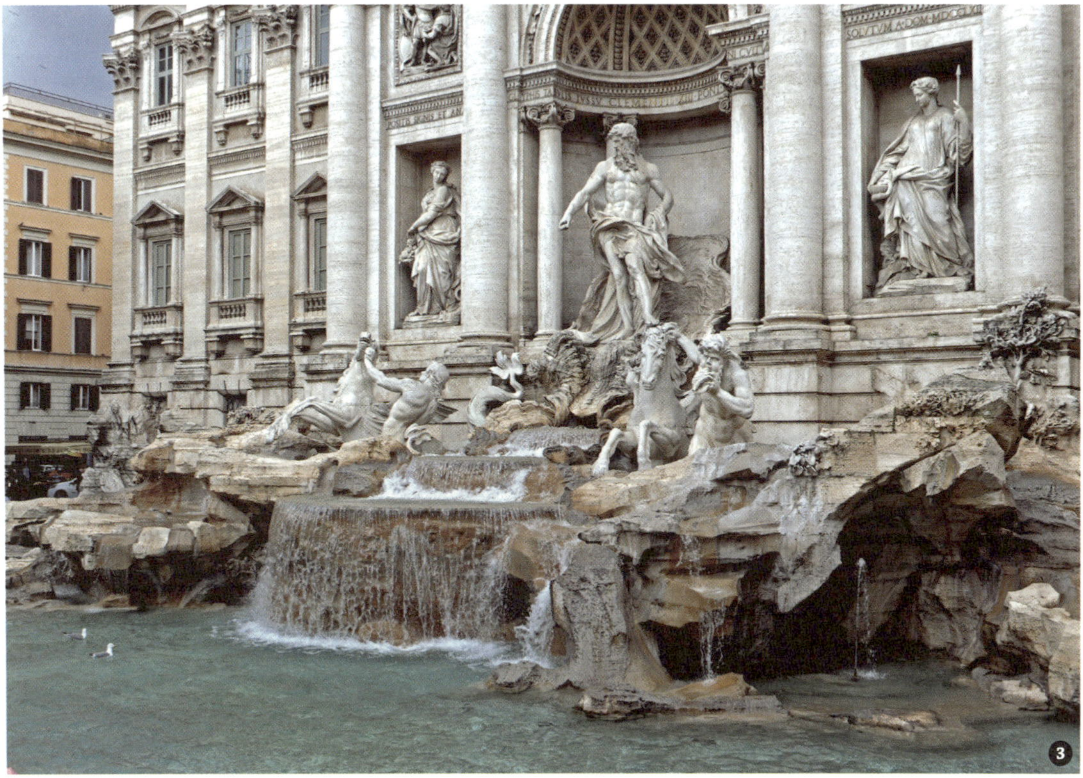

3

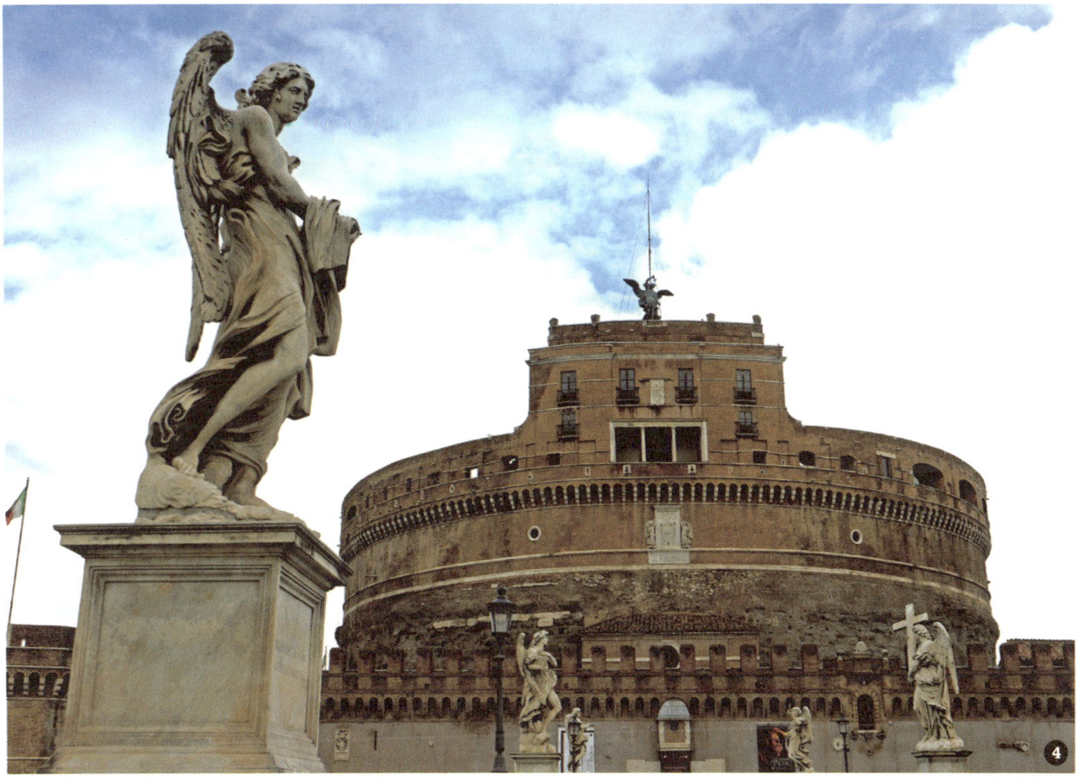

4

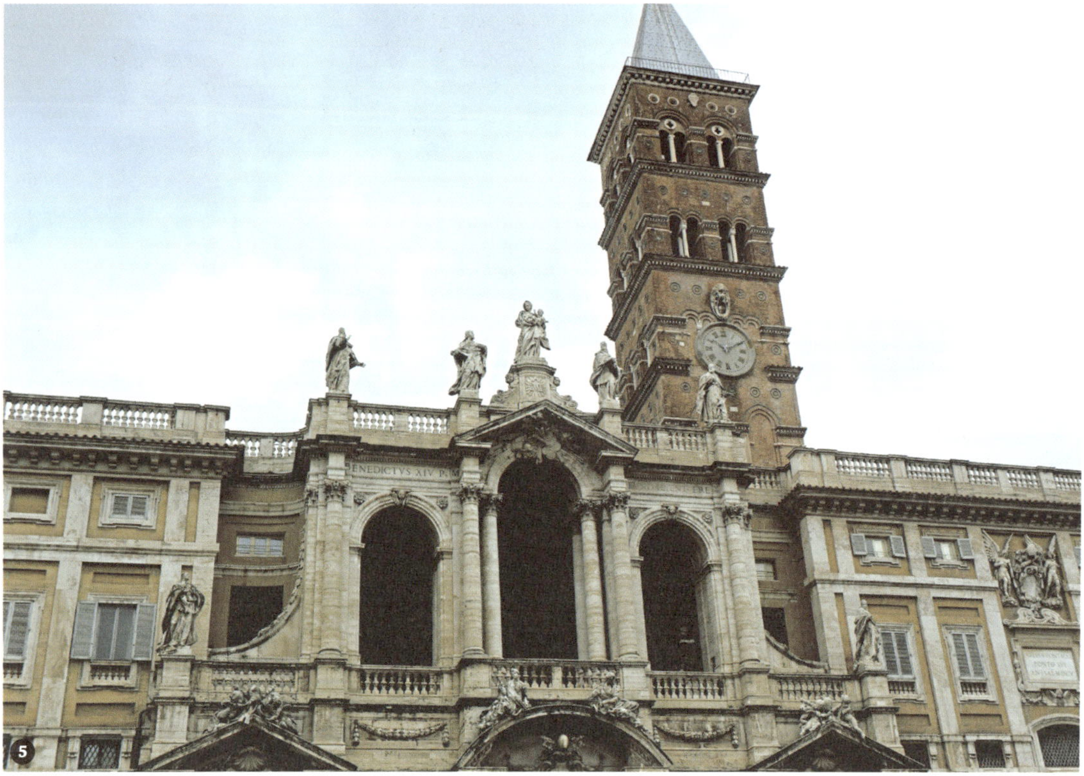
5

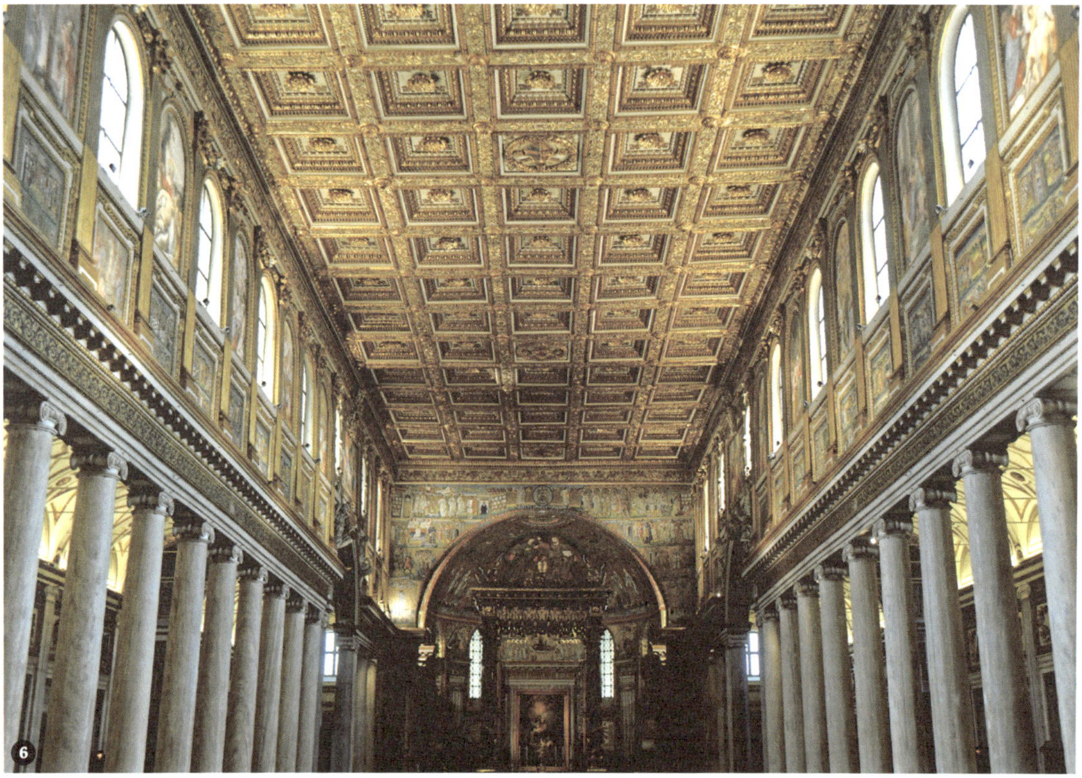
6

자 바다의 메신저인 트리톤이 마치 살아 움직이는 듯한 모습으로 자리해 있다. 트레비 분수는 로마에서 가장 오래된 수도관을 통해 공급된다. 이곳에 얽힌 재미난 이야기 중 하나는 뒤돌아서서 동전을 어깨너머로 던져 분수에 들어가면 로마에 다시 돌아오게 된다는 것이다. 그리고 두 번째 동전마저 분수에 들어가면 소망이 이루어진다고 한다.

PHOTO ❺
종탑이 우뚝 솟아 있는
산타 마리아 마조레 교회의 외관

산타 마리아 마조레 교회Basilica di Santa Maria Maggiore는 1990년 확대된 로마 역사 지구 유네스코 문화유산의 대표적 건축물이다. 이곳은 로마에서 가장 오래된 교회 건축물 중 하나로 산 피에트로 대성당을 제외하고 로마에서 가장 웅장한 규모를 지닌 성당이다. 이 성당은 1929년 무솔리니와 바티칸의 협정에 따라 로마 시내에 자리해 있지만 바티칸의 소유물로 결정된 곳이다. 따라서 교회 내부의 치안도 로마 경찰이 아닌 바티칸 소속 경찰에 의해 통제된다. 이 성당은 테르미니역에서 가까워 이 역에서 로마 여행을 시작하는 여행자들이 가장 먼저 들르는 로마의 명소이기도 하다. 오늘날의 교회는 5세기 중엽 식스토 3세 교황에 의해 건축되었다. 당시 성모 마리아를 기념하는 교회로서는 최초의 교회였다. 교회 내부의 측랑 사이의 중심부에 그려진 모자이크화에는 성모 마리아와 예수 그리스도의 생애, 홍해를 가르는 모세의 모습과 뒤따르던 이집트 군대가 바다에 빠져 죽는 장면 등이 그려져 있다.

PHOTO ❻
산타 마리아 마조레 교회의 내부.
측면에 줄지어 늘어선
기둥의 행렬이 인상적이다.

외형적으로는 첨탑과 기념비가 인상적이다. 이 성당의 첨탑은 75m로 14세기 당시에는 로마에서 가장 높은 탑이었다. 또한 건물 파사드 앞에 놓여 있는 기둥식 기념비는 클레멘트 8세 교황에 의해 프랑스의 종교전쟁이 끝난 것을 기념하여 세운 것이다. ♥

Travel Story

천사의 성, 산탄젤로

139년 완성된 후 271년까지 로마 교황들의 거처로 사용되다가 그 후 401년부터 1,000년간 방어 목적의 군사 요새로 사용된 성이다. 그로 인해 황제의 무덤에 있던 수많은 장식물들이 없어졌고 훗날에는 감옥으로도 사용되었다. 흥미로운 사실 중 하나는 바티칸과 이곳 사이에 비밀통로가 놓여 있다는 것. 비상시에 교황들은 통로를 통해 이곳으로 피신하였다고 한다. 오늘날 이 성은 천사의 성으로 불리는데 그 이유는 이렇다. 590년 그레고리우스 1세 교황이 기도하던 중 천사장 미카엘이 나타나 전염병의 끝을 알리는 일종의 계시인 칼을 칼집에 넣는 꿈을 꾸었는데. 그 꿈을 꾼 이후로 당시 유행했던 전염병이 사라지게 됐다. 교황은 미카엘 천사장의 조각상을 만들 것을 명했고, 이 성을 천사의 성으로 이름 붙였다고 한다. 이곳은 푸치니의 오페라 〈토스카〉의 배경이 된 곳으로도 유명하다.

Travel Info

로마

포로 로마노 고대유적지

(Access) 대한항공, 아시아나항공 등이 인천국제공항과 로마 레오나르도다빈치국제공항 사이를 직항 운항한다.

(Travel Season) 로마는 사계절 내내 관광객으로 붐비는 도시이다. 무더운 한여름보다 5월이나 9~10월이 여행하기에 가장 좋은 시기이다. 2006년부터 시작된 로마 국제 영화제는 해마다 10월에 열린다.

(Travel Tip) 종종 콜로세움 안에서 여름밤에 클래식 연주, 오페라 등 다양한 공연이 열린다. 단, 관람석은 일반적으로 수백 명으로 제한되기에 미리 예약을 하는 게 좋다.

ITALY

베네치아와 석호

Venice and Its Lagoon

베네치아는 697년부터 1797년까지 존재했던
베네치아 공국의 터전이 되었던 도시이다. 10세기와 11세기에
해상무역 등으로 막강한 부를 축적한 베네치아는
예술가와 건축가의 힘을 빌려 이 지역에서 가장 멋지고 아름다운
건축물을 세우고 화려한 예술작품으로 그 안을 치장하였다.

Information

국가	위치	등재연도
이탈리아	베네치아	1987년

베네치아야말로 유럽이 자랑하는 대표적인 세계문화유산이다. 이 도시는 예나 지금이나 미로와 전설로 얽혀 있는 수수께끼 같은 존재이다. 언제 넘쳐날지 모르는 바닷물 위의 이 도시를 단단히 지켜주는 버팀목 역할을 해 온 것은 다름 아닌 이곳에 예술적 감수성을 불어넣어 온 베로네제, 티치아노, 틴토레토, 벨리니 등의 예술가들이었다. 예술가들의 미적 감수성은 오늘날에도 이 도시의 어느 골목이나 어느 건축물에나 촘촘히 묻어 있다.

베네치아 인근에는 사주(沙洲)가 만(灣)의 입구를 막아 바다와 분리되어 생긴 석호(潟湖)가 생성되어 있다. 그리고 이 석호지대 안에 자리한 베네치아는 118개의 크고 작은 섬을 이루고 있는 거대한 군도이다. 리도섬, 무라노섬, 토르첼로섬 등 베네치아 군도의 큰 섬들을 제외하고 베네치아의 작은 섬들은 무려 150개의 운하와 409개의 다리로 연결되어 있어 마치 거대한 하나의 면적을 이룬다. 베네치아의 중심가는 산 마르코 지구, 산 폴로 지구, 카스텔로

PHOTO ❶
틴토레토의 종교화가 그려진 산 로코 학교

PHOTO ❷
산 로코 교회의 제단

지구, 도르소두로 지구, 산타 크로체 지구 등으로 이루어져 있는데, 각 지역은 물이 흐르는 운하가 경계가 되어 독특한 도시 풍경을 자랑한다. 각 지역마다 미로처럼 엉킨 물길이 어지러이 놓여 있으며 그 물길 사이로 곤돌라가 오가며 로맨틱한 풍광을 자아낸다.

산 마르코 광장Piazza di San Marco은 베네치아의 심장으로 이 도시의 대표적인 문화유산이다. 이 광장은 산 마르코 성당과 두칼레 궁전 등 베네치아의 주요한 건물로 둘러싸여 있다. 광장 주위에는 하얀 대리석 기둥이 늘어서 있다. 수많은 방문객들과 어지럽게 날아다니는 비둘기 무리로 활기가 가득한 공간이기도 하다. 가끔 나타나는 신비한 현상 중 하나는 인근의 바닷물이 범람해 광장을 가득 채우기도 한다는 점. 한때 나폴레옹이 이곳을 '세계에서 가장 아름다운 응접실'이라고 불렀다고 한다.

산 마르코 성당Basilica di San Marco은 산 마르코 광장에 자리한 베네치아의 상징적 교회 건축물이다. 9~11세기에 걸쳐 건축된 이 성당은 오랫동안 베네치아 공화국의 예배당으로 사용되어 왔다. 내부는 예수 그리스도의 생애와 그의 제자 마가(성자 마르코)의 생애를 금으로 모자이크한 천장과 벽화로 치장되어 있다. 이 건물이 유럽의 다른 교회 건축물과 다른 양식을 띠고 있는 점은 바로 500년간 증축하고 보수하면서 여러 건축양식이 혼합되었기 때문이다. 전체적인 구조는 로마네스크 양식이지만 성당 자체는 비잔틴 양식을 띠고 있다. 나폴레옹에 의해 약탈되었다가 되찾은 네 마리의 말 조각상이 성당 꼭대기에 놓여 마치 도시를 지키는 수호신처럼 베네치아를 내려다보고 있다.

PHOTO ❸
산 마르코 광장의 종탑에서 바라본 산 조르조 마조레섬의 풍경

산 마르코 성당 옆에 위치한 두칼레 궁전Palazzo Ducale은 베네치아에서 가장 아름다운 궁전 건축물로 불린다. 이 궁전은 웅장하고 아름다운 고딕 양식을 뽐낸다. 베네치아 공국의 통치자였던 당대 총독들이 거주했던 총독 관저이자 집무실이 자리한 곳이다. 이 궁전 앞에 놓인 사자상은 베네치아의 수호신인 산 마르코

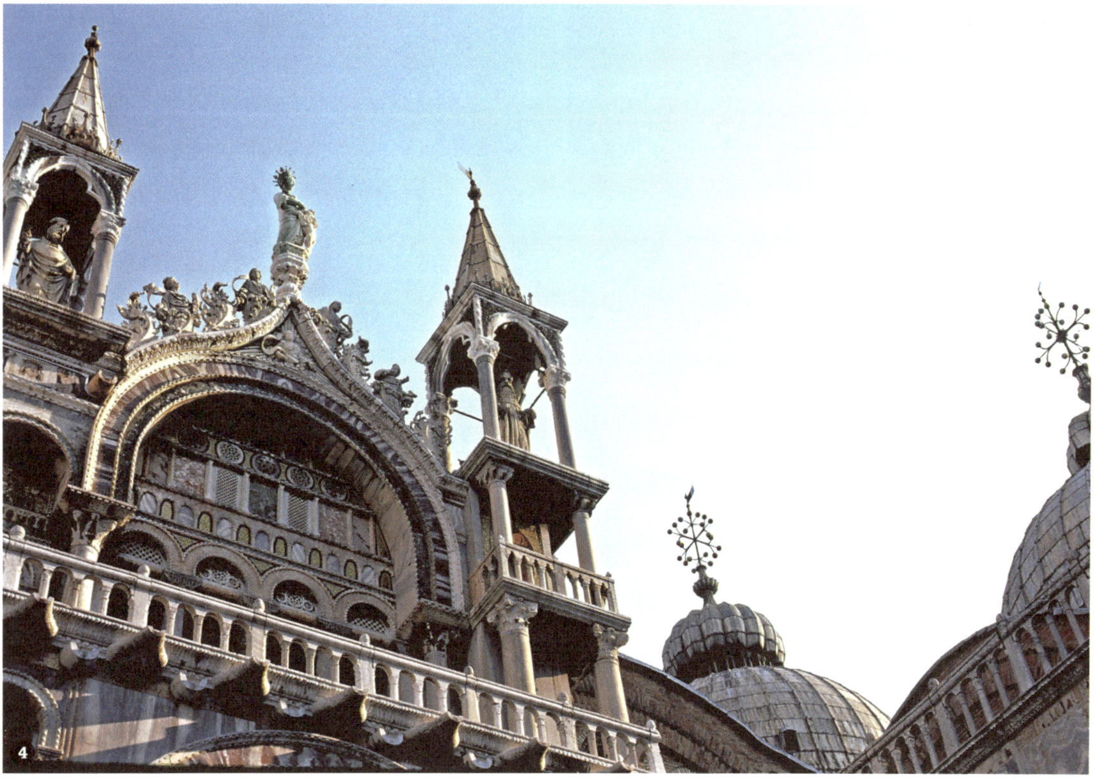

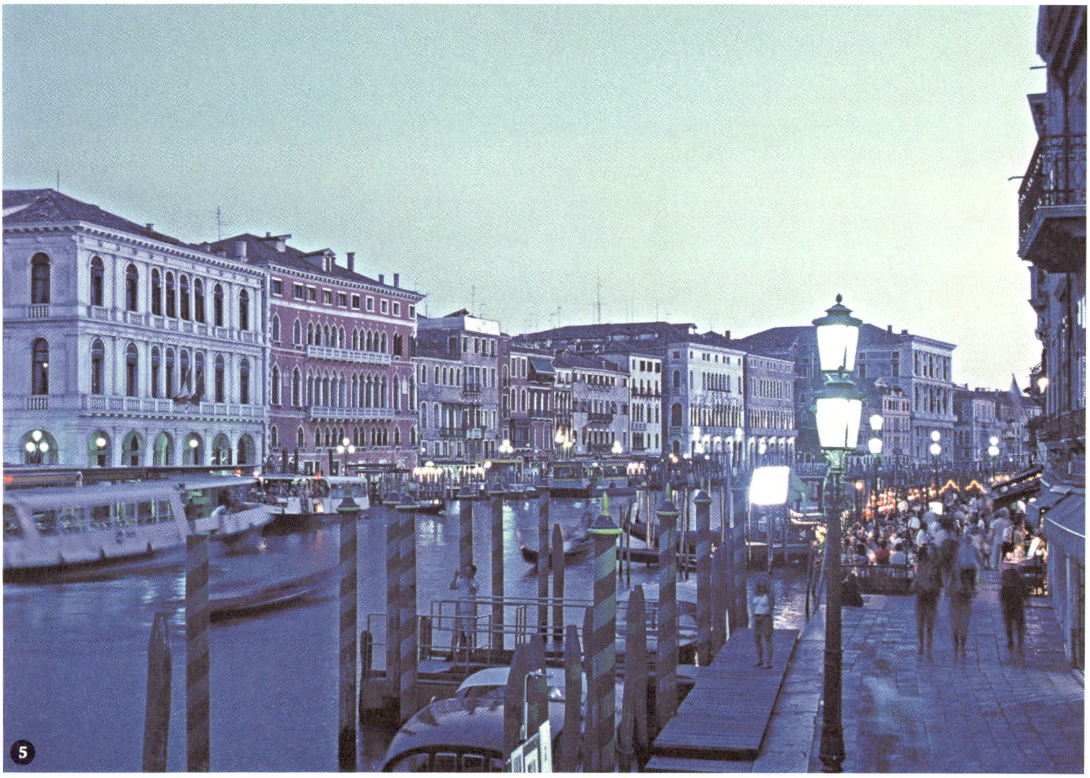

의 상징이다. 이 궁전은 9세기 건축되어 대화재로 큰 손실을 입은 뒤 여러 차례 개보수를 통해 원래 모습으로 복원되었다. 내부에는 황금 계단이 놓여 있는데, 올라가면 역대 총독들이 머물던 방들이 줄지어 놓여 있다. 2층 대평의원 회의실에는 세계 최대 유화 중 하나로 평가받는 베네치아 출신 화가 틴토레토의 〈천국〉이 그려져 있다.

산 마르코 지구와 산 폴로 지구를 연결하는 리알토 다리 Ponte di Rialto는 베네치아의 명물이자 베네치아에서 가장 아름다운 다리이다. 1592년 세워진 이 다리는 원래 목조다리였는데, 이후 대리석으로 재건되었다. 이 다리의 맨 밑은 아치로 되어 있어 그 밑으로 운하를 따라 작은 배들이 지나다닌다. 다리에는 두 줄의 쇼핑 아케이드와 세 줄의 보행자 통로가 있다. 늦은 오후 다리 위에 걸터앉아 시원한 바람을 쐬며 휴식을 취하는 방문객들의 모습을 쉽게 볼 수 있다. 아치형 기둥들이 삼각 기둥을 떠받치고 있는 모습이 이 다리 건축의 특징 중 하나이다.

산 로코 학교 Scuola Grande di San Rocco는 16세기에 지어진 산 로코 교회 Chiesa di San Rocco 옆에 위치해 있다. 이 학교는 종교적 목적을 지닌 단체를 위한 학교로 1478년 설립되었다. 이곳에는 틴토레토의 회화작품이 무려 56점이나 있는 걸로 유명하다. 종교화를 그린 틴토레토의 작품들은 구약성경과 신약성경의 주요 이야깃거리들을 소재로 대담하고 생생한 장면을 담아내고 있기에 예술 애호가들의 눈길을 끈다. 틴토레토는 베네치아 출신으로 16세기의 대표적인 종교화가이자 티치아노, 베로네제와 함께 3대 베네치아 화파의 대표적인 화가이다. 그는 티치아노의 제자였지만 미켈란젤로 등의 영향을 받은 뒤 독자적인 회화법을 구사하였는데, 원근감을 살리면서 배경을 약간 왜곡하여 표현하는 기법으로 독특한 작품들을 많이 만들어 냈다.

도르소두로 지구 Dorsoduro는 산 마르코 지구 옆 동네이지

PHOTO ❹
산 마르코 교회의 첨탑

PHOTO ❺
리얄토 나리 위에서 바라본 주변 풍광

만 경계선을 가르는 운하 때문에 엄연히 섞이지 않은 별도의 독창적인 공간을 두고 있다. 연중 내내 관광객들로 북적이는 산 마르코 주변에서 한 걸음 떨어져 있기에 조용하고 차분한 동네다. 느린 템포의 발걸음으로 유유자적하듯 차분히 베네치아의 또 다른 예술적 감성의 감미로운 숨소리를 들을 수 있는 공간이다. 도르소두로의 뒷골목은 여유와 침묵이 있고 운치가 있다. 이곳에는 페기 구겐하임 컬렉션Collezione Peggy Guggenheim과 같은 아트 공간이 자리하고 있어 컨템퍼러리 아트에 귀가 쫑긋하는 미술 애호가들의 발길이 이어지고 있기도 하다. 또한 아카데미아 미술관Gallerie Accademia은 벨리니의 〈피에타〉, 티치아노의 〈세례 요한〉, 틴토레토의 〈성 마르코의 기적〉 등의 작품이 전시되어 있다.

산타 마리아 델라 살루테 교회Chiesa di Santa Maria della Salute는 도르소두로 지구의 상징적인 교회 건축물이다. 크고 볼록한 돔을 지닌 하얀 건물로 건물 앞에 하얀 계단이 놓여 있다. 이 교회는 산 마르코 광장 인근에서도 그 자태가 한눈에 들어올 정도로 눈부시다. 특히 베네치아 전역에서 바포레토를 타고 산 마르코 선착장으로 들어갈 때 도드라지게 눈에 띄기도 한다. 1630년에 베네치아 전역은 이례적인 전염병이 발생했다. 인구의 3분의 1이 죽은 것은 물론이고, 도시 전체가 황폐화되다시피 했다. 엄청나게 많은 사람들의 목숨을 앗아간 전염병이 지나간 1631년, 시민들은 성모 마리아에게 도시 구원을 위한 감사의 뜻을 표하기로 했다. 그렇게 만들어진 건물이 이 교회였다.

산 마르코 광장 옆 선착장에 서서 바다를 바라볼 때 혼자 외롭게 떠 있는 섬이 바로 산 조르조 마조레San Giorgio Maggiore 섬이다. 아마도 베네치아에서 가장 눈에 띄는 자리에 위치한 섬이 아닐까 싶다. 이 작은 섬 안에 자리한 산 조르조 마조레 교회는 1565년부터 1580년까지 건축된 교회 건축물로 바로크 양식을 띠고 있다. 내부에는 틴토레토의 벽화 〈최후의 만찬〉이 제단 벽면에 그려져 있다. 엘리베이터를 타고 60m 높이의 이 교회 종루에 올라가면

PHOTO ⑥
도르소두로 지구에 자리한
산타 마리아 델라 살루테 교회

PHOTO 7
산 조르조 마조레섬의
종탑에서 바라본
산 마르코 광장 주변

산 마르코 광장을 비롯해 도르소두로 주변과 그 일대가 이루 말할 수 없을 정도로 아름답게 펼쳐져 있다. 그리고 늘 왁자지껄한 웃음소리와 곤돌라 뱃사공들의 고함으로 시끄럽던 세상이 어디론가 사라진다. 고요 속의 베네치아를 만나는 순간만큼은 어디에 비길 데 없이 황홀하기만 하다. ☙

Travel Info

베네치아

두칼레 궁전 앞

베네치아 카니발 축제

(Access) 로마, 밀라노에서 고속열차로 각각 3시간 30분, 2시간 30분이 소요된다. 한국에서 런던, 파리, 로마, 프랑크푸르트 등 유럽의 주요 도시를 경유해 비행편으로도 갈 수 있다.

(Travel Season) 관광객이 가장 많이 붐비는 7~8월은 피하는 게 좋다. 겨울철에는 날씨가 흐리고 비가 오는 날이 많다. 재의 수요일 Ash Wednesday(사순절의 첫날로 부활절이 오기 46일 전. 보통 2월 초~3월 초 사이)이 있기 10일 전에 베네치아에서는 성대한 카니발 축제가 펼쳐진다. 베니스 영화제 Venece Film Festival는 베니스 비엔날레의 한 부분으로 유럽에서 가장 유명한 영화제 중 하나이다. 영화제는 드넓은 백사장으로 유명한 리도 Lido섬에서 열린다.

(Travel Tip) 베네치아의 명물 곤돌라를 타볼 것을 권한다. 사랑하는 가족이나 친구, 애인과 함께라면 더할 나위 없이 좋다. 곤돌라는 세계 최고의 로맨틱 교통수단이기 때문이다. 곤돌라는 비용이 비싸 여럿이 타는 게 좋다. 1시간 정도 대여해 베네치아의 물길을 따라 중세의 마력이 느껴지는 구시가 곳곳을 둘러보자. 매년 9월 첫째 일요일에는 곤돌라 퍼레이드 Regata Storica Gondolini가 펼쳐진다.

ITALY

피렌체의 역사 지구
Historic Centre of Firenze

Information

국가	위치	등재연도
이탈리아	피렌체	1982년

이탈리아 중부 토스카나 지방에 자리한 피렌체는
14~16세기 사이에 일어난 문예부흥운동인 르네상스 운동의 구심점으로
여러 예술가와 문인이 활동했던 곳이다. 오늘날까지 두오모를 비롯해
아름다운 중세의 건축물이 이 도시의 문화유산으로 자리해 있으며
우피치 미술관, 아카데미아 미술관 등지에 르네상스의 예술혼을 담은
보물 같은 작품들이 소장되어 있다.

   피렌체는 마치 중세 이탈리아로 향하는 여행의 화려한 꽃과 같다. 중세시대와 르네상스시기에 파워풀한 도시 국가였던 피렌체는 메디치 가문의 통치 아래 15세기경부터 이탈리아 도시 가운데 가장 화려한 르네상스 부흥기를 맞이했다. 이를 두고 많은 이들은 피렌체를 르네상스의 발상지라고 부르기도 한다. 부를 토대로 얻게 된 이 도시의 예술적 열정은 유럽의 다른 도시에 큰 영향을 미치게 된다. 이 도시에서 활약했던 예술가 중에는 우리가 잘 아는 미켈란젤로와 레오나르도 다 빈치가 있으며 그 외에도 필리포 브루넬레스키Filippo Brunelleschi, 레온 바티스타 알베르티Leon Battista Alberti 등의 건축가와 마사초Masaccio, 파올로 우첼로Paolo Uccello, 산드로 보티첼리Sandro Botticelli 등의 화가와 도나텔로Donatello, 로렌조 기베르티Lorenzo Ghiberti, 루카 델라 로비아Luca della Robbia를 비롯한 조각가가 있으며 이들의 작품은 대부분 피렌체의 주요 미술관에 소장되어 있거나 멋진 중세 건축물로 남아 있다. 특히 미켈란젤로의 뛰어난 조각품으로 평가받는 조각상 〈다

윗)은 피렌체의 아카데미아 미술관Galleria dell Accademia 안에 자리해 있어 이 작품을 보기 위해 찾아오는 방문객 수가 상당하다. 아카데미아 미술관은 우피치 미술관과 함께 피렌체의 대표적인 미술관으로 지암볼로냐, 필리피노 리피, 페루지노, 보티첼리 등의 작품도 감상할 수 있다.

13세기에 만들어진 시뇨리아 광장Piazza della Signoria은 유럽에서 가장 아름다운 광장 중 하나로 피렌체 공국의 역사적 무대였던 곳이다. 시뇨리아 궁전으로 불렸던 베키오 궁전의 옛 이름을 본떴다. 베키오 다리, 두오모 광장과 인접한 이곳은 피렌체 시민들의 대표적인 약속 장소이기도 하다. 이 광장의 회랑에는 암만나티의 〈넵튠의 분수〉, 첼리니의 〈메두사의 머리를 든 페르세우스〉, 지암볼로냐의 〈사비네 여인의 강간〉, 도나텔로의 〈유디트와 홀로페르네스〉 등 눈길을 끄는 예리한 조각품들이 놓여 있어 마치 열린 공

PHOTO ①
피렌체 구시가가
내려다보이는
미켈란젤로 언덕

간 속의 예술전람회를 감상하는 듯한 기분이 든다.

광장 옆에 있는 베키오 궁전Pallazo Vecchio은 16세기까지 피렌체 공국의 정부청사로 사용되었던 곳이다. 2층의 500인 홀에는 천장에 피렌체의 역사를 담은 프레스코가 그려져 있다. 입구 오른쪽 안에는 미켈란젤로의 조각품인 〈승리〉가 놓여 있어 이목을 끈다. 광장 인근에는 르네상스 회화의 걸작을 모아놓은 우피치 미술관Galleria degli Uffizi이 자리해 있다. 피렌체의 대표 미술관으로 유럽의 미술관을 여행하기로 했다면 꼭 들러야 할 곳이다. 유럽에서 가장 방대한 르네상스시기의 회화작품을 소개하고 있기 때문이다. 원래 이 건물은 16세기 메디치 가문 출신의 통치자였던 코시모 1세가 집무를 보던 곳이다. 현재 14~16세기 르네상스 화가 작품뿐 아니라 17~18세기 바로크, 로코코 화가 작품도 전시되어 있다. 전시 작품 중에는 보티첼리의 〈비너스의 탄생〉, 〈봄의 향연〉, 티치아노의 〈우르비노의 비너스〉, 레오나르도 다 빈치의 〈수태고지〉, 미켈란젤로의 〈성가족〉, 렘브란트의 〈자화상〉 등이 있다.

시내 중심의 랜드마크인 두오모Duomo는 이탈리아에서 가장 아름다운 교회 건축물 중 하나이다. 이곳은 산타 마리아 델 피오레 성당으로 불리기도 한다. 둥근 지붕의 돔이 인상적인 두오모는 1296년 고딕 스타일로 완성된 후 1436년 유명 건축가 필리포 브루넬레스키에 의해 돔이 첨부되었다. 두오모는 114m의 높이와 153m의 길이, 38m의 폭을 지니고 있으며 건축 당시에는 세계 최대 규모를 자랑했다. 내부 역시 장엄한데 천장에는 미켈란젤로의 〈최후의 심판〉을 주제로 한 프레스코가 그려져 있다. 피렌체는 무엇보다 여행자들에게 아름다운 도시 전경을 선사한다. 두오모의 첨탑에 올라 구시가를 바라보는 것도 좋지만 한눈에 도시 전체를 바라보려면 미켈란젤로 언덕 위에 서야 한다. 눈부신 자태로 서 있는 르네상스시기의 건축물의 위용을 이곳에서 다시 한번 발견할 수 있다. 피렌체의 젖줄인 아르노Arno강 위에 놓인 베키오 다리 주변 역시 운치 있는 도시 전경을 카메라에 담기 좋다. ❦

PHOTO ❷
베키오 궁전

PHOTO ❸
두오모의 쿠폴라에 그려진 프레스코

PHOTO ❹
베키오 궁전 내부에 세워진 기둥

PHOTO ❺
그리스 로마 신화에 나오는 바다의 신 넵튠을 묘사한 시뇨리아 광장의 조각상

Travel Story

르네상스를 꽃피운, 메디치 가문

이탈리아 평범한 중산층이었던 메디치 가문은 교황과 왕족, 정치가 등을 배출한 15~16세기 가장 강력한 가문이었다. 이들은 피렌체에서 금융업을 행하면서 부를 축적하기 시작했다. 이 가문은 평민의 입장을 대변하면서 주목을 받았고, 정계에도 진출하며 유럽 전역으로 사업도 확대해나간다. 그렇게 얻은 부를 피렌체공화국에 다시 기부하면서 평민과 귀족들의 고른 지지를 받는다. 당시 메디치 가문은 문예부흥정책에 깊은 관심을 쏟았고, 덕분에 피렌체에서는 르네상스가 꽃피게 된다. 이들의 후원을 받은 인물로는 보티첼리, 레오나르도 다 빈치, 미켈란젤로, 갈릴레오 갈릴레이 등이 있다.

Travel Info

피렌체

폰테 베키오 다리 / 두오모 성당

(Access) 고속열차로 로마와 밀라노에서 각각 1시간 26분, 1시간 45분이 소요된다.

(Travel Season) 피렌체는 사계절 내내 방문하기 좋다. 피렌체만큼 계절에 따른 고상한 멋이 있는 도시도 드물다. 겨울에는 가끔 운치 있게 눈발이 흩내리기도 한다. 7월과 8월에 각각 한 번씩 펼쳐지는 팔리오 디 시에나 Palio di Siena 는 토스카나 지방에서 열리는 가장 큰 여름 축제로 피렌체에서 버스로 40분 거리의 중세 도시 시에나에서 열린다. 이 축제의 특징은 스펙터클한 승마 경기의 레이스가 도심에 놓인다는 점. 방문객들은 거리나 건물 위에서 중세의 거리를 따라 질주하는 경주마의 박진감 넘치는 레이스를 바라볼 수 있기에 이 축제기간 동안 피렌체에 있다면 꼭 확인해 볼 것을 권한다.

(Travel Tip) 예술에 박식한 한국인 현지 가이드를 통해 우피치 박물관이나 아카데미아 미술관의 주옥같은 예술작품을 둘러보자.

ITALY

친퀘테레 해안 마을

Cinque Terre

이탈리아 북서부 해안가에 자리한 친퀘테레 해안 마을은
유럽의 대표적인 포토제닉 스폿이자
세계 어느 곳에서도 볼 수 없는 기막힌 해안 절경 속에 있는
중세 마을 다섯 군데가 자리한 곳이다.

Information

국가	위치	등재연도
이탈리아	리구리아주	1997년

친퀘테레 해안 마을은 원래 유명한 곳이었지만 어느 순간부터 갑자기 우리에게 친근해졌다. 바로 모 항공사의 TV 광고 효과 때문이다. 나 역시 이탈리아를 수차례 다녔건만 정작 이 드라마틱한 해안 마을을 방문한 것은 얼마 되지 않는다. 비용 오차를 최소화하기 위해 피렌체나 토스카나주의 어느 곳을 방문할 때 적어도 사이드 트립Side Trip으로 최소 반나절 내지 하루, 이틀 일정으로 친퀘테레 해안 마을을 방문해 보는 건 어떨까?

레반토Levanto에서 라스페치아La Spezia에 이르는 이탈리아 북서부 리구리아Liguria 해안 지대는 울퉁불퉁하고 가파른 해안선을 보여준다. 인간이 거주하기 쉽지 않은 지형을 계단식으로 개간하여 제한된 면적의 밭에서 올리브나무를 심거나 와인을 생산하기 위해 포도나무를 가꾸면서 오랫동안 삶을 유지해 온 모습을 보여주고 있기에 특별한 가치를 지닌 인류의 문화유산으로 인정되어 1997년 유네스코 세계문화유산으로 등재되었다.

PHOTO ❶
친퀘테레의
가장 인기 있는 해안 마을인
리오마조레의 풍경

친퀘테레는 5개의 땅을 뜻하는 말로 이슬람 사라센 제국이 침략했을 12세기의 중세시대에 형성되어 지금까지 존재해 오고 있다. 친퀘테레의 사람들은 오랜 세월 동안 거친 자연환경 속에 적응하며 해안 절벽 위에 마을을 만들면서 꿋꿋하게 살아오고 있다. 오늘날에는 수많은 관광객들의 방문으로 관광업이 이곳의 주된 산업 중 하나가 되었지만 전통적으로 친퀘테레의 주업은 따로 있다. 바로 어업과 포도주 생산을 위한 포도재배이다.

친퀘테레는 가장 북쪽에 위치한 몬테로소 알 마레Monterosso al Mare 마을부터 시작된다. 오늘날 인구 약 1,350명이 사는 이 마을은 7세기경 이탈리아 북부의 롬바르디아 공국의 침략을 받았을 때 산 크리스토포로San Cristoforo라 불리는 언덕 위에 요새화된 마을로 세워졌다. 이후 여러 영주의 소유지가 되었다가 훗날 제노바 공국의 영토로 편입된다. 마을을 내려다보는 카푸친Capuchin 수도원과 16세기에 세워진 토레 아우로라Torre Aurora라는 이름의 망루가 이곳의 주요 명소이다.

PHOTO ❷
리오마조레의
밀집해 있는 가옥들

몬테로소에서 내려오면 인구 730여 명의 베르나차Vernazza 마을이 나온다. 이곳은 1000년 레기오Reggio 언덕에서 살던 사람들에 의해 형성된 마을로 1276년 제노아 공국에 편입된다. 이 마을의 가옥들은 예전에 개울가를 형성했던 곳을 따라 일렬로 들어서 있는데, 바다로부터 들어오는 사람들에게는 마을 형태가 잘 보이지 않아 마치 숨어 있는 듯하다. 이 마을의 대표적인 건축물로는 산타 마르게리타 디 안티오키아 교회Chiesa di Santa Margherita d'Antiochia가 있다.

코르닐리아Corniglia는 친퀘테레의 다섯 마을 중 유일하게 해안선이 아닌 해안 절벽 위에 세워져 있다. 이곳은 친퀘테레 마을 중 가장 작은 마을(인구 239명)이자 가장 높은 곳(해발 100m)에 위치한 마을이다. 14세기에 이탈리아의 유명한 문인인 페트라르카는 이곳의 와인을 극찬한 적이 있다. 오늘날 코르닐리아를 비

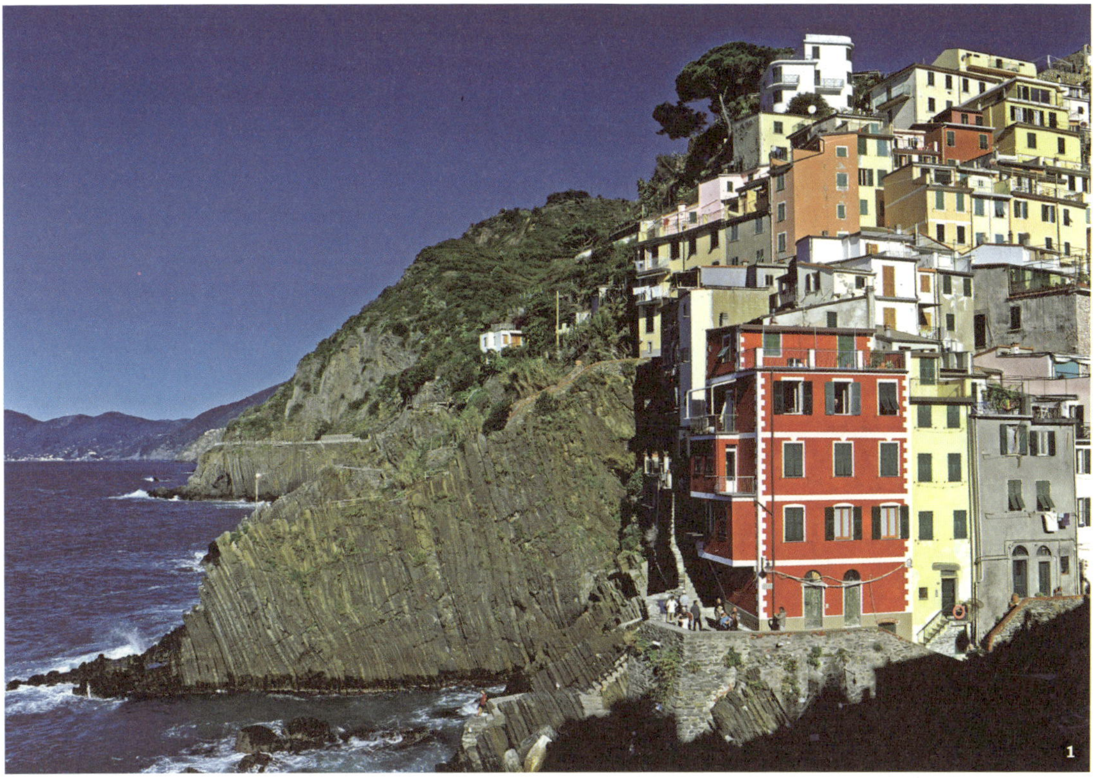
1

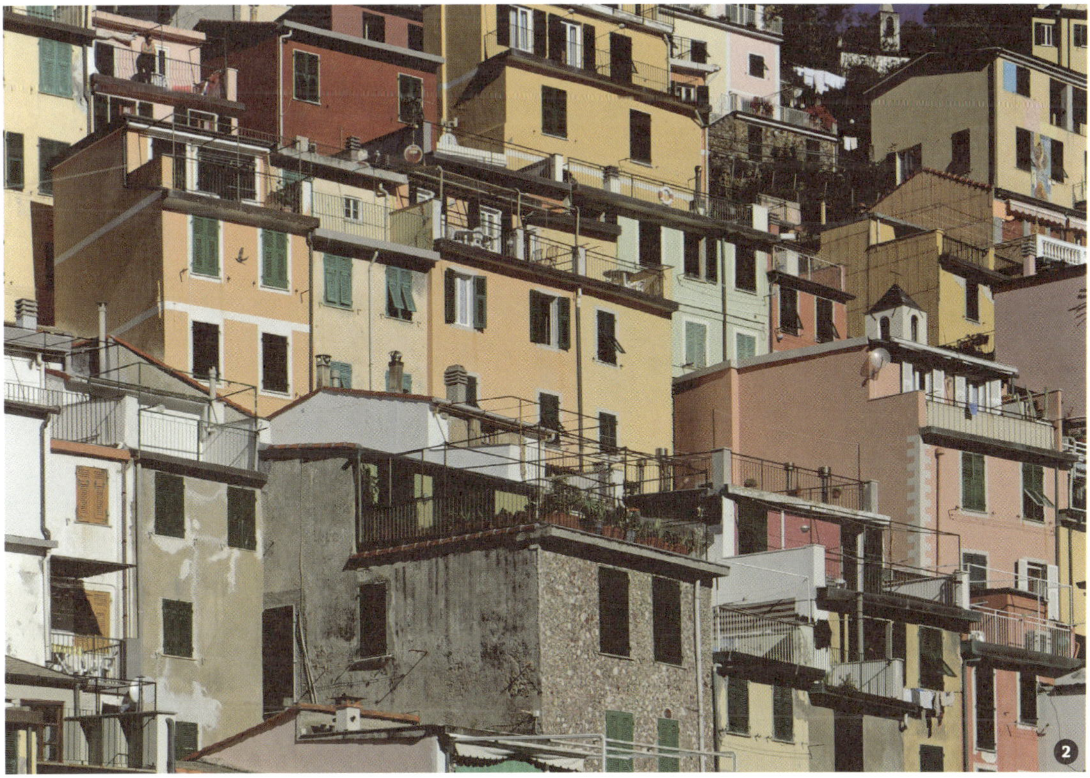
2

HOTEL
LA ZORZA
RECEPTION
INGRESSO
CAMERE
HOTEL
3

ENOTECA
I TROGI
WINE SHOP
I PRODOTTI
SPECIAL PRICE
ERBE
AROMATICHE
CINQUE TERRE
SPECIAL PRICE
PESTO
CINQUE TERRE
39
4

롯해 친퀘테레에서 생산된 와인은 다른 곳의 와인에 비해 무척 달다. 그 이유는 강렬한 태양 아래 자란 포도의 당분 때문이다. 이곳에는 1334년에 세워진 산 피에트로 교회Chiesa San Pietro가 있다. 코르닐리아는 친퀘테레 다섯 마을 중 유일하게 배낭족을 위한 호스텔이 자리해 있으며 기차와 버스, 자동차로 쉽게 접근할 수 있다.

이곳에서 더 남쪽으로 내려가면 인구 400여 명의 마나롤라Manarola 마을이 나오는데, 볼라스트라Volastra라는 산악 마을로부터 내려온 사람들이 12세기에 세운 것이다. 이곳 역시 예전에 산에서부터 흘러내려오는 물줄기를 따라 가옥들이 줄지어 들어서 있다. 오늘날 마을에는 14세기에 세워진 산 조반니 교회Chiesa San Giovanni와 종탑, 오라토리오 수도회가 자리해 있다.

친퀘테레 해안 마을이 여전히 어떤 매력을 지녔는지 잘 모르겠다는 생각이 든다면 주저 없이 가장 남단에 위치한 리오마조레Riomaggiore를 찾아가보자. 리오마조레는 아마도 여행자들이 가장 쉽게 찾아갈 수 있는 친퀘테레의 다섯 마을 중 하나이다. 인근 해안도시 라스페치아에서 기차로 10여 분 거리에 있으니 자전거를 타고서도 그리 멀지 않은 거리일 것이다. 또한 리오마조레의 해안 절경은 친퀘테레의 가장 대표적인 사진으로 여러 미디어에 소개되고 있다. 아마도 리오마조레를 마주하는 순간 '아, 이 모습 어디서 사진으로 보았는데!' 하며 탄성을 자아낼 게 분명하다. 인구 1,600여 명이 모여 사는 이곳에는 현재 1260년에 세워진 성채의 유적과 1340년 세워진 산 조반니 교회가 남아 있다. 여행자들은 이곳의 몇몇 투어 에이전시를 통해 스노클링, 스쿠버다이빙, 카약, 카누 등 해양스포츠를 즐길 수 있다. ♣

PHOTO ❸
정겨운 일상이
펼쳐지는
리오마조레 거리 풍경

PHOTO ❹
리오마조레의
좁다란 골목길 사이에
놓인 가판대

Travel Info
친퀘테레

코르닐리아 / 마나롤라 / 리오마조레 / 몬테로소 알 마레

(Access) 로마와 제노바를 연결하는 기차 중 일부는 몬테로소, 리오마조레에 정차한다. 베르나차, 코르닐리아, 마나롤라로 가려면 몬테로소나 리오마조레 등지에서 완행급의 지역열차를 타야 한다. 남쪽의 리오마조레 마을에서부터 여행을 시작하는 게 편하다. 인근 대도시인 라스페치아에서 리오마조레까지 기차로 연결된다(9분 소요). 기차로 리오마조레-마나롤라 2분, 마나롤라-코르닐리아는 4분이 걸린다. 코르닐리아-베르나차 5분, 베르나차-몬테로소 5분, 몬테로소-레반토까지 5분 소요된다.

(Travel Season) 5월과 9월이 가장 좋다. 이른 봄, 늦은 가을에는 종종 비가 내린다. 가장 무더운 7~8월은 여행자가 많이 몰리는 성수기이기 때문에 친퀘테레 마을에서의 숙박이 제한적이다. 상당수 여행자들은 기차로 피렌체, 로마 등지에서 라스페치아를 경유해 당일로 친퀘테레를 방문한다.

(Travel Tip) 친퀘테레 방문은 토스카나주 여행과 함께하는 것이 좋다. 토스카나주의 중심지 피렌체를 둘러보고 피렌체에서 기차로 약 1시간 거리의 피사Pisa를 둘러보자. 피사에는 세계문화유산으로 지정된 피사의 사탑이 있다. 그다음 피사에서 라스페치아로 향하는 기차에 올라타자(50분 소요). 라스페치아는 이탈리아 서부 해안의 주요 항구로 나름 멋진 항구 도시의 경관을 즐길 수 있다. 라스페치아에서 친퀘테레의 리오마조레까지는 기차로 약 10분 거리라 반나절 정도의 일정으로도 방문할 수 있다.

GERMANY

중상류 라인 계곡
Upper Middle Rhein Valley

독일의 젖줄로 불리는 라인강은 스위스에서 발원하여
독일을 거쳐 네덜란드를 지나 바다로 이어진다.
라인강의 길이는 무려 1,230km에 이른다.
독일의 역사와 함께 한 라인강은 깊은 계곡과
여러 마을을 형성한다. 이 계곡 곳곳에는 역사적
보존 가치가 높은 오래된 성들과 마을이 산재해 있다.

Information

국가	위치	등재연도
독일	라인란트팔츠주, 헤센주	2002년

캄프 보른호펜 마을 인근에 자리한 리벤슈타인성

PHOTO ❶
고성과 요새가 자리한
로르히하우젠 마을.
와인 생산으로도 유명하다.

　　1차, 2차 세계대전으로 패망한 독일이 50, 60년대 재건을 거쳐 70, 80년대 세계경제강국으로 부상하자 세상 사람들은 이를 라인강의 기적이라고 불렀다. 라인강은 독일의 크고 작은 역사와 함께했지만 특히 근래에 들어 독일 경제의 축으로 자리매김했다. 라인강의 풍부한 수자원을 바탕으로 인근에 에센, 도르트문트, 뒤스부르크 등의 도시를 중심으로 한 공업단지가 형성되어 있으며 광산, 제철소, 발전소 등도 놓여 있어 50년대부터 독일 산업의 동맥 역할을 해 왔다.

　　여행지로서 라인 계곡을 찾는 이유는 굽이굽이 흐르는 라인강의 수려한 자연경관 때문이다. 게다가 계곡 곳곳에 숨어 있는 고성들을 둘러보는 재미도 쏠쏠하다. 이러한 연유로 이 지역은 오랫동안 독일 여행의 중심축 역할을 해 왔다. 독일을 방문하는 여행자 중에서 라인강 일대를 둘러보지 않고 떠나는 사람들은 거의 없다. 더군다나 독일의 국제적 관문인 프랑크푸르트와 지척인지라 접근이 용이한 점도 큰 매력이다.

PHOTO ❷
바하라흐 마을과
슈탈레크성

　　라인 계곡의 중심부는 마인츠와 코블렌츠 사이 구간으로 이곳에 문화적 경관이 집중되어 있다. 라인 계곡에 자리한 40여 채의 고성 중 유명한 고성 상당수가 이 구간에 밀집되어 있기도 하다. 이들 대부분은 오랫동안 훼손되지 않은 채 그 자태를 보존하고 있어 오늘날 역사적 가치를 더하고 있다. 게다가 이곳을 방문한 수많은 문인과 예술가에게도 예술적 감흥을 선사해 왔다. 또 라인강은 유럽의 중부 지방과 북부 지방을 잇는 교통로이자 수많은 상선이 오가는 무역로 역할을 해 왔다. 오늘날에도 목재나 시멘트 등을 싣고 나르는 선박들을 쉽게 볼 수 있다.

　　로마시대에는 라인강을 따라 도로가 건설되었다는 기록이 있다. 이때부터 라인강 주변은 로마인들의 정착지로 사용되었다. 로마인들이 떠난 후에는 프랑크족이 이 일대를 차지하였고 중세에는 교회에 속하거나 영주의 차지가 되기도 했다. 이 지역이 중세부

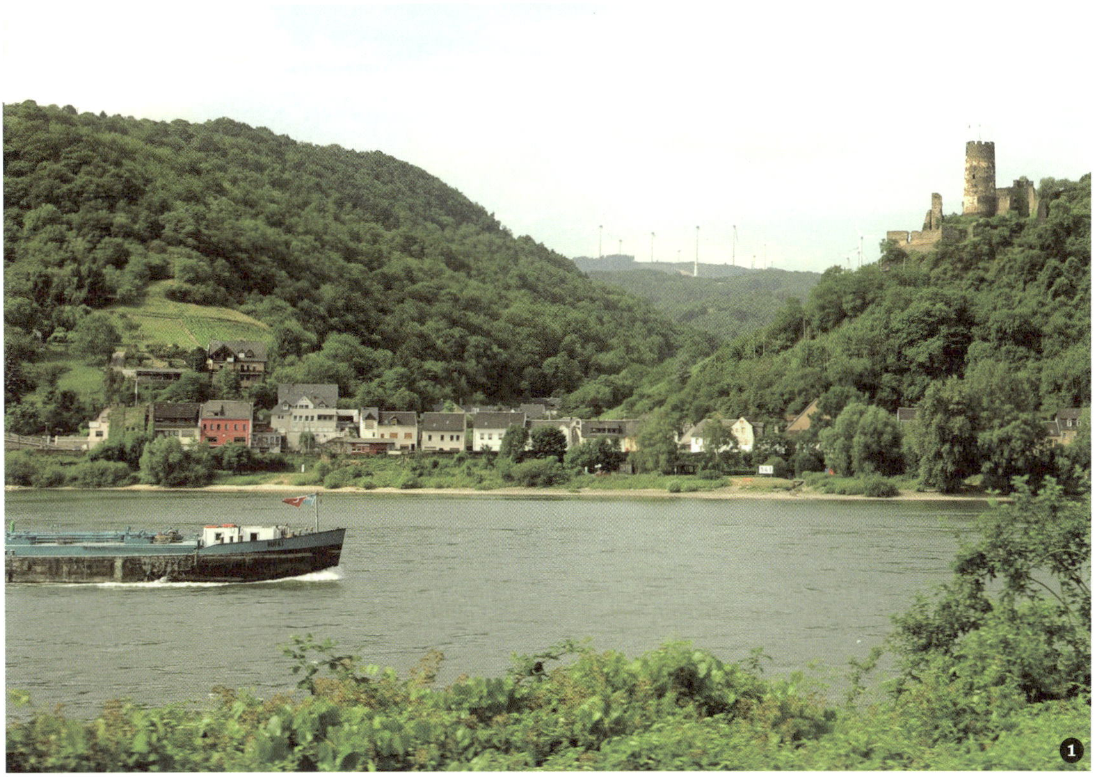
1

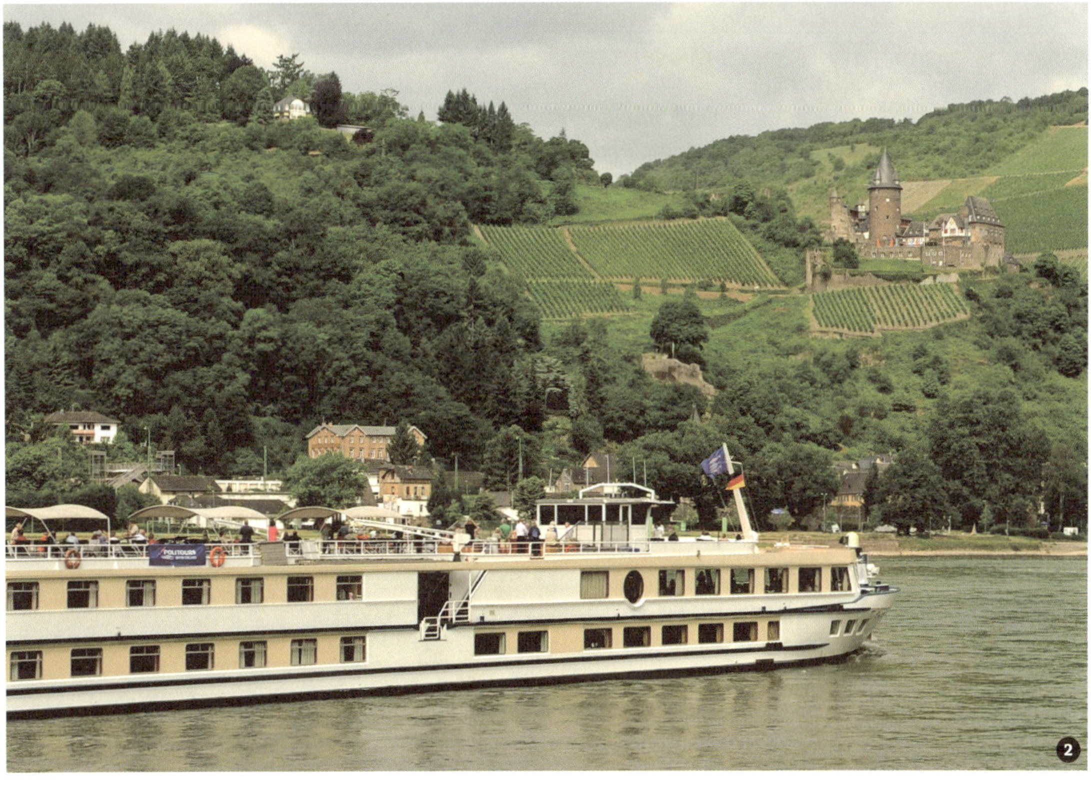
2

PHOTO ❸
뤼데스하임 인근에 자리한
라이헨슈타인성

터 활발한 교역로 역할을 하면서 고성을 차지한 영주들은 오가는 선박들에 통행세를 부여하기도 했다. 15~16세기 르네상스시대에는 라인강 주변에 멋진 고딕 양식의 교회 건축물이 만들어졌다. 17세기 말에는 라인 계곡 중류 지대에서 독일과 프랑스 사이의 빈번한 마찰로 전투가 벌어지곤 했다. 이 시기에 코블렌츠를 비롯해 일부 성채와 방어 시설이 파괴되었다. 프러시아 통치기인 19세기 초부터 빙엔에서 코블렌츠에 이르는 라인강 교통로가 건설되었고 장거리 운항에 대한 통행세가 폐지되었다. 또한 증기선의 등장으로 교역이 더욱 활성화되었다. 1850년대와 1860년대에는 라인강의 양쪽 강둑에 철도가 놓이게 되었다. 폐허가 된 고성도 새로운 양식으로 다시 만들어졌고 일부는 호텔로도 사용되고 있다. ❦

Travel Story

로렐라이 언덕의 전설

장크트 고아르로 향하는 카페리

뤼데스하임 북서쪽에 자리한 조네크 고성

        라인강에서 가장 유명한 협곡은 바로 최대 폭이 130m인 로렐라이 협곡이다. 로렐라이 언덕이라고도 불린다. 내 어린 시절에는 음악 시간에 〈로렐라이 언덕〉이라는 독일의 진동 민요를 부르기도 했다.
    "옛날부터 전해오는 쓸쓸한 이 말이/가슴속에 그립게도 끝없이 떠오른다/구름 걷힌 하늘 아래 고요한 라인강/저녁 빛이 찬란하다 로렐라이 언덕"
    이 아름다운 노랫말과 달리 로렐라이 언덕에는 다소 으스스한 전설이 숨겨 있기도 하다. 사실 로렐라이 언덕 노래 가사에는 "저기 저 언덕 위에 신비롭게도/아리따운 아가씨가 앉아/금빛 장신구를 반짝이며/황금빛 머리칼을 빗어 내리네"라는 구절이 있다. 132m에 달하는 로렐라이 언덕은 라인강의 기슭 중에서 폭이 좁고 휘어져 있어 이곳을 지나가는 뱃사공들에게는 무척 힘든 곳이었다. 그런데 전설에 의하면 해가 어둑해질 무렵 로렐라이 언덕 위에 황금빛 머리칼을 지닌 어여쁜 소녀가 나타나 고운 목소리로 노래를 불렀다고 한다. 그 신비로운 노래를 듣던 뱃사공들이 소녀의 미모에 정신이 빠져 그만 배가 암초에 걸리거나 거센 물살에 휩쓸려 물에 빠지게 되는 일이 많았다고. 믿거나 말거나 한 전설이지만 아무튼 오늘날 유람선을 타고 로렐라이 언덕을 지날 때가 되면 언덕 위에서 스피커를 통해 로렐라이 언덕 민요 가락이 구슬프게 흘러나온다. 물론 황금빛 머리칼을 지닌 어여쁜 소녀의 모습은 찾아볼 수 없지만 말이다.

Travel Info
라인 계곡

라인 계곡의 전경. 멀리 보이는 성은 리벤슈타인 성과 슈테렌베르크 성

(Access) 대한항공, 아시아나항공, 루프트한자 등이 인천공항과 프랑크푸르트 사이를 직항 운항한다.

❶ **기차와 유람선** 라인강의 언덕과 마을에 자리한 독일의 중세 고성을 보기 위해 여행자는 북쪽의 쾰른에서 기차를 타고 코블렌츠, 뤼데스하임, 장크트 고아르 등을 지나 남쪽의 마인츠까지 내려온다. 물론 반대쪽에서 시작해도 상관없다. 일반적으로 이 루트를 로맨틱 가도라고 부른다. 사실 성을 쭉 바라보기에는 기차보다 유람선이 더 좋다. 당일로 방문한다면 유람선을 타고 상류에서 중류 쪽으로 내려간 뒤 다시 기차를 타고 돌아오는 방법도 있다. 이 경우 여행자들은 주로 프랑크푸르트에서 기차를 타고 마인츠로 이동한 뒤 마인츠에서 코블렌츠까지 유람선을 탄다. 코블렌츠에 도착해서는 다시 기차를 타고 프랑크푸르트로 돌아오거나 쾰른 등지로 여행을 하기도 한다.

❷ **렌터카** 일반인에게 개방된 성 몇 군데를 방문하려면 내비게이션이 딸린 렌터카가 있어야 한다. 렌터카는 라인강 강변의 도로를 따라 달리다가 몇몇 후미진 곳에 위치한 성까지 접근하는 데에 가장 좋은 교통수단이다. 제한된 시간 내에 고성들을 코앞에서 둘러보려면 렌터카가 제격이다.

❸ **도보** 시간적인 여유가 있다면 라인강을 따라 도보 여행을 하는 것만큼 낭만적인 일도 없다. 역시 라인강 일대의 성을 2~3일 기간을 두고 찬찬히 둘러보기에 적격이다. 특히 언덕 위의 고성을 방문하려면 1~2시간 하이킹을 해야 하는 경우도 있다. 언덕 위에서 내려다보는 고성과 라인 계곡 일대의 전망은 황홀하기만 하기에 꼭 도전해 볼 것을 권한다.

(Travel Season) 일반적으로 5~9월경이 이 지역을 여행하기에 가장 좋은 시기이다. 단 겨울철은 춥고 낮이 짧아 여행이 제한적이다.

BELGIUM

브뤼헤의 역사 지구
Historic Center of Brugge

브뤼헤의 구시가는 잔잔히 흐르는 수로 위에
아름다운 다리들로 연결되어 있어
아름다운 도시 경관을 자랑한다.
13~14세기에는 한자동맹* 도시로서의 영광과
위용을 나타내면서 북방 르네상스 문화의 꽃을 피웠다.

Information

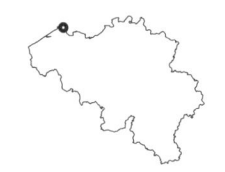

국가	위치	등재연도
벨기에	브뤼헤	2000년

브뤼헤는 벨기에 서북부에 위치하며, 중세시대엔 모직물을 바탕으로 교역도시로 전성기를 누렸다. 시내 곳곳에 뻗은 수로와 아름다운 다리가 있는 이곳은 유럽을 방문하는 여행자들이 꼭 들러봐야 하는 곳이다. 중세의 신비감을 그대로 간직한 매우 매력적인 브뤼헤는 화가 반다이크Van Dyck가 활동한 도시로도 유명하며, 플랑드르 화파의 체취가 곳곳에 진하게 묻어 있다.

브뤼헤로 가기 위해 벨기에의 수도 브뤼셀Brussels의 미디Midi역에서 기차에 올라탔다. 기차에 오르자 빗줄기가 강하게 차창을 때리기 시작했다. 한풀 꺾이나 싶던 빗소리가 또 다시 요란했다. 바다에 가까이 인접한 이 나라는 해면에서 불어오는 편서풍의 영향으로 흐린 날과 비 오는 날이 매우 많다고 한다.

---

* 중세 북유럽의 상업권을 지배한 북부 독일 도시들과 외국에 있는 독일 상업 집단이 상호 교역의 이익을 지키기 위하여 창설한 조직이다.

PHOTO ❶
마차가 활보하는
브뤼헤의 구시가

PHOTO ❷
83m 높이의 브뤼헤 종탑

기차역에 내려 풋풋한 비 냄새를 맡으며 작은 골목을 따라 구시가 광장으로 향했다. 광장은 13세기에 세워진 83m 높이의 종탑이 높게 솟아 있고, 주변은 검회색의 포석 깔린 도로가 물기를 머금고 반짝였다. 마차를 타고 고상하게 도시를 둘러보는 사람들의 모습이 눈에 띄었다. 고전 멜로 영화의 감상적인 무대가 될 법한 그림이 눈앞을 스쳐 지나갔다.

역 근처에 가까이 자리한 베긴 수도원Beguinages을 먼저 들렀다. 이곳은 1245년 플랑드르의 한 백작이 설립한 곳으로 지금은 베네딕트회의 수녀들이 생활하고 있다. 드넓은 대지 위에 반듯하게 지어진 새하얀 건물과 그 앞에 우뚝 솟아 있는 나무들 사이의 여백 위에는 수녀들의 삶의 흔적과 눈물의 기도 자국이 담겨 있다. 돌아오지 않는 메아리처럼 머릿속을 떠도는 중얼거림이 가냘픈 바람소리를 타고 어디선가 들려왔다. 그 작은 울림 속에는 그들의 순전하기 원하는 하얀 믿음과 경건의 마음이 담겨 있음이 분명하다. 수도원을 나와 푸른 지붕이 보이는 좁디좁은 골목길을 따라 들어가면 멤링 미술관Memling Museum이 나온다. 멤링은 15세기에 플랑드르 화파의 중심인물로 활약했던 이 고장 출신의 화가이다. 이곳에 전시된 그의 작품 6점을 보면 한 천재의 은밀한 취미와 함께 플랑드르 화파의 특성을 잘 알 수 있다. 14~15세기에 전성기를 구가한 플랑드르 화파의 화가 중에서 〈신비의 어린양〉과 같은 장엄미가 잘 나타난 작품을 그렸던 반다이크도 이 고장 출신이다.

PHOTO ❸
방문객들은 보트를 타고
브뤼헤의 구시가를
둘러볼 수 있다.

미술관을 나오면 미켈란젤로의 〈성모자상〉, 대리석상이 있는 노트르담 성당Onze Lieve Vrouwekerk이 나타나고 그곳을 지나면 보트를 타는 선착장이 눈에 띈다. 때마침 내리던 구슬비도 그쳐 45분 동안 운하를 따라 이 멋진 도시를 감상할 수 있는 기회를 가질 수 있었다. 12명의 승객을 태운 보트는 웅장한 고딕 양식을 자랑하는 성 살바토르 대성당St. Salvatorskathedraal과 노트르담 성당을 뒤로 하고 물살을 가르며 재빨리 헤쳐 나가기 시작했다. 보트를 타고 운하를 따라 큰 원을 그리며 구시가 일대를 순회했다. 비록 제한된

PHOTO ❹
유럽에서 가장 오래된 병원 중 하나인 성 요한 병원

시간이었지만, 이 도시가 지닌 13세기 한자동맹 시대의 위력이 곳곳에 묻어 있음을 느낄 수 있었다. 또한 상업뿐 아니라 문화, 예술까지도 주도했던 당시의 힘과 번영도 관찰할 수 있었다. 12~13세기의 브뤼헤는 무역 중개업으로 북부 유럽과 중부 유럽의 상권을 주도하여 남부 유럽의 베네치아에 비길 만한 큰 상업도시를 이루었다고 한다. 오늘날 볼 수 있는 이 도시의 신비로운 중세 건축물들은 대부분 이 황금시대에 세워진 것들이다. ❦

Travel Info
브뤼헤

브뤼헤의 대표적 교회 건축물인 성모 교회의 측면

15세기에 완공된 고딕 양식의 시청사

베네딕트회 수녀들이 생활하고 있는 베긴 수도원

(Access) 벨기에의 수도 브뤼셀에서 기차로 1시간 소요되며 30분마다 운행한다. 겐트나 앤트워프에서 기차로 각각 20분, 70분이 걸린다. 한국에서 벨기에로 가는 직항편은 없으며 경유편을 이용하여 유럽의 주요 도시를 경유하여 갈 수 있다.

(Travel Season) 5~9월 사이에 많은 방문객들이 몰린다. 이때 비교적 좋은 날씨를 기대할 수 있다. 그 외의 날씨에는 춥고 비가 많이 내리는 편이다. 브뤼헤에서는 해마다 5월에 '성스러운 피의 행렬Heilg-Bloedprocessie'이라는 종교 행사가 열려 중세시대 복장을 한 참가자들이 종교적 아이콘 따위를 들고 퍼레이드를 펼친다.

(Travel Tip) 벨기에는 서유럽에 자리한 작은 나라에 불과하지만 브뤼헤는 유럽에서 가장 중세풍의 분위기를 잘 드러내는 도시로 유명하다. 그래서 유럽에서도 손꼽히는 인기 관광지 중 하나다. 벨기에에 도착했다면 브뤼헤와 함께 이 나라의 수도 브뤼셀, 겐트, 앤트워프 등을 돌아보기를 추천한다. 이들 도시는 브뤼헤에서 모두 지척의 거리에 있기에 반나절 또는 하루 일정으로 충분히 방문할 수 있다. 벨기에는 국토가 작아 기차로 주요 도시 간 이동시간이 불과 1~2시간 정도다.

AUSTRIA

빈의 쇤브룬 궁전과 정원

Palace and Gardens of Schönbrunn in Wien

Information

18세기부터 1918년까지 합스부르크 왕가가 머물던
쇤브룬 궁전은 프랑스의 베르사유 궁전과 함께
유럽 궁정 문화의 찬란한 보석과 같은 존재이다.
18~19세기 바로크풍 궁정 장식미의 절정을 보여주는 이 궁전은
1996년 유네스코 문화유산으로 등재되었다.

국가	위치	등재연도
오스트리아	빈	1996년

　　　　　13세기 말부터 20세기 초반까지 오스트리아를 600년 동안 지배한 합스부르크 왕가는 통치 기간 동안 오스트리아의 수도 빈에 웅장하고 화려한 건축물들을 많이 세웠다. 이는 오늘날까지 잘 보존되어 도시의 고전적 미를 한껏 뽐내고 있다.

　　　　　합스부르크 왕가의 대표적인 건축물은 뭐니 뭐니 해도 쇤브룬 궁전 Schönbrunn Palace이다. '쇤브룬'이란 명칭은 아름다운 샘을 뜻한다. 유럽에서 가장 호화로운 궁전 중 하나인 이곳은 한때 유럽에서 막강한 세력을 펼쳤던 합스부르크 왕가의 여름 궁전으로 지어졌다. 원래 신성로마제국의 막시밀리안왕이 1569년 구입한 대지 위에서 1612년 마티아스 황제가 이곳에서 사냥을 하다가 아름다운 샘을 발견해 성을 만들게 되고 이 성이 1683년 오스만튀르크의 공격으로 파괴되자 1696년 레오폴트 1세가 아들 요제프 1세를 위해 바로크풍의 여름 별장으로 지었다. 그리고 1743년부터 마리아 테레지아 Maria Theresia 여제에 의해 외관에 노란색이 더해지고

PHOTO ❶
쇤브룬 궁전 앞 언덕 위에 세워진 글로리에테

로코코 양식으로 내부를 화려하게 다듬어 1,441개의 공간으로 이루어진 대궁전으로 변모하였다. 왕궁 내부를 둘러보면 프랑스의 베르사유 궁전에 필적할 만한 화려하고 우아한 장식미와 엄청난 실내 규모를 자랑한다. 또한 궁전 안에는 합스부르크 왕가에서 수집한 각종 자기, 칠기, 가구, 회화 등이 가득 채워져 있는데 무엇보다 마리아 테레지아 여제의 취향이 반영된 섬세한 모습의 외관과 장식미가 돋보인다.

18세기 합스부르크 왕가의 유일한 상속녀이자 황후의 자리에서 자신의 영토를 지켰던 막강한 통치자, 마리아 테레지아 여제를 비롯해 쇤브룬 궁전과 함께 떠올릴 수 있는 대표적 인물은 바로 마리 앙투아네트 Marie Antoinette이다. 1755년생으로 프랑스 루이 16세의 왕비로 잘 알려진 그녀는 신성로마제국 황제 프란츠 1세와

오스트리아 제국의 여제 마리아 테레지아 사이에서 태어난 16명의 자녀 중 막내딸이다. 당시 그녀는 그의 형제들이 유럽의 주변국 왕실과 정략결혼을 했던 것처럼 오스트리아와 유럽의 패권을 다투던 프랑스와의 동맹을 위해 루이 16세와 정략적으로 결혼을 하였으나 1789년 프랑스 혁명이 일어난 뒤 37세가 되던 1793년에 파리의 콩코드 광장에서 처형을 당한 비운의 여인으로 알려졌다. 마리 앙투아네트는 비록 빈의 왕궁이던 호프부르크에서 태어났지만 결혼 전까지 오스트리아에서의 일생을 대부분 쇤브룬 궁전에서 보냈다. 이로 인해 오늘날 쇤브룬 궁전에는 당시 마리 앙투아네트가 거하던 호화로운 침실과 기품이 넘치는 다이닝룸, 그가 사용했던 가구와 식기, 아끼던 소장품과 장식품이 진열되어 있다. 또한 궁전 내에는 합스부르크 왕가의 왕실 극장이 자리해 있는데, 지금은 각종 음악회가 열리는 공간으로 사용되고 있다.

PHOTO ❷
쇤브룬 궁전의 프랑스풍 정원

PHOTO ❸
넵튠 분수대

PHOTO ❹
드넓은 쇤브룬 궁전 정원에 놓인 넵튠 분수대 전경

또한 쇤브룬 궁전 앞에는 넵튠 분수대, 장미 정원 등으로 이루어진 프랑스풍 정원이 반듯하게 잘 꾸며져 있다. 1752년에는 이 정원 안에 세계 최초의 동물원인 왕실 동물원이 자리해 있기도 했다. 정원 위 60m 높이의 언덕에 오르면 프러시아 전쟁 승리를 기념해 1747년 세운 글로리에테Gloriette라고 불리는 그리스 신전 양식의 건축물이 있는데, 건축물 위에는 합스부르크 왕가를 상징하는 독수리 문장이 있다. 방문객들은 글로리에테에 서서 쇤브룬 궁전의 전경을 감상하거나 멀리 빈 시가지를 조망할 수 있다. 베르사유 궁전과 마찬가지로 쇤브룬 궁전은 해박한 지식을 지닌 한국인 가이드가 들려주는 흥미진진한 역사와 왕실의 비하인드 스토리를 들으며 궁전을 둘러보면 더욱 오래 기억에 남는다. 물론 한국어 오디오가이드를 들으며 혼자 둘러보는 것도 좋다. ♣

PHOTO ❺
쇤브룬 궁전과 그 앞에 놓인 분수대

Travel Info

빈

(Access) 인천국제공항에서 에어프랑스, KLM 등의 경유편을 통해 빈까지 갈 수 있다. 빈은 유럽의 주요 도시와 항공, 기차, 버스 등으로 잘 연결된다.

(Travel Season) 빈은 어느 계절에 방문해도 좋다. 여름철에 가장 많은 방문객이 모이지만 가을은 낙엽이 지는 우수에 찬 도시의 아름다움을 발견할 수 있고, 겨울에는 크리스마스 분위기를 만끽하거나 눈 덮인 도시의 멋진 장관 속에서 아름다운 공연예술을 즐길 수 있어 좋다. 해마다 빈의 무지크페라인(Musikverein) 콘서트홀에서 세계적으로 유명한 빈 신년음악회가 열리는데, 참여를 위해서는 6개월 전부터 미리 예약해야 하고 당일에는 말쑥한 정장차림으로 입장해야 한다.

(Travel Tip) 쇤브룬 궁전에는 한국어 오디오가이드가 마련되어 있다. 나 홀로 오디오를 들으며 쇤브룬 궁전의 이곳저곳을 다니면서 흥미진진한 역사의 무대를 둘러보자. 또한 현지 한국인 여행사 등을 통해 역사와 예술에 조화가 깊은 현지 교민 가이드와 함께 쇤브룬 궁전을 둘러보는 것도 좋은 방법이다.

SPAIN

바르셀로나의
안토니 가우디 건축물

Works of Antoni Gaudí in Barcelona

바르셀로나는 지중해 위에 떠 있는 문화와 예술의
유토피아 같은 존재다. 지중해에 영감을 받은 가우디는
기발하고 거침없는 상상력으로 이 도시를 예술적 감각이 넘실대는
아트의 메카로 만들었다. 가우디의 예술성과 창조력은
이 도시가 오늘날 예술, 문화, 패션, 디자인 등 여러 방면에서
새로운 가치의 트렌드를 창조해내는 데 적지 않은 영향을 미쳤다.

Information

국가	위치	등재연도
스페인	바르셀로나	1984년

바르셀로나는 여행자들에게 쉴 틈 없이 볼거리를 제공하는 도시이다. 람블라스 거리, 고딕 지구의 대성당을 비롯한 황홀한 자태의 건축물, 몬주익 언덕 위의 찬란한 카탈루냐 미술관 등 마치 여행자를 위해 진수성찬을 차려놓은 밥상과도 같다. 하지만 가우디의 건축물을 빼놓고 이 도시를 이야기할 수는 없다. 그만큼 안토니 가우디Antoni Gaudi는 바르셀로나에서 절대적인 존재이자 바르셀로나 하면 가장 먼저 떠오르는 인물이다.

그는 1852년에 태어나 바르셀로나를 주 무대로 활동한 19세기의 가장 위대한 건축가 중 한 명이다. 남들이 쉽게 따라할 수 없는 그만의 독특한 양식을 건축에 드러냈다. 가우디의 작품이 살아 있는 구엘 공원Parque Guell은 그의 자유롭고 개성 넘치는 형태와 색채, 질감을 느낄 수 있는 최적의 장소이다. 일명 가우디의 조각 공원이라고도 불리는데, 이곳은 사실 부유층을 위한 전원 도시였다가 자금난이 겹치면서 미완성으로 남았다. 후에 시의회가 이를

PHOTO ❶
타일로 만들어진 구엘 공원의 조각

PHOTO ❷
사그라다 파밀리아 대성당의 웅장한 자태

PHOTO ❸
카사 바트요의 화려한 지붕 양식

사들여 시민들을 위한 공원으로 탈바꿈했고, 그때부터 지금까지 사랑받고 있다. 입구에는 가느다란 물줄기를 뿜어내는 도마뱀들이 형형색색의 타일을 뽐내며 도리아식 건물로 올라가는 계단 양옆에 놓여 있다. 구엘 공원 안에 자리한 카사 가우디Casa Museu Gaudi는 뾰족한 종탑 모양의 외관을 지닌 이채로운 건물로 마치 작은 성채 모양을 하고 있다. 이곳은 그가 1906년부터 생을 마치기 전인 1925년까지 거했던 곳이다. 오늘날 이곳에서 가우디만의 감성적인 감각이 살아 있는 인테리어와 장식물, 그가 사용했던 가구를 둘러볼 수 있는 박물관으로 사용되고 있다.

사그라다 파밀리아 성당Templo de la Sagrada Familia은 가우디의 건축 작품 중 마스터피스라 말할 수 있는 어마어마한 크기의 건축물이다. 신실한 가톨릭 신자가 대부분이었던 시민들의 종교적 속죄를 담고자 1882년부터 공사에 들어가 아직까지 공사가 끝나지 않은 대작이다. 이 성당은 초기에 시민들의 헌금으로 재정이 충당되었으며, 원래는 가우디의 스승이 건축과 설계를 맡았으나 하차하고 1883년부터 가우디가 건축에 참여했다. 그는 죽기 전인 1926년까지 포기하지 않고 이 성당의 건축 일에 매달렸는데 미완성된 성당 공사는 가우디 사후 100년째가 되는 2026년 완공을 목표로 하고 있다. 성당의 모든 부분은 예수의 생애 및 탄생과 깊은 연관이 있다. 현재 기다란 옥수수 모양의 11개의 종탑이 우뚝 솟아 있는데, 예수와 마리아, 예수의 12제자와 신약성경의 4복음서의 저자(마태, 마가, 누가, 요한)를 각각 상징하는 18개의 종탑을 세울 예정이다. 성당의 파사드는 예수의 탄생과 수난, 부활의 영광을 아름다운 조각 형태로 담고 있다. 이 성당은 마치 SF 만화에나 등장할 법한 기괴하면서도 다소 으스스한 형태의 내부 구조를 담고 있기에 유럽 여행에서 꼭 내부를 들어가 봐야 할 교회 건축물 1순위로 손꼽힌다. 성당 안에 들어서면 엘리베이터를 타고 탑 꼭대기에 올라가 시내를 조망할 수 있다. 내려올 때에는 장시간에 걸쳐 나선형 계단을 이용해 내려오기에 추억에 남을 만한 기억을 선사한다.

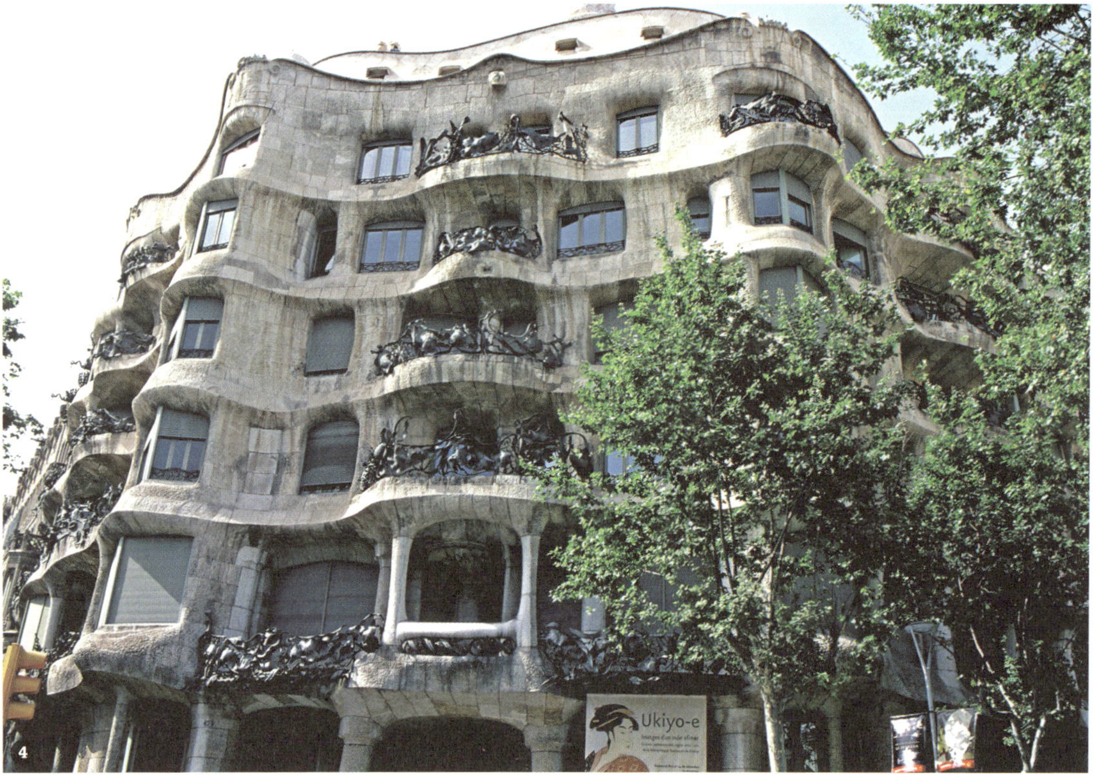

4

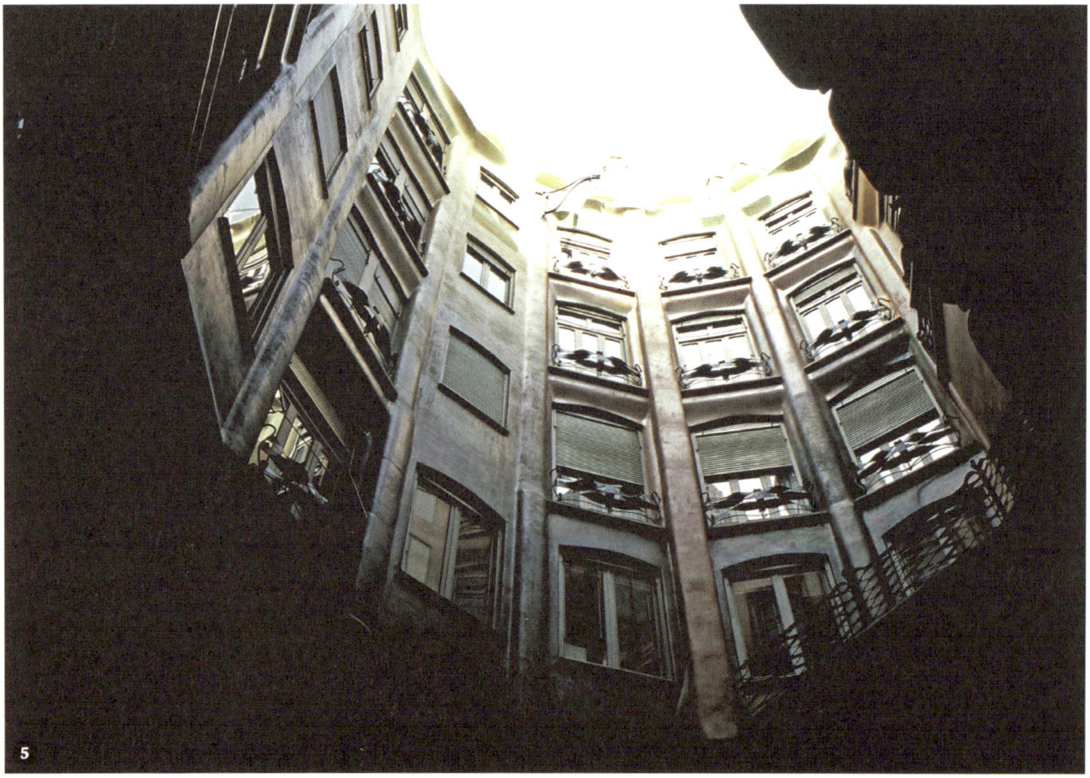
5

시내 중심가에서 멀지 않은 곳에서도 가우디의 작품을 감상할 수 있다. 팔라우 구엘Palau Guell은 시내에서 가장 가까운 가우디의 건축물이다. 1885년부터 6년간 친구인 구엘 백작을 위해 심혈을 기울여 만든 그의 초기 작품으로 건물 내부의 중앙 홀에서 천장을 향해 올려다보는 모습이 아름답다. 옥상에는 20개의 형형색색을 담은 작은 원추형 탑이 세워져 있어 볼만하다. 시내 중심으로부터 북쪽으로 약간 떨어진 곳에 위치한 카사 밀라Casa Mila는 카사 바트요와 함께 아마도 관광객들이 가장 많이 방문하는 가우디 저택 중 하나일 것이다. 이 건물은 바르셀로나 쇼핑의 중심가이자 이 도시의 로데오 거리라 불리는 그라시아 거리에 위치해 있다. 이 건물을 지을 당시 가우디는 이미 스페인에서 가장 유명한 건축가로 이름을 날리고 있었다. 물 흐르는 듯한 유연한 곡선으로 이어진 건물의 외관은 1907년 완공되었는데, 완공 당시에는 기존의 건축틀을 파괴하는 형태라 하여 크나큰 논란과 센세이션을 불러일으켰다.

PHOTO ❹
곡선형 건축물인 카사 밀라

카사 바트요Casa Batllo는 동화 속 요정의 집처럼 생김새가 재미있다. 1904년부터 1906년까지 만들어진 건물로 가우디 특유의 아르누보 스타일의 건축미가 드러나 있다. 굽이치는 물결 형태의 모습을 지닌 카사 바트요는 마치 파충류의 가죽을 연상시키는 미끈한 천장구조가 인상적이다. 이는 성자 게오르기우스가 악한 용과 싸우는 장면에서 모티브를 얻어 용의 모습을 천장에 담았다. 이 저택의 경우 해골 모양의 마스크를 연상시키는 발코니의 모습도 매우 특이한데, 건물 내부에 들어서면 내부 구조의 모든 선들이 곡선으로 이루어져 있어 마치 물결이 출렁이는 바닷속에 들어온 것처럼 느껴진다. ♣

PHOTO ❺
텅 빈 내부 구조를 지닌 카사 밀라

Travel Story

스페인이 낳은 건축가, 안토니 가우디

카사 밀라 옥상의 조각물

　　　　　　스페인 하면 사람들이 쉽게 떠올리는 인물이 바로 안토니 가우디가 아닐까? 안토니 가우디는 1852년에 태어나 74세에 교통사고로 세상을 떠날 때까지 스페인 바르셀로나를 중심으로 터를 잡고 희대의 명작들을 남겼다.

그는 22세의 나이에 바르셀로나의 건축학교에 정식 입학한다. 그곳에서 건축학의 이론을 배우는 한편, 자신만의 철학을 고수해나가며, 천재의 탄생을 예감케 했다. 이후 대학을 졸업하고 개인 사무실을 열어 건축가로서의 삶을 시작한 가우디는 그에게 있어 누구보다 중요한 인물을 만나게 된다. 바로 6살 연상의 성공한 사업가 구엘이었다. 구엘은 세계 박람회에서 가우디의 작품을 보고, 그의 천재성을 눈여겨봤고 다른 고객과 연결해 주거나 구엘 가문의 건축가로 임명하며 든든한 힘이 되어 주었다. 덕분에 가우디는 개인 전시회를 개최하기도 하며, 이후 사그라다 파밀리아 성당, 구엘 공원, 카사 바트요, 카사 밀라 등의 걸작을 만들며 승승장구했다. 가우디의 건축적 특징은 물결치는 듯한 유려한 곡선과 빛의 조화, 다양한 색채와 섬세한 장식을 들 수 있다. 거기에 도마뱀, 다람쥐, 나무 등 자연물과의 조화는 그의 작품의 중심이 된다. 성공한 건축가가 된 이후에도 그는 항상 주변 환경과 건축물이 어울리도록 설계하는 데에 심혈을 기울였다.

창조성과 독특한 실험정신으로 명성을 얻은 가우디는 죽는 날까지 공사현장에서 생활하면서 건축만을 위해 살았다. 사후 50여 년이 흐른 다음 그의 작품들은 매우 창조적이며, 건축 발전에 기여했다는 평을 받으며 세계문화유산으로 지정됐다. 지금도 바르셀로나를 방문하는 여행자들은 가우디의 건축물을 둘러보며 찬사를 아끼지 않고 있다.

Travel Info
바르셀로나

카사 바트요

구엘 공원 건축물 천장

(Access) 대한항공, 아시아나항공이 바르셀로나 엘프라트공항까지 직항 운항한다. 스페인의 수도 마드리드를 비롯해 스페인과 유럽의 주요 도시에서 항공, 기차, 버스로 쉽게 연결된다.

(Travel Season) 바르셀로나는 어느 때 방문해도 좋다. 일반적으로 무더운 여름철인 6~8월이 성수기이며, 4~5월, 9~10월에 온화한 날씨를 보인다. 바르셀로나에서는 매년 9월 24일 무렵 가톨릭 전통의 라 메르세 축제Festes de la Merce가 1주일간 진행되어 성대한 불꽃놀이와 함께 신명나는 각종 행사가 펼쳐진다. 바르셀로나 인근 시체스Sitges에서는 2~3월경에 무희들의 화려한 퍼레이드가 볼만한 카니발이 펼쳐진다.

(Travel Tip) 바르셀로나에 머무는 동안 시간적 여유가 있다면 바르셀로나 근교에 자리한 몬세라트 수도원을 방문해 보자. 기암괴석군 아래 자리해 있어 그 자태가 매우 인상적이다. 여름철이라면 시체스 해변에서 해수욕을 즐겨보는 것도 좋다. 여러 저가항공이 취항하는 바르셀로나는 인근 마요르카섬이나 이비사섬을 방문하기에도 좋은 베이스가 된다.

SPAIN

그라나다의 알람브라

Alhambra, Granada

Information

국가	위치	등재연도
스페인	그라나다	1984년

그라나다의 알람브라 궁전은 유럽 속에 남아 있는
찬란한 이슬람 문명의 보고이다.
800년 가까이 스페인 땅에서 문화적 절정기를 꽃피웠던
무어인의 예술적 향기가 알람브라 궁전 곳곳에서 피어오른다.

이베리아반도는 유럽과 아프리카 대륙을 연결하는 교두보로 오랫동안 열강들의 침략적 목표물이 되어 왔다. 711년 이슬람 제국이 북아프리카에서 이베리아반도를 침략하여 스페인 전역을 지배하게 되었고 오늘날의 스페인 남부 안달루시아 지방은 거의 800여 년 동안 이슬람의 통치하에 있게 된다. 이 기간 동안 안달루시아 전역에는 이슬람 문화가 유입되어 이슬람 궁전과 이슬람 사원 등의 건축법이 유행했다.

스페인의 이슬람 지배시기에 아랍인과 스페인 본토인, 그리고 북아프리카의 원주민인 베르베르인이 혼혈하여 생긴 민족을 무어인^{Moor}이라고 하는데, 스페인계 이슬람교도를 지칭하는 말로도 쓰인다. 당시의 무어인들은 안달루시아 지방에 독특한 이슬람 문화를 창조했고, 그 후 스페인의 기독교 왕조에 의해 쫓겨나면서 11~17세기에 북아프리카에서 피난민으로 정착하여 오늘날 모로코, 알제리 등지의 북아프리카 지역에 다수 인종을 차지하고 있다.

PHOTO ❶
팔라시오 나사리에스의 열주

그라나다는 13~15세기까지 이슬람 지배시기 때 무어인들이 세운 그라나다 왕국의 수도였던 곳으로 오늘날 안달루시아 지방의 대표적인 관광지이기도 하다. 1492년 스페인의 기독교 왕국이 무어인들을 몰아낼 때 무어인들의 마지막 거점도시였던 것도 바로 그라나다이다. 피와 상처로 뒤범벅이 된 채 250여 년간 무어 왕국 최후의 명맥을 이어갔던 이유로 이 도시는 중세 유럽풍이라기보다 이슬람적인 색채가 더 진하다.

유럽 내 자리한 이슬람 건축예술의 백미라 불리는 알람브라Alhambra 궁전은 '꿈의 궁전'이라고 불릴 정도로 화사한 내부 공간과 싱그러운 정원으로 꾸며진 주변 공간이 절묘한 조화의 극치를 이루는 곳이다. 하나의 요새처럼 성벽으로 둘러싸인 알람브라 궁전은 왕궁, 탑, 정원, 여름 별궁 등으로 이루어져 있다. 알람브

PHOTO ❷
스투코라고 불리는 벽토세공과
독특한 벌집 구조로 입체적인
장식을 입힌 모습

라 전체 성벽의 둘레는 약 2km이고 넓이는 220㎡에 달한다. 알람브라 단지의 내부를 다 둘러보려면 최소한 4~5시간 이상을 할애해야 할 정도로 방대하다. 가톨릭 국가 스페인에서는 한때 아랍 유적을 방치하다시피 했다. 그 결과 알람브라 궁전도 폐허에 가까웠으나 워싱턴 어빙이라는 작가가 『알람브라 이야기』라는 책을 펴내면서 다시 주목받게 되었다.

궁전 정문을 지나 안으로 들어가면 먼저 아름다운 정원들이 기다린다. 『이상한 나라의 앨리스』의 동화적 배경이 될 법한 미로가 뒤엉켜 있는 우아한 정원은 비단 물결을 이루고 있는 듯한 화단과 높은 나무들로 장식되어 있어 방문객들에게 한여름의 향긋한 풀내음을 전한다.

PHOTO ❸
알람브라 인근에 자리한
고풍스러운 분위기의
알바이신 지구

알람브라의 중심부인 왕궁Casa Real은 14~15세기 때 그라나다의 통치자에 의해 세워진 것으로 내부는 여러 개의 왕실과 여러 종류의 공간으로 이루어져 있다. 팔라시오 나사리에스Palacio Nazaries라고도 불리는 왕궁의 각 공간은 화려한 이슬람 전통의 아라베스크 무늬로 이루어진 타일과 이해할 수 없는 아라비아 서체의 코란 글귀들로 장식되어 있다. 또한 그로테스크한 패턴들이 반복적으로 천장과 벽면을 가득 메우고 있다. 알람브라 건축 내부의 특징적인 세공법은 바로 스투코Stucco라고 불리는 치장벽토세공인데, 이것은 이슬람 건축양식의 특징 중 하나로 회반죽을 이용해 벽면이나 천장에 입체적인 장식을 입히는 것이다. 알람브라의 또 다른 이슬람 건축미의 특징 중 하나는 각 공간마다 천장구조에 벌집 모양의 장식을 지녔다는 점이다(이러한 벌집 모양의 구조는 오늘날 중동 국가의 이슬람 사원에서도 흔히 볼 수 있다). 이러한 기술적인 내부 장식 외에도 알람브라 궁전의 내부 공간은 외부로부터 들어오는 빛의 음영을 내부 공간과 절묘하게 조화를 이루게 하여 황홀한 미적 효과를 나타낸다.

무어 왕국을 통치했던 술탄이 거주했던 공간은 세라요

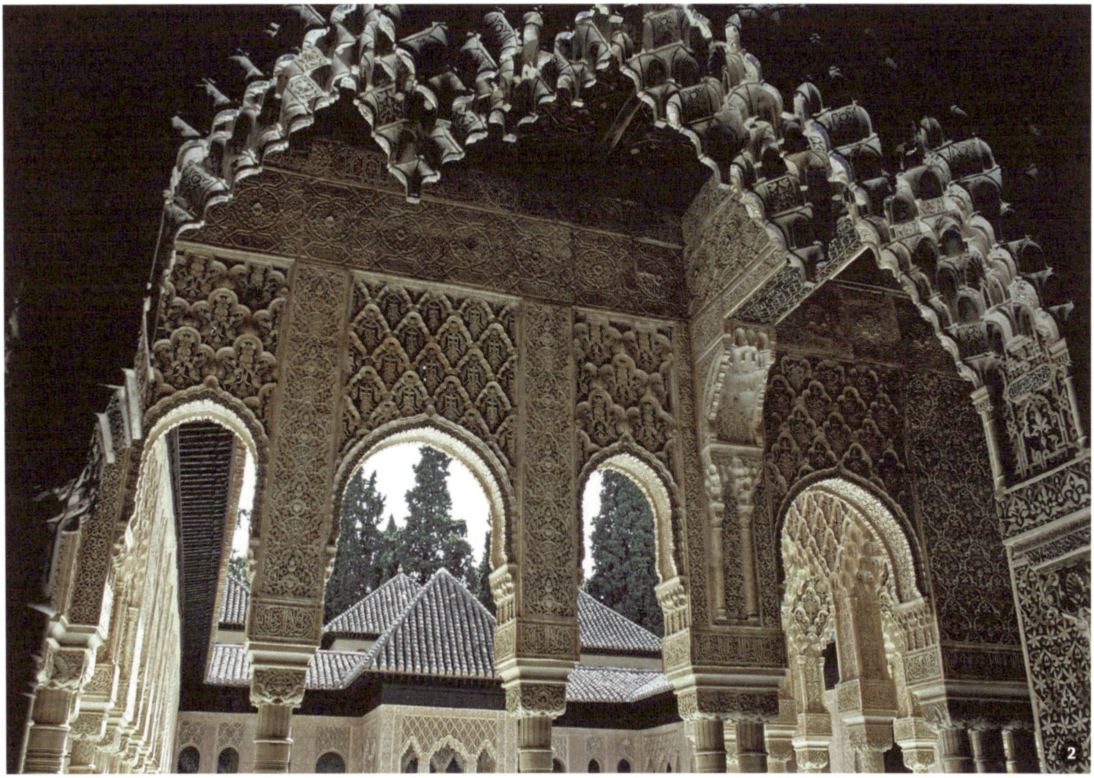
2

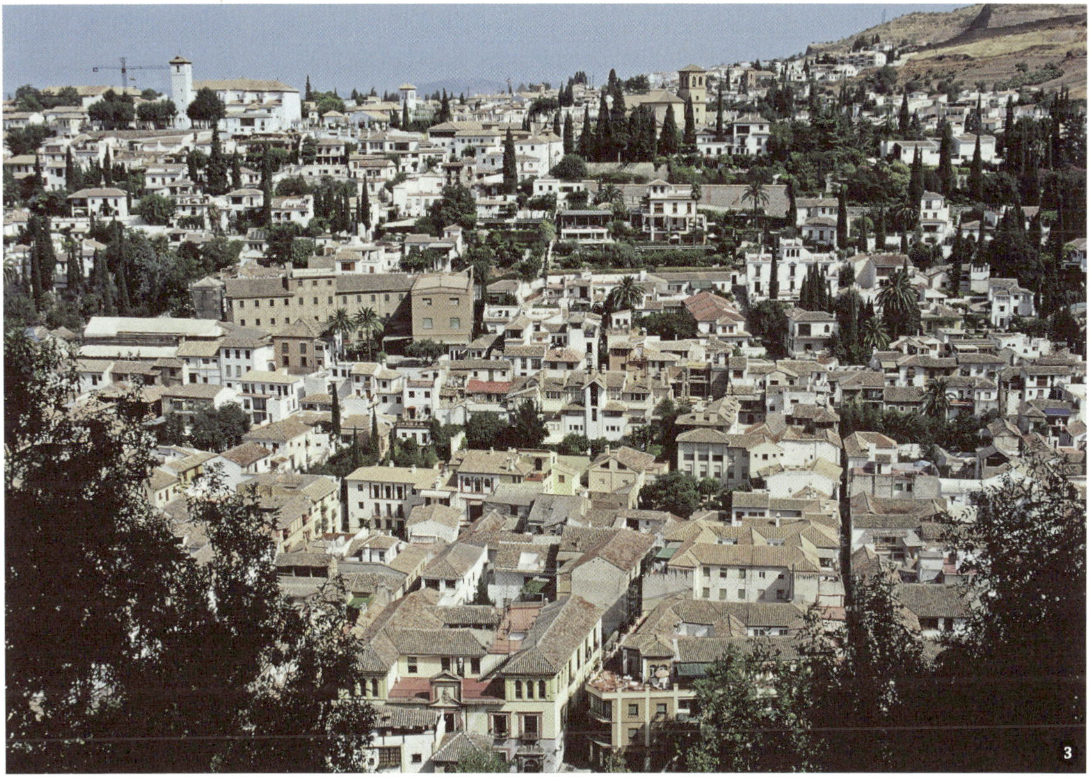
3

Serallo라 불리는 곳으로 여러 개의 방들로 구성되어 있다. 술탄의 사치스러운 방들은 파티오Patio라고 불리는 안뜰로 둘러싸여 있고 안뜰에는 호화스러운 연못과 분수대가 마련되어 있다. 알람브라 궁전을 소개하는 팸플릿이나 브로슈어 등의 사진에 가장 많이 소개되는 곳은 파티오 데 로스 아라야네스Patio de los Arrayanes로 불리는 안뜰이다. 네모반듯한 건물이 기다란 직사각형 연못에 완벽하게 대칭을 이루고 있기에 포토제닉 스폿으로도 유명하다.

PHOTO ❹
풀(Pool)이 놓인 파티오 데 로스 아라야네스

왕궁의 하이라이트라고 말할 수 있는 사자의 안뜰Patio de la Leones에는 12개의 사자상이 떠받치고 있는 분수대가 있다. 무엇보다 이곳은 알람브라 궁전의 백미인 124개의 가느다란 대리석 기둥들이 어디서 보아도 겹치지 않게 보이면서 안뜰 주변을 화려하게 장식하고 있어 아름답다.

PHOTO ❺
12마리의 사자로 이루어진 사자의 안뜰 분수대

왕궁의 여자들이 분리되어 기거하였던 공간인 하렘Harem은 왕을 제외한 어떤 남성도 들어갈 수 없었고, 왕의 여자들은 자유로이 출입할 수도 없이 그저 왕이 찾아줄 것을 기다려야 하는 공간이었다. 이곳은 사각형 형태의 사자의 안뜰로 둘러싸여 있는데, 동서남북의 4개의 홀은 각각 다른 역할을 한다. 4개의 홀 중 흥미로운 공간은 살라 데 라스 도스 에르마나스Sala de las Dos Hermanas(두 자매의 방이라는 뜻)로 술탄의 애첩들이 기거했던 곳이다. 이곳에서 얼마나 많은 안타까운 사랑의 사연들이 흘러간 채 돌아오지 않았을까? 실크보다 부드러워 보이는 화사한 하렘의 내부 구조 속에는 가장 사치스럽고 화려한 애증의 시간들이 묻어 있다. 아랍 왕조가 사용했던 이곳을 나중에 정복한 스페인 왕들이 차마 부수지 못한 이유도 천상의 무늬들로 이루어진 이곳의 아름다움에 반했기 때문이 아닐까 싶다.

PHOTO ❻
알람브라 궁전 사자의 안뜰

알람브라에는 왕궁 외에도 헤네랄리페Generalife(건물의 정원이라는 뜻)라는 아름다운 정원이 볼만하다. 이곳은 술탄이라 불렸던 왕들이 산책을 즐기던 공간으로 계절마다 꽃들이 만발하고

PHOTO ❼
팔라시오 나사리에스 벽면에 세밀하게 그려진 다채로운 문양과 모자이크 장식

키 큰 나무들과 연못, 안뜰 등이 환상적인 조화를 이룬다. 정원의 가장 꼭대기에는 술탄의 여름 별궁이 자리해 있다.

알람브라 단지에서 마지막으로 가볼 만한 곳은 11~13세기에 걸쳐 지어진 무어인들의 요새, 알카사바Alcazaba이다. 그라나다 왕국의 최후의 시기에 적들의 무혈입성을 허용하여 다행히 피비린내 나는 전투를 모면했던 이 요새는 심홍색 슬픔을 담은 표정을 뒤로한 채 오늘날 거의 보존이 완벽할 정도로 근사한 풍채를 위선적으로 드러내고 있다. 벨라의 탑Torre de la Vela이라 불리는 요새의 탑 위에 올라서면 부드러운 크림 톤으로 채색된 알람브라 궁전과 푸른 정원으로 숲을 이룬 궁전 주변을 둘러볼 수 있다. 또한 멀리 초록빛 하늘의 뭉게구름 조각 아래 걸려 있는 그라나다 시가의 오밀조밀한 중세 가옥들의 모습을 하나의 거대한 풍경화를 보듯 마주할 수도 있다. ❦

Travel Info
그라나다

(Access) 그라나다는 스페인의 수도 마드리드에서 버스로 5~6시간 걸리며, 안달루시아 지방의 다른 도시들인 코르도바와 세비야에서는 버스로 각각 3시간 소요된다. 그라니다의 기차역은 시내에서 서쪽으로 1.5km 떨어진 곳에 있으며 기차로 마드리드와 세비야에서 각각 6시간, 3시간이 소요된다.

(Travel Season) 무더위가 기승을 부리는 6~8월이 방문객이 가장 많이 모이는 성수기이다. 비교적 온화한 날씨를 보이는 5월과 9월이 알람브라를 방문하기에 가장 좋다. 그라나다에서는 매년 6~7월 사이에 약 3주간 인터내셔널 뮤직 앤 댄스 페스티벌이 열리며 플라멩코, 발레, 오케스트라 연주 등을 선보인다.

(Travel Tip) 그라나다가 자리한 안달루시아 지방에는 그라나다 외에도 전통 문화가 매력적인 도시들이 많다. 플라멩코 춤으로 유명한 세비야, 아름다운 지형 위에 놓인 론다, 중세풍의 도시 코르도바 등지를 둘러보자. 그라나다는 알람브라 궁전 외에도 유네스코 세계문화유산 리스트에 속한 알바이신Albayzin 지구가 중세시대의 향기를 간직한 채 언덕 위에 자리해 있다.

PORTUGAL

포르투의 역사 지구
Historic Centre of Oporto

Information

국가	위치	등재연도
포르투갈	포르투	1996년

포르투갈은 서유럽의 끝자락에 자리하여 중부 유럽을 위주로
유럽 여행을 하는 이들에게는 다소 멀게 느껴진다.
하지만 포르투에 처음 와 본 여행자라면 이 도시가 선사하는
따스한 촉감과 평화로운 분위기, 사람들의 친절함을 느낄 수 있다.
포르투는 도루강 하구 언덕에 자리하여 아름다운 지형을 자랑한다.
또한 유네스코 문화유산으로 지정된 중세풍의 구시가를 지닌 포르투는
포르투갈에서 가장 아름다운 도시이기도 하다.

포르투는 포르투갈 북부에 자리한 항구 도시이다. 면적은 42㎢로 한국의 경기도 오산시만 한 규모를 지니고 있다. 인구는 약 24만 명이며 광역 인구를 포함하면 240만 명에 달한다. 'Porto' 란 도시명은 항구라는 의미를 지닌 라틴어에서 왔으며, 고대 로마 시대부터 존재했는데 로마시대에 포르투는 포르티우스^{Portius}라고 불렸다. 5세기 초부터 이 도시는 무역의 거점지로 점차 발전하기 시작했고 12세기 초 항구 도시로서 기틀을 잡았다. 포르투갈의 국명인 Portugal은 Portu라는 도시 이름에서 유래되었다.

역사적으로 포르투는 15세기 후반부터 18세기 중반 유럽의 대항해시대에 잘 나가는 항구 도시였다. 이는 포르투갈인들이 새로운 항로를 개척하고 새로운 대륙과 섬들을 발견하는 데에 앞장 섰기 때문이고 이를 토대로 실제로 오늘날의 브라질, 앙골라, 모잠비크, 마카오 등지를 식민지로 삼았다. 이 시기에 1498년 인도 항로를 개척한 바스코 다가마, 1488년 아프리카 대륙 남단의 희망봉

PHOTO ❶
포르투는 협곡 같은 지형 위에 세워진 도시이다.

PHOTO ❷
포르투의 도루강 강변 주변 풍경

PHOTO ❸
도루강 강변에 놓인 나룻배

을 발견한 바르톨로뮤 디아스, 1519년 최초로 배를 타고 세계 일주를 감행한 마젤란 등이 활약했다. 1434년 서아프리카의 베르데곶을 발견한 포르투갈의 엔리케 왕자 역시 빼놓을 수 없다. 포르투 출신의 엔리케 왕자는 포르투시의 후원에 힘입어 탐험대를 조직하여 대항해에 박차를 가했다.

포르투는 이때부터 유럽과 아프리카, 인도양을 연결하는 해양 무역의 거점으로 활약하였다. 현재 포르투의 구시가에서 볼 수 있는 휘황찬란한 중세의 건축물은 대부분 이때 세워진 것들이 많다. 포르투의 구시가는 이러한 건축물을 비롯해 지난 천 년에 걸친 유럽 유통도시의 발달과정을 보여준다는 이유로 1996년 유네스코에 의해 세계문화유산으로 지정되었다. 비록 수도는 리스본이지만, 그보다 작은 규모의 포르투갈 제2의 도시인 포르투는 와인 산업을 필두로 경제적인 면에서 리스본을 능가한다. 이를 바탕으로 포르투는 리스본보다 강력한 사회정치적 영향력을 지니고 있다.

PHOTO ❹
도루강과 멀리 보이는
동 루이스 1세 철교

포르투는 경관이 매우 뛰어나다. 대서양으로 흘러들어가는 도루Douro강 하구 언덕 위에 자리 잡고 있기 때문이다. 포르투만큼 도심 가운데에 근사한 뷰를 지닌 도시는 그리 많지 않다. 포르투의 진짜 매력은 도시의 중앙에 놓인 거대한 협곡 같은 지형이다. 그 가운데로 도루강이 흐르고 협곡 같은 지형 위에 드라마틱한 모습의 동 루이스 1세 다리가 놓여 이 도시의 아름다움을 배가시킨다. 8세기부터 존재한 도루강은 바다로 이어지는데 강 하구를 중심으로 오랫동안 인류가 정착해 살아오면서 다양한 문화를 발전시켰다.

포르투의 구시가에는 우아하고 기품 있는 중세의 건축물들이 그대로 남아 잘 보존되고 있다. 포르투의 역사 지구는 고대 로마시대, 중세시대를 거쳐 근대에 이르기까지 시대의 변천을 드러내는 모습을 담고 있다. 이에 따라 역사 지구의 건축물도 로마네스크 양식에서부터 고딕 양식, 르네상스 양식, 바로크 양식, 네오클래식 양식, 모더니즘 양식에 이르기까지 다방면의 건축양식을 보여준다.

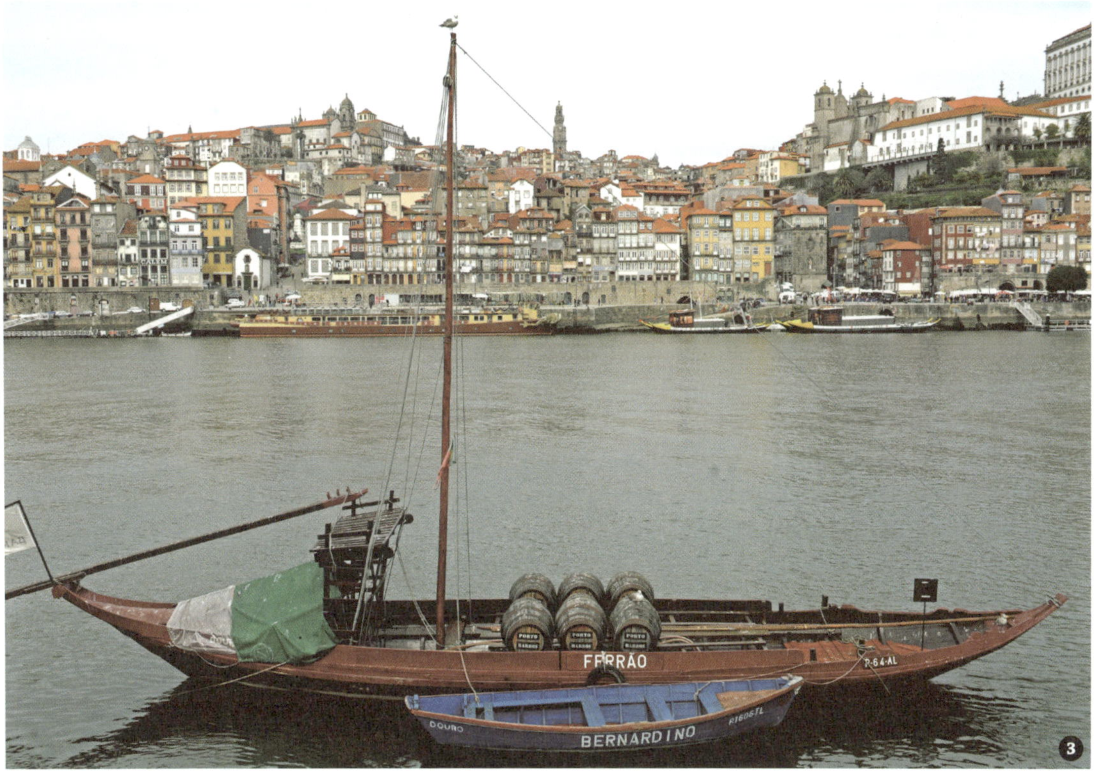
FERRÃO
BERNARDINO
DOURO
3

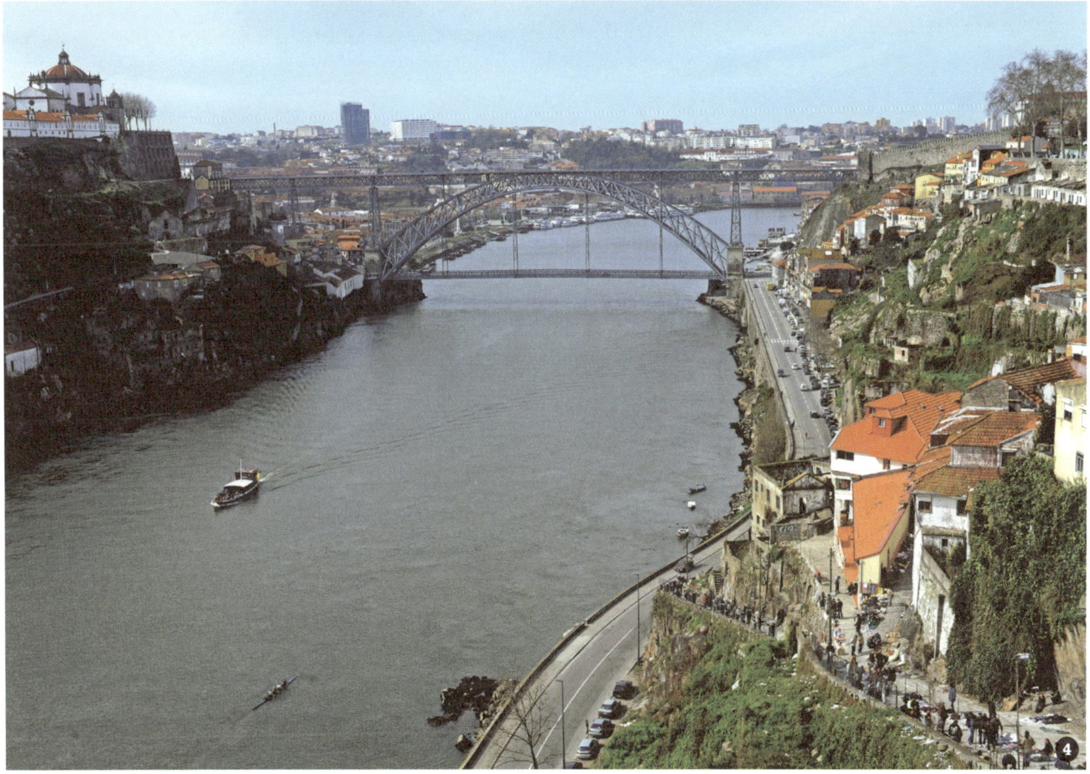
4

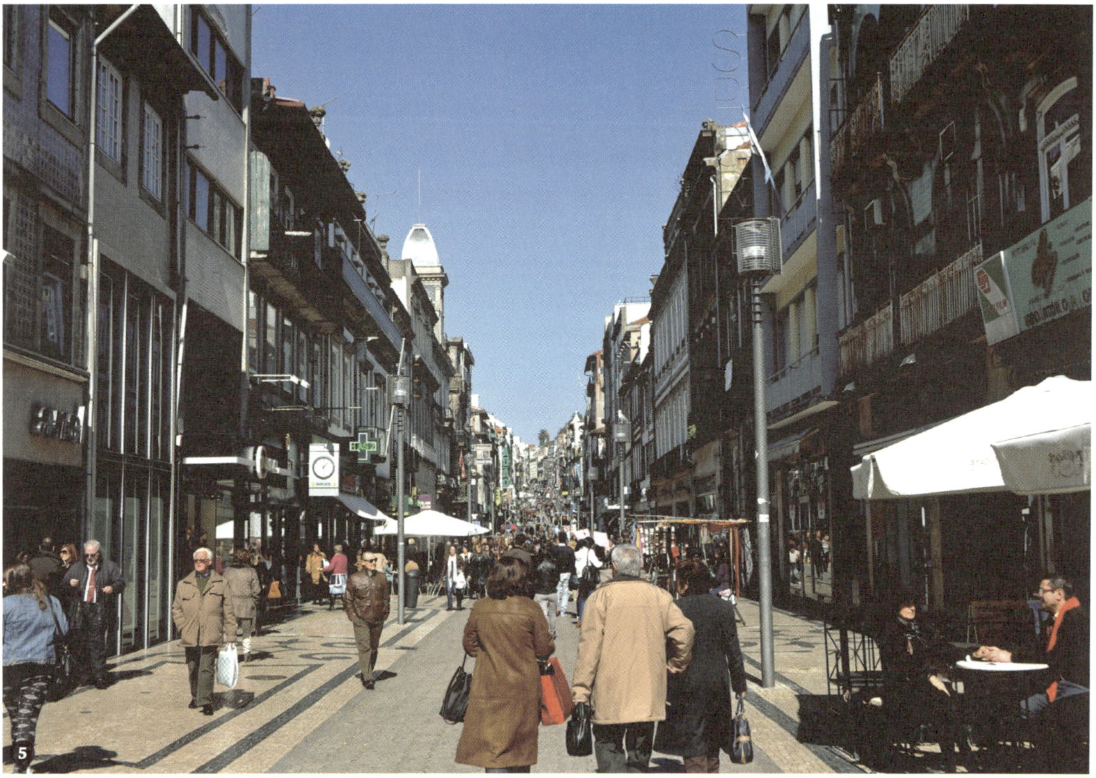

5

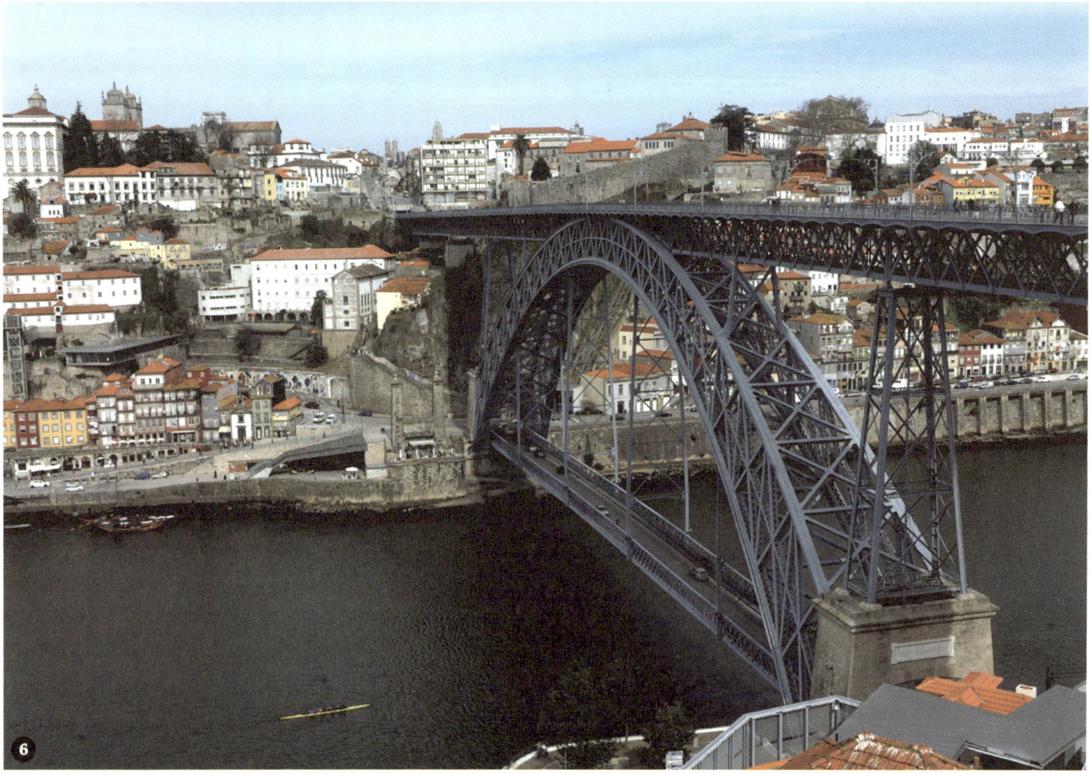

6

먼저 포르투의 역사 지구와 리베이라 지구를 한눈에 바라보기 원한다면 클레리고스 탑^{Torre de Clerigos}에 올라보자. 마치 날아다니는 한 마리 새처럼 허공에서 시원하게 도시 전체를 내려다보는 듯한 기분으로 시가를 조망할 수 있을 것이다. 인근에 자리한 상 벤투^{São Bento} 중앙역은 프렌치 스타일이 가미된 건축물이다. 역사 내에는 1905~1916년까지 타일 벽화 전문가인 조르지 콜라소^{Jorge Colaço}에 의해 2만여 개의 타일을 사용해 포르투갈의 역사적인 내용을 담은 푸른 타일의 벽화가 벽면에 장식되어 있다.

PHOTO ⑤
포르투 구시가의
산타 카타리나 거리

포르투 구시가의 중심 거리인 산타 카타리나 거리는 보행자 거리로 이 도시의 쇼핑가이기도 하다. 이 거리 주변에 자리한 산토 일데폰소 교회^{Igreja de Santo Ildefonso}는 좌우 대칭적인 파사드를 지닌 18세기 바로크 스타일의 교회로 블루 타일 벽화로 구성한 모습이 아름답다. 소박한 바탈랴 광장을 지나 구시가의 성벽을 따라 운행하는 푸니쿨라 철로를 따라 내려가다보면 15세기 바로크 양식의 산타 클라라 교회가 나타난다. 그 반대편에는 세 대성당^{Se Catedral}이 있는데, 이곳은 포르투의 대표적인 교회 건축물로 로마네스크 양식의 외관을 지니고 있으며 건물 앞에는 기념비가 세워진 작은 광장이 있다. 멀리서 바라보면 언덕 위의 요새 같은 자태를 뽐내는 이 대성당은 12세기에 완공된 후 13세기와 18세기에 대대적으로 모습을 바꾸었다. 내부에 들어서면 아름다운 꽃 모양의 유리 창문으로부터 자연광이 들어오는 멋진 광경을 볼 수 있다. 또한 14세기에 만들어진 고딕 양식의 회랑이 아직까지 예전 모습 그대로 남아 있어 회랑을 거닐며 벽면의 블루 타일 벽화를 감상해 보는 것도 좋다.

PHOTO ⑥
포르투의 명물인
동 루이스 1세 철교

이곳으로부터 강변으로 내려가면 오른편에 리베이라 지구의 강변이 모습을 드러내고 동 루이스 1세 다리^{Ponte de Dom Luis I}가 그 위용을 선보인다. 동 루이스 1세 다리는 이 도시의 랜드마크로 포르투의 전경을 선사하는 장본인이다. 1886년에 세워진 아치형의 동 루이스 1세 다리는 45m 높이에 385m 길이를 지닌 철교로, 구시

PHOTO 7
소박한 분위기의 바탈랴 광장

가와 신시가를 연결한다. 에펠탑을 만든 에펠의 조수가 이 다리를 만들었다는 것은 흥미롭다. 리베이라 지구의 강변에는 나이트라이프를 주도하는 카페, 레스토랑, 라이브 뮤직바 등이 들어서 있다. 건너편 강변에는 이 도시의 특산물인 포트와인을 맛볼 수 있는 와이너리와 와인 테이스팅숍들이 즐비하다. 사실 포르투갈 사람들이나 유럽인들은 포르투 하면 와인을 먼저 떠올린다. 달고, 쌉싸름한 맛이 특징인 포트와인은 프랑스로 수출할 만큼 명성이 높다. 그러니 포르투에 간다면 한 번쯤 와인을 마셔보는 것도 좋다. 그만큼 포르투와 와인은 떼려야 뗄 수 없다.

리베이라 지구에서 꼭 가볼 만한 명소로는 상 프란시스쿠 교회Igreja de São Francisco가 있다. 이곳은 겉으로 보기엔 평범한 고딕 양식의 교회에 불과해 보이지만 안으로 들어가 보면 이 나라에서 가장 아름다운 바로크 스타일의 장식물들이 가득하다. 특히 나무를 깎아 만든 유다 왕국의 12명의 왕과 그 중앙에 놓인 예수의 모습이 제단 뒤에 장식되어 있는데, 이는 예수의 가계도를 묘사하고 있다. ❦

Travel Story

포트와인

포르투 와이너리

　　포르투갈 포도주의 대부분은 도루강 유역 와이너리의 적포도와 청포도를 원료로 하며, 이곳은 포도 생산에 적합한 기후를 가지고 있다. 17세기 영국과 프랑스가 전쟁을 하면서 영국의 수입상이 프랑스 대신 와인을 수입할 곳으로 포르투갈을 택하면서 와인 산업이 성장하게 됐다. 이때 수송하는 동안의 변질을 막기 위해 독한 브랜디를 첨가했고, 오늘날 포트와인의 시작이 되었다. 영국 왕실에서 이 와인을 애용하기도 했으며, 지금은 영국, 프랑스를 비롯한 각지로 수출되고 있다. 포트와인은 대체로 높은 당도와 쌉싸름한 맛이 특징으로, 달콤한 향 덕분에 여성들에게 인기가 많다. 알코올 함량은 18~20% 정도다.

Travel Info

포르투

(Access) 아직 한국에서 포르투갈까지의 직항로는 없다. 단, 포르투갈의 포르투는 유럽의 주요 도시에서 항공으로 쉽게 연결된다. 포르투는 리스본에서 기차로 약 3시간 걸린다.

(Travel Season) 무더운 6~8월이 여행자들이 가장 많이 몰려드는 성수기이다. 일반적으로 5월과 9~10월이 여행하기에 가장 좋은 온화한 기후를 제공한다.

(Travel Tip) 포르투갈은 유럽에서 가장 친절한 나라로 꼽히고 물가가 저렴해 여행자들에게 매우 인기가 높다. 포르투뿐 아니라 시간적 여유가 있다면 이 나라의 수도인 리스본과 라고스, 팔마 등 남부 해안 휴양지도 둘러보자.

PORTUGAL

신트라의 문화경관

Cultural Landscape of Sintra

Information

국가	위치	등재연도
포르투갈	신트라	1995년

포르투갈의 수도 리스본에서 북서쪽에 자리한 신트라는 인구 3만 명이 안 되는 작은 도시로 리스본을 찾는 여행자들이 하루 일정으로 방문하는 곳이다. 이곳에 포르투갈을 대표하는 고성과 왕궁이 있기 때문이다. 일찍이 여행을 좋아했던 영국의 대표적인 낭만파 시인 바이런은 아름다운 자연 경관 속에 묻힌 작은 타운의 보석인 왕궁과 고성을 둘러보며 이곳의 빼어난 장관을 극찬했다.

바이런이 극찬했던 신트라를 빛내던 별은 다름 아닌 페나성과 신트라 왕궁인데, 역사적 가치와 건축학적 존재 가치를 인정받아 1995년 유네스코는 신트라를 세계문화유산으로 지정하였다. 물론 이 성과 왕궁 외에도 신트라에는 크고 작은 중세 건축물과 아름다운 정원이 자리해 있다.

신트라 왕궁Palacio Nacional de Sintra은 멀리서 바라보면 마치 수도원 같은 모습을 하고 있다. 붉은 기와지붕을 지닌 하얀 벽면의 건물들로 이루어져 있기에 그런 느낌이 든다. 하지만 이 왕궁의 외관상 가장 독특한 특징은 아마도 뾰족한 원뿔형의 첨탑 2개가 나란히 허공을 찌르고 있는 모습이 아닐까 싶다(사실 이 2개의 원뿔 구조물은 왕궁 내 주방 위에 놓인 굴뚝이다). 또한 이 왕궁은 하늘 위에서 내려다보면 마치 성벽 없는 요새처럼 보인다. 크고 작은 건물들이 미로를 형성하듯 서로 뒤엉킨 채 연결되어 있기 때문이다. 실제로 이 왕궁에 한번 발을 내디디면 같은 길로 다시 되돌

PHOTO ①
신트라 타운의 전경

아 나오기 힘들 정도로 복잡한 구조를 지닌 게 사실이다. 이 왕궁은 원래 무어인들(8~12세기 초까지 포르투갈을 포함하여 이베리아반도를 지배했던 아랍인들로 이슬람교를 신봉한다)에 의해 건축된 뒤 1261년부터 1325년까지 동 디니스^{Dom Dinis}왕에 의해 확장되었고, 15세기 초에는 주앙 1세^{João I}에 의해 더욱 크게 넓어졌다. 특히 16세기에는 르네상스의 예술미와 후기 고딕 양식에 영향을 받은 마누엘 1세에 의해 화려하고 과장된 감각의 인테리어가 더해지면서 새롭게 변모하여 오늘날의 모습이 되었다. 이처럼 신트라 왕궁은 고딕 양식에 아랍풍의 무어리시 스타일과 화려함과 과장됨을 강조하는 양식이 결합된 형태를 드러낸다.

이 왕궁은 주로 리스본에 거하던 포르투갈 왕실에서 사냥하러 나올 때 머물던 곳이다. 리스본에 전염병이 돌 때 은신처로도

사용되었다. 왕궁 내에서 가장 아름다운 공간은 백조의 방이라 불리는 살라 도스 시스네스Sala dos Cisnes란 곳이다. 이곳은 순금 장식으로 연결된 팔각형의 패턴 속에 각기 다른 형태의 백조를 그려 넣은 프레스코가 인상적인 곳인데, 27세에 벨기에로 시집가게 된 공주를 그리워하며 아멜리아 여왕이 그린 것이라고 한다. 이 백조의 방은 주로 왕족들이 무용이나 연극 공연을 관람하기 위한 공간으로 사용되었다. 다른 한 편에는 까치의 방도 만들어져 있다. 이곳은 마찬가지로 까치를 그려 넣은 패턴으로 이루어진 천장화가 장식된 공간이다. 이곳 까치의 방은 왕이 시녀와 입을 맞추다 왕비에게 발각됐고, 왕이 순결을 상징하는 뜻에서 까치를 그렸다는 일화가 전해진다. 무기의 방인 살라 다스 아르마스Sala das Armas는 벽면에 거대한 풍경화를 담고 있는 수많은 푸른 타일들로 꾸며져 신비감을 더한다. 아랍 룸Arab Room이라 불리는 살라 도스 아라베스Sala dos Arabes는 마누엘 1세 시대에 치장된 타일이 돋보이는 곳으로 주앙 1세가 침실로도 사용한 곳이다. 무어 시대에 이슬람 모스크로 쓰였을 예배당은 왕실이나 고관을 위한 예배 공간으로 화려한 장식미를 뽐낸다.

대부분의 여행지들이 페나성Palacio Nacional da Pena을 보기 위해 신트라를 찾는다. 마법의 성이 실제로 존재한다면 아마 페나성일 것이다. 유럽을 여행하는 여행자들에게 오랫동안 인기를 얻고 있는 이 고성의 비결은 바로 신트라 산맥의 험준한 봉우리 위에 신비스러운 모습을 감추고 있기 때문이 아닐까? 페나성은 중세 군주의 위엄을 느낄 수 있도록 장엄하게 지은 유럽의 고성과는 사뭇 다르다. 장엄함, 비장함과 같은 모습은 오간 데 없고 동화 속 왕자님이 살 것 같은 신비의 성과 같은 모습으로 포근히 다가온다.

원래 페나성이 자리한 곳에는 중세부터 순례자들이 즐겨 찾는 성소가 세워져 있었다. 성스러운 곳으로 알려져 있던 터라 왕들도 찾아오곤 했는데, 이곳을 찾아온 마누엘 1세는 이곳에 수도원을 세울 것을 명령하여 훗날 18명의 수도사가 거하는 작고 조용

PHOTO ❷
동화 속 요정이 사는
궁전 같은 페나성

PHOTO ❸
페나성의 터널식 복도

PHOTO ❹
페나성 내부

PHOTO ❺
신트라 왕궁의 내부

PHOTO ❻
키치적 아이템으로 치장된
페나성 내부

한 제로니무스 수도원이 탄생하게 되었다. 그 후 이 수도원은 벼락을 맞아 일부가 크게 파손되었다. 1842년 독일의 작센 코부르크의 페르디난트 2세는 아내인 포르투갈의 여왕 마리아 2세를 위해 유럽의 다른 나라에서 흔히 찾아볼 수 있는 로맨틱한 분위기의 별궁을 만들고 싶어 했다. 마침 그는 폐허 속에 있던 수도원을 발견했고 이를 궁전으로 만들고자 독일 바바리아 출신의 아마추어 건축가를 데려다가 13년간 대대적인 공사를 하게 했다. 결국 페나성은 고딕 양식과 마누엘린 양식이 복합된 로마네스크 리바이벌 양식의 건축물로 완공되었다. 오늘날 엿볼 수 있는 페나성의 내부 공간은 겉모습만큼이나 기발하다. 온갖 상상력을 동원하여 만들었을 법한 키치적인 아이템으로 치장된 공간들이 끊임없이 펼쳐져 있기 때문인데, 유럽 왕실의 전통적인 공간과 다른 색다른 면을 찾고자 한다면 페나성을 꼭 방문할 필요가 있다.

Travel Story

신트라를 극찬한 시인, 바이런

무어 성문

다양한 건축양식의 페나 성

　　영국의 낭만파 시인으로 알려진 바이런은 1788년 런던에서 태어났다. 그는 1807년 『게으른 나날』이라는 시집을 발표해 시인으로 데뷔하였다. 하지만 이는 평론가의 혹평을 받았다. 바이런은 포르투갈, 스페인, 튀르키예 등지로 여행을 떠난다. 이후 영국에 돌아와 『차일드 해럴드의 편력 Childe Harold's Pilgrimage』이라는 시집을 내고 큰 인기를 얻었다. 자신을 유명하게 만든 이 시집에서 그는 신트라를 두고, '에덴동산'이라고 극찬했다. 또 다른 문인들에 의해서도 신트라는 그 아름다움이 널리 칭송되었다.

Travel Info

신트라

(Access) 신트라는 리스본에서 기차로 가는 게 가장 편리하다. 매 15분마다 운행하며 45분 소요된다. 포르투갈 수도인 리스본은 유럽의 주요 도시에서 항공편으로 쉽게 연결된다.

(Travel Season) 신트라는 사계절 내내 방문하기 좋다. 특히 페나성은 계절에 따라 주변 경관을 달리하는 명소이다. 6~8월이 여행자들이 많이 찾는 성수기이며 가장 방문하기 좋은 시기는 5월과 9~10월이다.

(Travel Tip) 신트라 서쪽에 놓인 카보 다 로카 Cabo Da Roca는 기막힌 해안 절경을 드러내는 별천지이다. 이곳은 유럽 대륙의 서쪽 끝에 놓인 곳으로 신트라와 함께 리스본에서 당일치기로 방문하기 좋다.

TURKEY

이스탄불의 역사 지구

Historic Areas of Istanbul

Information

이스탄불은 튀르키예에서 가장 큰 도시이자 이 나라의 문화, 경제의 중심지로 인구 약 1,500만 명을 지닌 거대 도시이다. 비잔틴 제국 시대에 콘스탄티노플로 불리며 수도 역할을 하였고 근래까지 동서양의 교역을 잇는 무역 중심지로 발전하였다.

국가	위치	등재연도
튀르키예	이스탄불	1985년

　　　　이스탄불은 비잔틴 시대부터 오스만튀르크 시대에 이르기까지 과거의 영광과 위용을 간직한 도시이다. 아야소피아, 블루 모스크 등 이슬람 최대의 모스크 건축물을 지니고 있으며 토프카피 궁전, 돌마바흐체 궁전 등 화려한 튀르키예의 궁정 문화를 엿볼 수 있는 명소들이 많다. 그랜드 바자르는 이스탄불에서 가장 인기 있는 쇼핑 스폿으로 오래된 전통 시장의 면모를 오늘날까지 지닌 곳이다.

　　　　동로마 제국이라고도 불리는 비잔틴 제국은 서기 330년부터 1453년까지 오늘날의 튀르키예, 중동, 북아프리카, 남유럽 일대를 장악한 거대 제국으로 555년 유스티니아누스 대제 때 가장 넓은 영토를 지녔다. 비잔틴 제국은 그리스어를 사용했던 제국으로 5세기경 서로마 제국이 몰락한 이후에도 천 년을 지속하며 1453년 오스만튀르크 제국에 의해 몰락할 때까지 존재했다. 이스탄불은 당시 콘스탄티노플로 불리며 이 거대 제국의 수도로 오랜 세월 자리를 지켰다. 중세시대의 대부분 시기에 콘스탄티노플은 세계에서 가장 큰 도시이자 가장 부유한 도시였다.

303년부터 337년까지 비잔틴 제국의 첫 황제였던 콘스탄티누스 1세는 로마에서 이스탄불로 수도를 옮겼다. 그리고 얼마 지나지 않아 4세기 후반부터 기독교가 비잔틴 제국의 공식국교가 되었고 비잔틴 제국의 기독교는 서유럽 중심의 가톨릭교와는 교리적으로나 문화적으로 다른 동방정교회로 불리는 기독교가 되었다. 라틴어 대신 그리스어가 공용어가 되었기에 문화적으로 그리스에 많은 영향을 받았다.

14세기 중반부터 오스만튀르크 제국이 오늘날 튀르키예 동부와 그 주변 일대에서 강성해지면서 콘스탄티노플로 향하는 보급로를 조금씩 차단하기 시작했다. 급기야 1453년 8주 동안 콘스탄티노플을 완벽하게 포위했던 오스만튀르크는 당시 비잔틴 제국의

PHOTO ①
이스탄불의 대표적인 보행자 거리인 이스티클랄. 클래식 전차가 오가는 거리로 유명하다.

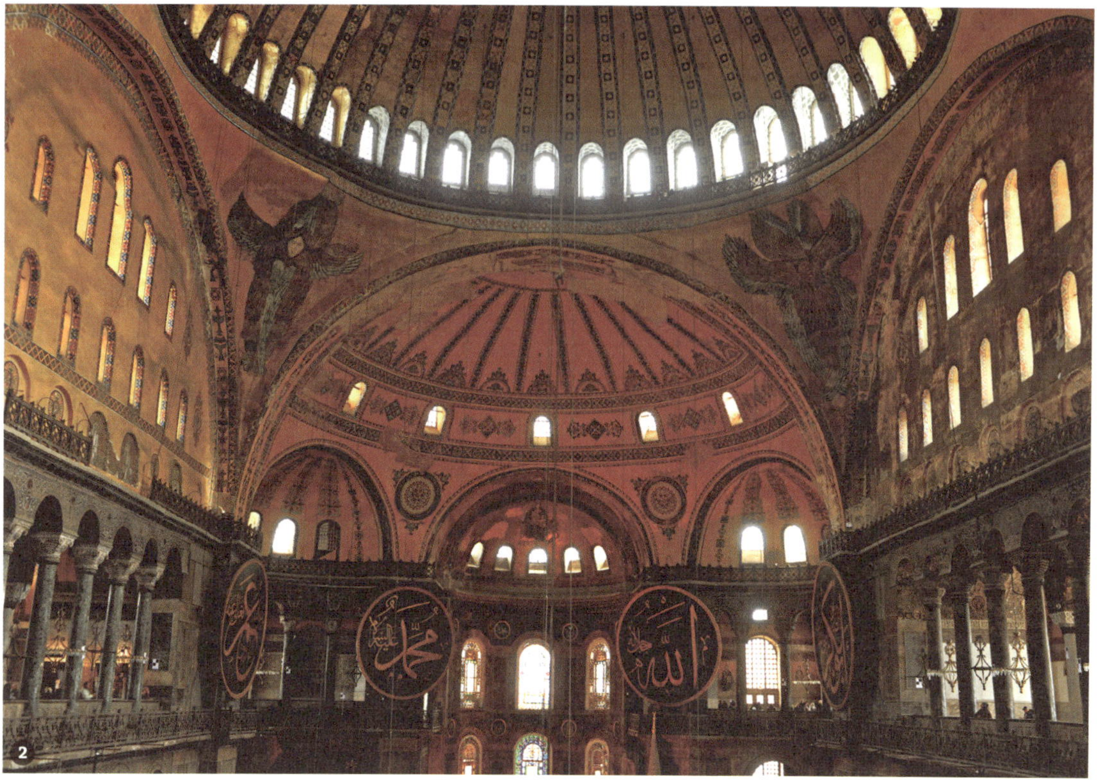

2

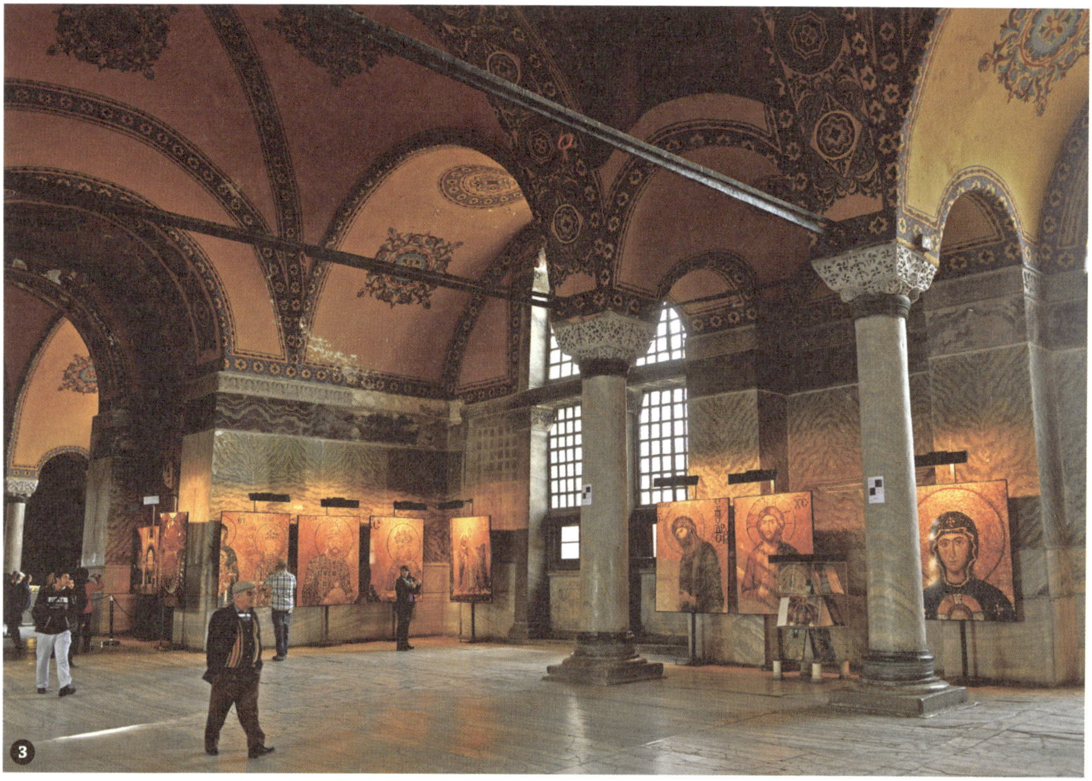
3

황제였던 콘스탄티누스 11세를 죽이고 콘스탄티노플을 오스만튀르크 제국의 새로운 수도로 선포한다. 그 후로 정복자였던 술탄 메흐메트 2세는 아야소피아에 들어가 이슬람 성직자인 이맘을 불러 이슬람 교리를 선언하고 아야소피아 성당을 황실 소속의 모스크로 바꾼다. 이어 메흐메트 2세는 오늘날 볼 수 있는 그랜드 바자르를 세우고 토프카피 궁전을 건축하고 술탄의 왕궁으로 사용했다.

아야소피아Aya Sofia는 이스탄불을 대표하는 비잔틴 시대의 건축물이자 오늘날까지 전 세계에 남아 있는 몇 안 되는 비잔틴 건축물 중 대표적인 건물이다. 아야소피아는 360년 콘스탄티누스 2세 때 동방정교회 예배당으로 세워졌으나 반란에 의한 화재로 소실되고 532년 비잔틴 제국 사상 가장 넓은 영토를 차지했던 유스티니아누스 1세 때 다시 오늘날의 모습으로 건축되었다. 그는 아야소피아를 건축한 뒤 "내가 솔로몬의 신전보다 더 큰 신전을 지었다"라고 외쳤다고 한다. 오늘날 이곳은 이슬람 사원으로도 동방정교회 예배당으로도 사용되지 않는다. 오직 박물관으로만 사용된다. 이곳에 전시된 역사적인 유물은 전 세계 어느 곳에 내놓아도 손색없을 정도로 화려하고, 내부 구조는 찬란한 비잔틴 스타일의 장식미를 자랑한다. 아쉬운 점은 비잔틴 시대에 이 건축물 내에 간직되었던 수많은 성유물(성경이나 성경 속 인물과 관련된 물건)들이 소실되었다는 점이다.

아야소피아와 먼발치에서 마주하고 서 있는 블루 모스크 Blue Mosque는 아야소피아와는 달리 이스탄불의 무슬림들이 즐겨 찾는 모스크로 사용되고 있다. 따라서 이슬람의 주요 행사 시에는 입장이 제한되기도 한다. 정식명은 술탄 아흐메트 모스크Sultan Ahmed Mosque인데, 오스만튀르크 제국 아흐메트 1세 때 1609~1616년까지 7년에 걸쳐 세워진 건물로 모스크 내부를 치장한 푸른빛의 타일 때문에 블루 모스크라는 애칭이 붙었다.

토프카피 궁전Topkapi Palace은 바로크 스타일로 지은 오스만

PHOTO ❷
웅장미가 느껴지는 아야소피아 내부

PHOTO ❸
아야소피아는 현재 동방정교회 성화 등이 진열된 박물관으로 사용되고 있다.

PHOTO ④
멀리서 바라본
쉴레이마니예 모스크
주변 경관

튀르크 제국의 궁전으로 15세기 중반에 세워졌다. 15세기 중반 이후 오스만튀르크 제국의 역대 술탄들이 1465년부터 1856년까지 약 400년간 거했던 궁전이다. 오늘날 이 궁전은 박물관으로 사용되어 이슬람의 신성한 유물과 역대 오스만튀르크 제국 술탄의 각종 유물과 보물, 소장품 등이 전시되어 있는데, 당시 부의 대제국이었던 만큼 화려함의 극치를 이룬다. 궁전의 주요 건물에는 술탄의 침실, 집무실, 술탄의 후궁들이 거하던 하렘 등이 들어서 있다. 드넓은 코트야드와 여러 건물로 이루어진 궁전 내부에는 모스크, 병원, 제빵실, 동전주조실 등이 자리해 있다.

돌마바흐체 궁전Dolmabahce Palace은 토프카피 궁전에 비해 비교적 짧은 역사를 지닌다. 1843년부터 1856년까지 건축된 이 궁전은 바로크 양식으로 세워진 오스만튀르크 제국의 마지막 궁전으로 제국이 무너지고 튀르키예 공화정이 들어설 때까지 마지막 통치자였던 술탄 압둘메시드가 거했던 곳이다. 술탄 압둘메시드는 토프카피 궁전이 유럽의 다른 왕궁과 비교해 볼 때 세련미와 화려함이 뒤떨어진다고 생각하여 이 궁전을 지었다. 이로 인해 당시 어마어마한 건축비용과 설계비용이 들어갔고, 내부는 오늘날까지 화려하고 호사스럽다. 사실 이로 인해 백성들의 삶은 처참해졌고, 오스만튀르크 제국은 엄청난 재정적 부담을 안고 몰락했다.

PHOTO ⑤
갈라타 타워에서 바라본
아야소피아 주변의
이스탄불 전경

1455년 처음으로 형성된 그랜드 바자르Grand Bazaar는 1730년 이후부터 지금의 모습을 갖추고 본격적으로 이스탄불 최대의 전통 시장이 되었다. 카파르 차르시가 정식명칭인데, 튀르키예어로 '지붕이 있는 시장'이란 뜻을 지니고 있다. 그랜드 바자르는 수많은 상점과 노점이 생긴 골목 주변의 건물 위로 천장을 이은 형태의 시장이다. 이처럼 천장을 만든 거리 수만 61개에 달하며 4천 개 이상의 상점이 들어서 있다. 오늘날 그랜드 바자르는 도시민들의 생필품을 파는 공간이라기보다 관광객들의 눈길을 끄는 민예품, 전통 수공예품, 기념품, 직물류를 파는 공간으로 변모하였는데, 시민들의 생생한 삶의 현장을 엿볼 수 있는 곳이다. ❦

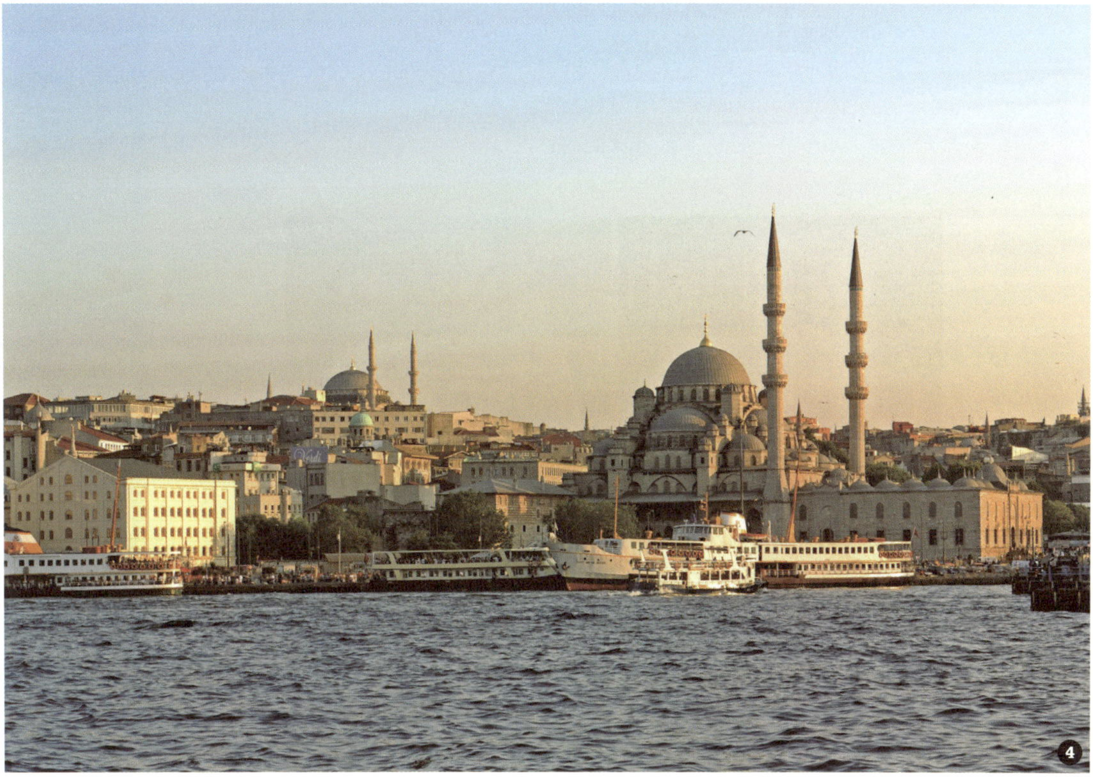
4

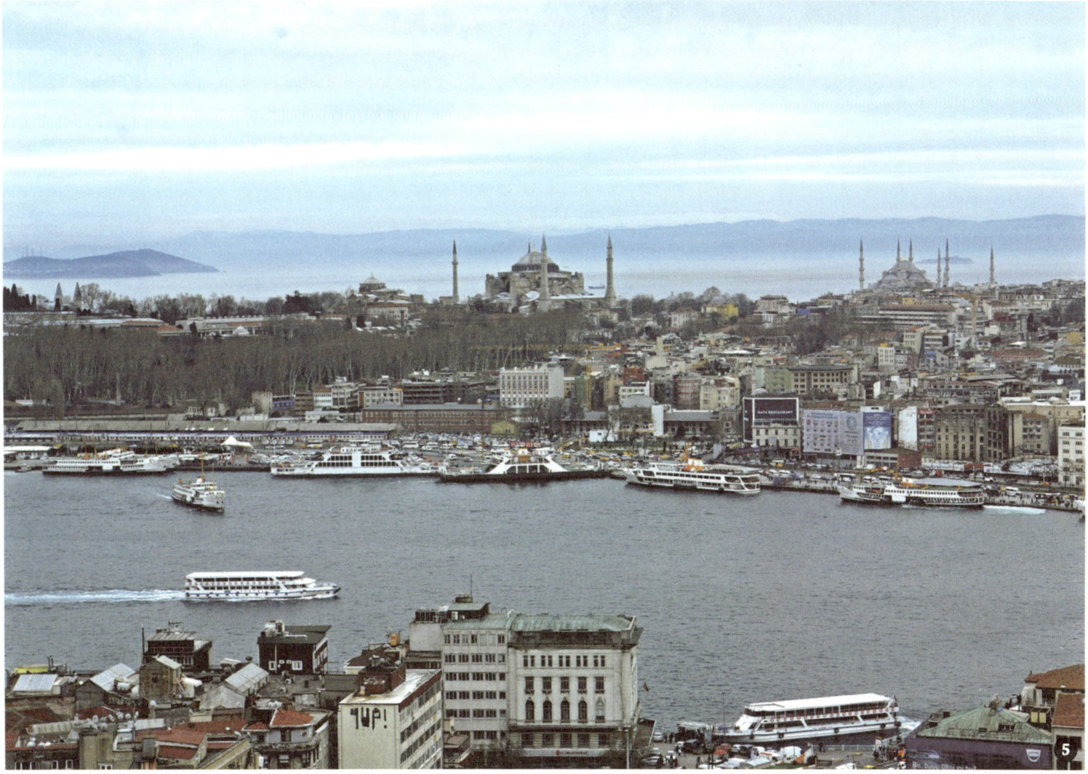
5

Travel Info

이스탄불

(Access) 대한항공, 아시아나항공, 터키항공은 인천국제공항에서 이스탄불까지 직항 운항한다.

(Travel Season) 이스탄불은 사계절 어느 때 방문해도 좋다. 일반적으로 관광객들이 가장 몰리는 시기는 무더운 7~8월이다. 4~5월, 9~10월에 온화한 날씨를 보인다. 이스탄불 인터내셔널 뮤직 페스티벌Istanbul International Music Festival은 매년 6월 말에 열리며 세계 곳곳에서 온 뮤지션들이 클래식, 오페라, 민속 음악 등 다양한 장르의 음악 공연을 펼친다.

(Travel Tip) 이스탄불에 머무는 동안 이스탄불 남쪽 해안에 자리한 프린스섬을 방문해 보자. 보스포루스 해협을 지나 푸른 바다를 헤치며 나아가는 페리를 타고 낯선 섬으로 향하는 마음은 마냥 들뜨고 설레기만 한다. 섬에 도착하면 먼저 자전거를 대여하자. 도보도 좋지만 프린스섬은 자전거를 타고 반나절 정도 시간을 내어 둘러보기에 좋은 곳이다. 비록 대단한 명소는 없지만 섬마을 주민들의 소소한 일상을 엿볼 수 있다. 프린스섬은 주중에는 조용하지만 주말에는 현지 방문객들로 다소 북적인다. 이스탄불의 탁심 광장에서 가까운 페리 선착장에서 페리를 타면 프린스섬까지 약 1시간 반 정도 걸린다.

CZECH

프라하의 역사 지구
Historic Centre of Prague

구시가 광장 주변, 프라하성 지구 등으로 구성된 프라하의 역사 지구는 1992년 유네스코 세계문화유산으로 등재되었다. 중세시대부터 근대를 거쳐 현재에 이르기까지 역사적으로나 건축학적으로 다양한 모습을 선보이며 발전해 왔다는 점이 이유였다. 특히 건축학적인 면에서 프라하는 14~15세기의 고딕 양식과 18세기의 바로크 양식, 20세기 초반의 아르누보와 모더니즘 양식의 절정을 드러내고 있다.

Information

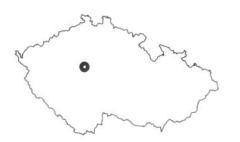

국가	위치	등재연도
체코	프라하	1992년

오늘날까지 이 도시가 옛 건물을 대부분 보존할 수 있었던 이유 중 하나는 개전과 동시에 독일군에게 항복해 1·2차 세계대전의 피해를 입지 않았기 때문이다. 프라하의 진가는 유럽에서 기독교 문화가 본격적으로 발달하기 시작한 중세 후기인 14세기부터 나타났다. 이 도시의 현란한 건축물과 예리한 조각물은 수많은 건축가와 예술가들에게 영감을 불어넣었고 중부 유럽과 동유럽을 비롯한 유럽 전역에 건축, 예술, 문화 측면에서 큰 영향을 미쳤다. 이 시기는 신성로마제국의 황제이자 보헤미아 왕이었던 카를 4세가 프라하를 통치하던 시기로, 그는 최초로 프라하에 대학을 세웠고 성 비투스 성당과 프라하성, 카를교 등을 건축하였으며 프라하의 문화예술 발전에 크게 기여한 인물로 평가받고 있다. 혹자는 '오늘날의 프라하는 카를 4세가 만들었다'고 한다. 그만큼 프라하에 대한 그의 영향력과 기여도는 상상 이상이다.

유럽에는 웬만한 도시마다 구시가 광장Staroměstské Náměstí

PHOTO ❶
구시가 광장의 킨스키 궁전과 틴 교회

이 있다. 대부분의 유럽 도시들은 오랜 역사를 가지고 있기에 도심 중앙에 오래된 구시가 광장이 자리한다. 프라하의 구시가 광장은 좀 색다르다. 색다른 이유는 고색창연한 교회 건축물과 시청사, 궁전이 리드미컬한 조화를 이루며 서 있기 때문이다. 게다가 광장 중앙에는 원형의 아름다운 기념비가 놓여 있다. 이처럼 프라하의 구시가 광장은 유럽에서 가장 아름다운 광장 중 한 군데로 손꼽힌다.

광장 주변에 가득한 고풍스러운 중세 건축물 중에서 가장 주목할 건물은 구시청사로 1410년 개조된 천문 시계가 있다. 앙상한 뼈만 남은 해골 형태의 죽음의 문지기가 한 손에 든 작은 종을 움직이면 '딸랑 딸랑' 소리와 함께 오싹한 분위기 속에서 세기의 인형쇼 시작을 알린다. 이윽고 '딩딩딩' 아주 천천히 간격을 두고 의미심장한 울림처럼 종소리가 나면 '드르륵' 2개의 창문이 열리면서 예수의 12제자인 12사도의 밀랍인형들이 십자가, 검, 성경책 따위를 들고 등장한다. 프라하의 구시청사는 멋진 조망도 선사한다. 이 건물 꼭대기에 올라 바라보는 프라하 시내의 전경이 눈부실 만큼 아름답기에 평생 두고두고 후회하지 않을 정도다.

PHOTO ❷
구시청사 종탑에서 내려다본 구시가 광장 주변

구시가 광장을 언급하는 데에 있어 빼놓을 수 없는 것이 하나 더 있다. 바로 얀 후스 기념비Pomníku Mistra Jana Husa이다. 이 기념비는 보헤미안의 위대한 종교 개혁자 얀 후스 순교 500주년을 기념하여 1915년 7월 6일에 구시가 광장 한가운데에 세워졌다. 구시청사 맞은편에 자리한 틴 교회Týnský Chrám는 하늘을 찌를 듯한 멋진 첨탑이 인상적인 교회 건축물이다. 화려한 외관은 초기 고딕 양식을 띠고 있지만 내부는 바로크 양식이라 안을 들여다보면 당장 고해성사라도 해야 하지 않을까 할 정도로 다소 어둡고 진지한 분위기다. 이 교회에서는 종종 클래식 콘서트가 열리기도 하는데, 교회 내 웅장한 파이프 오르간의 연주가 기막히다. 틴 교회 바로 옆에 위치한 킨스키 궁전Palác Kinských은 구시청사, 틴 교회와 함께 구시가 광장의 가장 주요한 건물이다. 이 건물의 파사드는 프라하에서 가장 정교한 로코코 양식의 정수를 보여준다.

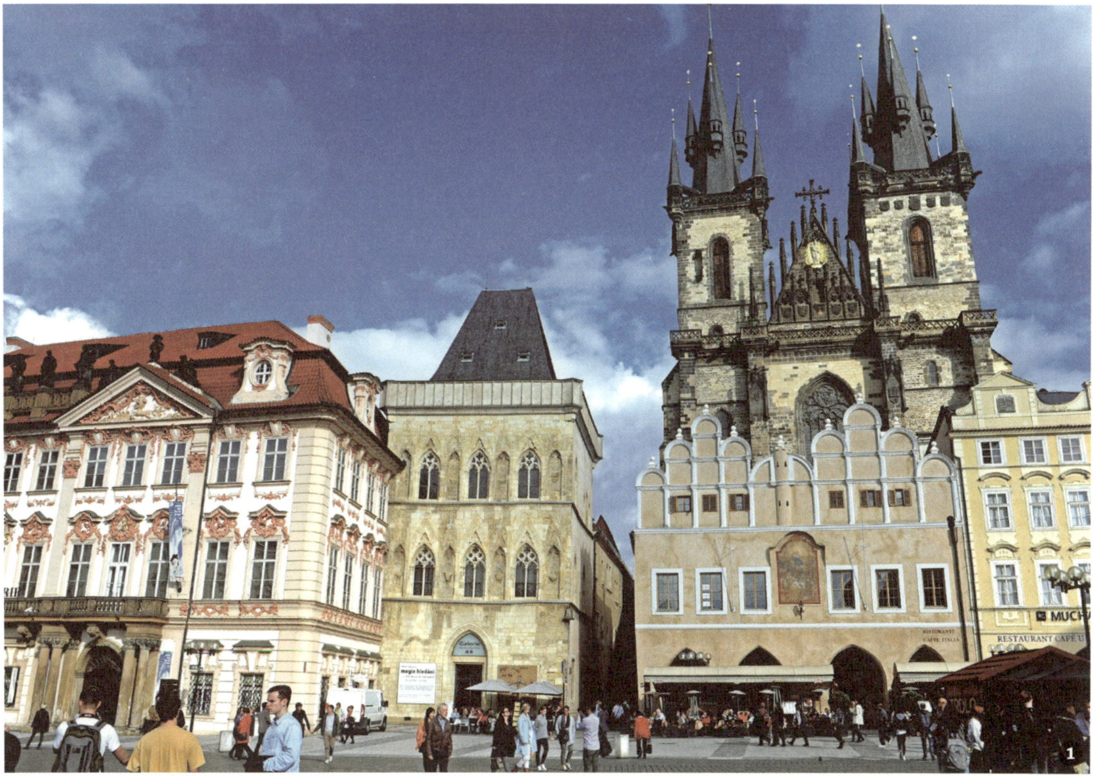

1

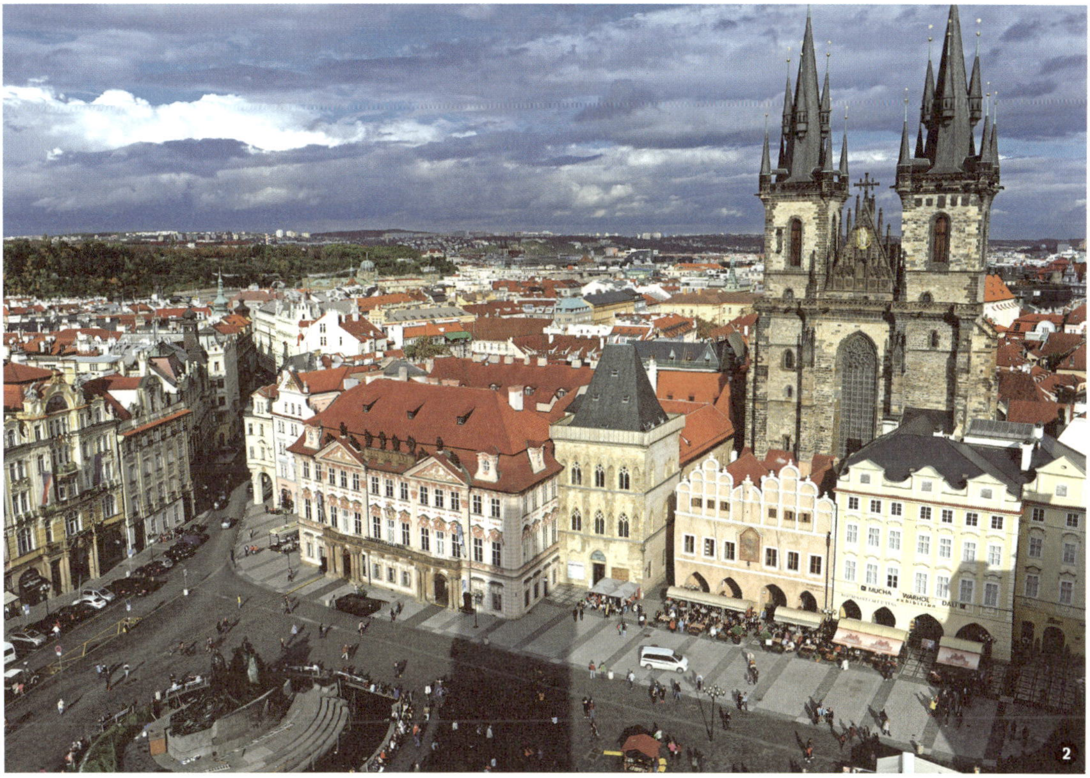

2

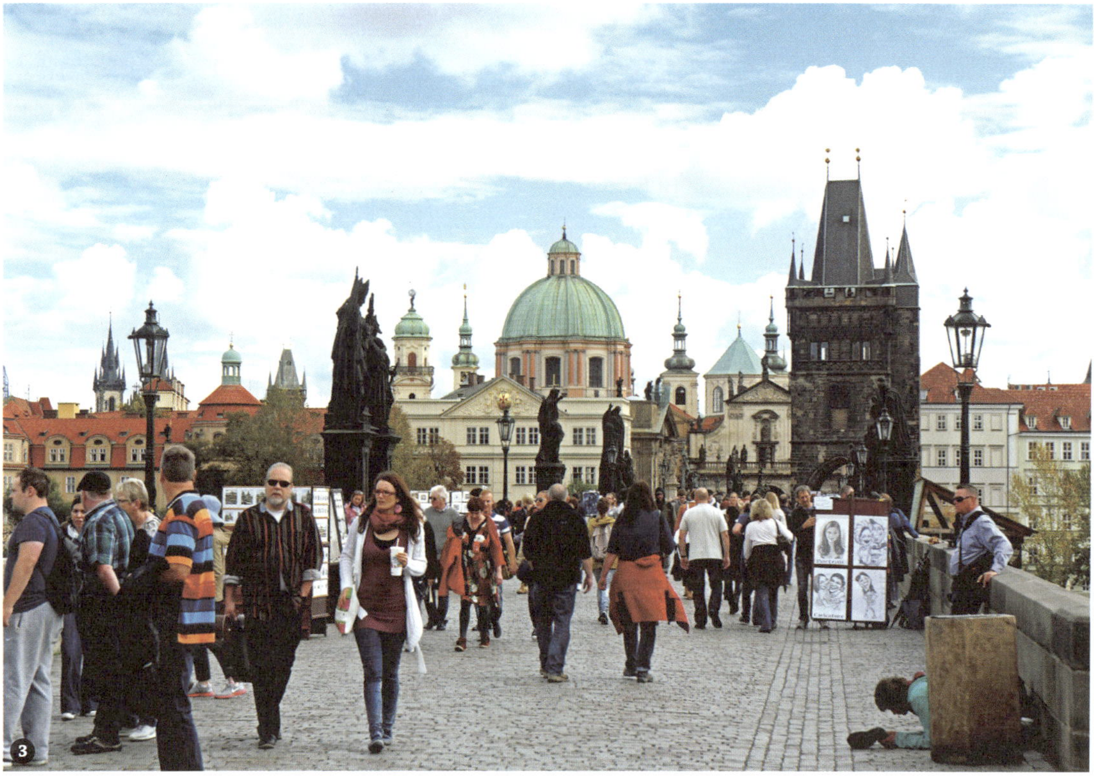

3

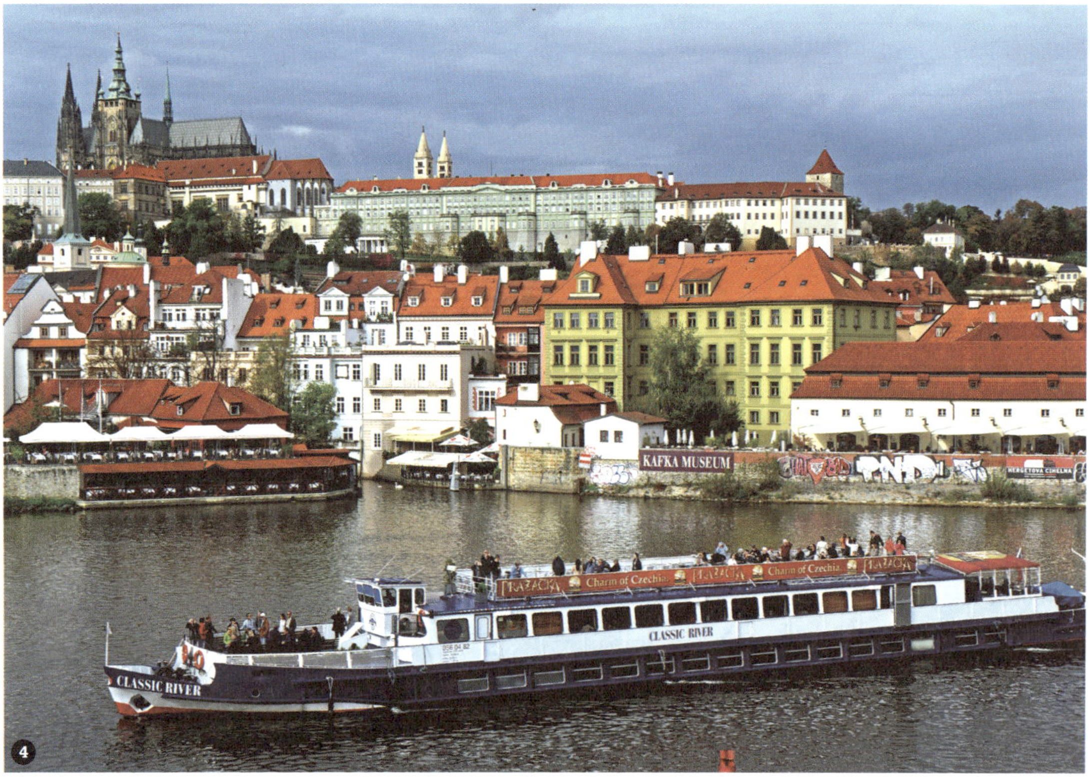

4

프라하를 느끼기 위해서는 카를교^{Karluv Most}도 거닐어야 한다. 5~6시경 새벽녘에 도시가 눈을 비비며 잠에서 깨어나기 직전 희뿌연 안개 속에서 기지개를 켜는 모습을 보고 싶다면 카를교만큼 좋은 곳이 없다. 밤새 불을 밝히던 다리 위의 가로등이 꺼지면서 검은 사암으로 만들어진 성인들의 동상이 실루엣을 드러내며 마치 살아있는 듯 꿈틀거린다. 이보다 아름다운 도시의 정적과 고요의 순간이 또 있을까?

PHOTO ❸
보행자 천국인 카를교

프라하의 젖줄인 블타바강 위에 놓인 이 다리는 구시가 광장과 프라하성을 연결하기에 수많은 여행자들이 밤낮을 가리지 않고 오간다. 보행자만 오갈 수 있는 이 아름다운 석교는 520m 길이에 폭이 10m이다. 다리 밑에는 16개의 아치가 다리를 든든히 받치고 있다. 또한 다리 양 끝에는 고딕 양식의 건축물인 브리지 타워가 세워져 있는데, 남단의 브리지 타워에 오르면 다리 주변의 블타바강 강가의 전경을 내려다볼 수 있다. 이 다리는 프라하의 성 비투스 성당을 설계한 독일 건축가 페터 파를러에 의해 1357년에 착공하여 15세기 초에 완성되었는데 카를 4세 통치 기간에 놓여 카를이라는 이름을 갖게 되었다. 다리 위 바로크 양식으로 세워진 30개의 성인 동상은 원래 1683년부터 1714년 사이에 보헤미안 출신의 몇몇 조각가들에 의해 만들어진 것으로 지난 1965년 모두 라피다리움으로 옮겨졌고 오늘날 세워진 것들은 모두 복제품이다.

프라하성^{Pražský Hrad}은 그야말로 프라하의 고고한 표상이다. 오늘날 현존하는 중세 양식의 성 중 가장 큰 규모의 성이기도 하다. 물론 멀리서 보면 웅장한 성채의 모습이 아니라는 사실을 쉽게 알 수 있다. 성 비투스 성당의 비주얼이 한눈에 들어오는 데에다 성벽이 주변 건물들로 가려져 있기 때문에 감히 넘볼 수 없는 단단한 성벽처럼 느껴지지 않기 때문이다. 하지만 프라하성만큼 놀라울 정도로 아름다운 건축물을 감싸고 있는 성도 없을 것이다. 또한 기네스북에 오른 현존하는 가장 큰 고성이라는 사실도 놀랍다. 570m의 길이와 128m의 폭, 7만㎡의 면적을 지닌 프라하성 안

PHOTO ❹
블타바강 위의 크루즈 페리와 프라하성 주변 경관

PHOTO ❺
구시청사 종탑 아래 놓인 천문 시계

PHOTO ❻
프라하성 인근에 자리한 스트라호프 수도원의 도서관

에는 웅장한 성 비투스 대성당을 비롯해 성 조지 교회Bazilika Svatého Jiří, 모든 성자 교회Chrám Všech Svatých, 성 십자가 교회Kaple Svatého Kříže 등 화려한 교회 건축물과 구왕궁Starý Královský Palác, 여름 별궁 Letohrádek Kálovny Anny 등 왕궁 건물이 들어서 있다. 프라하성으로 들어가는 정문은 서쪽의 흐라드차니 광장Hradčany Náměstí 앞에 놓여 있는데, 매일 오전 5~11시까지 매시 정각마다 이 정문 앞에서 근위병 교대식이 펼쳐져 이를 구경하려는 관광객들로 북적인다.

124m의 길이와 60m의 폭을 지닌 성 비투스 대성당Katedrála Svatého Víta은 프라하의 대표적인 고딕 양식 교회 건축물이자 체코에서 가장 큰 교회 건축물이다. 96m 높이의 메인 타워를 지닌 이 건물은 가톨릭 성당 건물로 역대 보헤미안 왕들의 무덤을 안치하고 있다. 프라하성 성벽 외곽에는 황금 소로라 불리는 좁은 골목길이 나오는데, 형형색색의 집들이 줄지어 서 있는 모습이 이채롭다. 그 중 22번지의 집은 이 도시가 낳은 위대한 실존주의 문학가인 프란츠 카프카Franz Kafka(1883~1924)가 태어난 곳으로 적어도 오늘날까지 카프카를 추종하는 고독한 지성들에게는 일종의 성지 역할을 하고 있다. ❦

Travel Info
프라하

프라하의 중세 기와들

(Access) 대한항공이 인천국제공항과 프라하 바츨라프국제공항 사이를 직항 운항한다. 프라하는 유럽의 주요 도시에서 여객기, 기차, 버스로 쉽게 찾아갈 수 있다. 프라하의 역사 지구는 도보로 둘러볼 수 있고, 지하철과 전차를 이용해 이동할 수 있다.

(Travel Season) 프라하는 사계절이 뚜렷하기에 1년 내내 어느 때 방문해도 좋다. 7~8월이 성수기이다. 프라하에서는 매년 5월 중순경부터 6월 초까지 약 3주 동안 프라하 인터내셔널 스프링 페스티벌이 열려 오케스트라, 클래식, 재즈, 오페라, 뮤지컬 등 다양한 공연이 펼쳐진다. 매년 9월 또는 10월에는 모차르트가 거주했던 베르트람카 빌라를 비롯해 프라하의 주요 무대에서 모차르트 클래식 연주회가 열린다. 프라하 인터내셔널 재즈 페스티벌은 매년 10월에 열린다. 프라하의 크리스마스 마켓은 12월 초부터 구시가 광장과 그 주변에서 볼 수 있다. 12월 31일 자정 무렵에는 구시가 광장을 비롯해 프라하의 주요 명소에서 불꽃놀이가 화려하게 펼쳐진다.

(Travel Tip) 프라하는 엄청난 인파가 몰려드는 유럽의 인기 있는 관광지이지만 놀랍게도 숙박, 먹거리, 교통비에 있어 도시 물가는 런던, 파리 등지에 비해 상대적으로 저렴하다. 단, 성수기인 여름철에는 숙소를 미리 예약하는 게 좋다. 사람이 붐비는 곳에서는 소매치기 등에 유의해야 한다.

HUNGARY

부다페스트의 다뉴브강 강변과 부다성 지구

Budapest, including the Banks of the Donau,
the Buda Castle Quarter

Information

인구 약 177만 명을 지닌 부다페스트는 헝가리의 수도로 오랫동안 동유럽에서 가장 아름다운 도시 중 하나로 평가받는 곳이다. 이 도시 중앙에 흐르는 다뉴브강 주변과 부다 언덕 위에 아름다운 건축물이 보석처럼 반짝이기 때문이다. 이로 인해 1987년 유네스코는 이 도시를 세계문화유산으로 등재하였다.

국가	위치	등재연도
헝가리	부다페스트	1987년

혹자는 부다페스트를 일컬어 다뉴브의 여왕이라 부르기도 한다. 부다페스트는 다뉴브강을 기준으로 왼편에는 부다 지구, 오른편에는 페스트 지구가 들어서 있다. 부다 지구와 페스트 지구가 합하여 한 도시가 된 것은 1873년부터다. 그 이전에는 역사적으로 부다 지구에만 도시가 형성되어 왔다. 놀랍게도 헝가리의 지하철은 영국의 뒤를 이어 세계에서 두 번째로 만들어졌다. 영국이 섬인 것을 감안하면 유럽 대륙에서는 최초로 개통된 것이다. 그때가 1896년이었다.

부다 지구에는 이 도시의 대표적인 관광 명소인 부다성Buda Castle이 자리해 있다. 다뉴브강을 내려다보며 바르헤기Varhegy라 불리는 언덕 위에 놓인 부다성은 오늘날 그 일부의 모습만 보여줄 뿐이다. 이 성은 13세기 중반 타타르족의 침입을 받은 후 당시 국왕이었던 벨라 4세Bela IV가 성벽을 보다 강화하여 부다 지역을 요새화하였다. 그 후 부다는 빠르게 성장하여 15~16세기에 번영을 구가하였다. 하지만 오스만튀르크의 침입으로 결국 함락되고 오스만튀르크 점령기 동안 퇴보하여 합스부르크 제국 시기였던 19세기 중반까지 크게 위세를 떨치지 못하였다.

부다성 안에는 15세기 중후반부터 부다의 번영을 가져온 마티아스Matthias왕 시절의 화려했던 궁중 문화를 엿볼 수 있는 왕궁이 자리해 있다. 왕궁은 완공된 후로 외침에 의해 10여 차례나 파괴되고 재건되는 과정을 되풀이했다. 왕궁은 오늘날엔 일부 공간이 멋진 전시실로 쓰인다. 특히 이곳에는 내셔널 갤러리가 들어서 있어 고딕 시대부터 현재까지 헝가리 회화의 다양한 작품을 보여준다. 또한 부다페스트 히스토리 뮤지엄도 자리해 이 도시의 지난 2천 년간 역사를 품은 다양한 유물과 전시물을 담고 있다.

부다성 안에는 왕궁 외에도 부다의 명물인 어부의 요새 Fishermen's Bastion가 자리해 있다. 마치 동화책 속에 나올 법한 마법

PHOTO ❶
부다 언덕에서 바라본
국회의사당 주변 경관

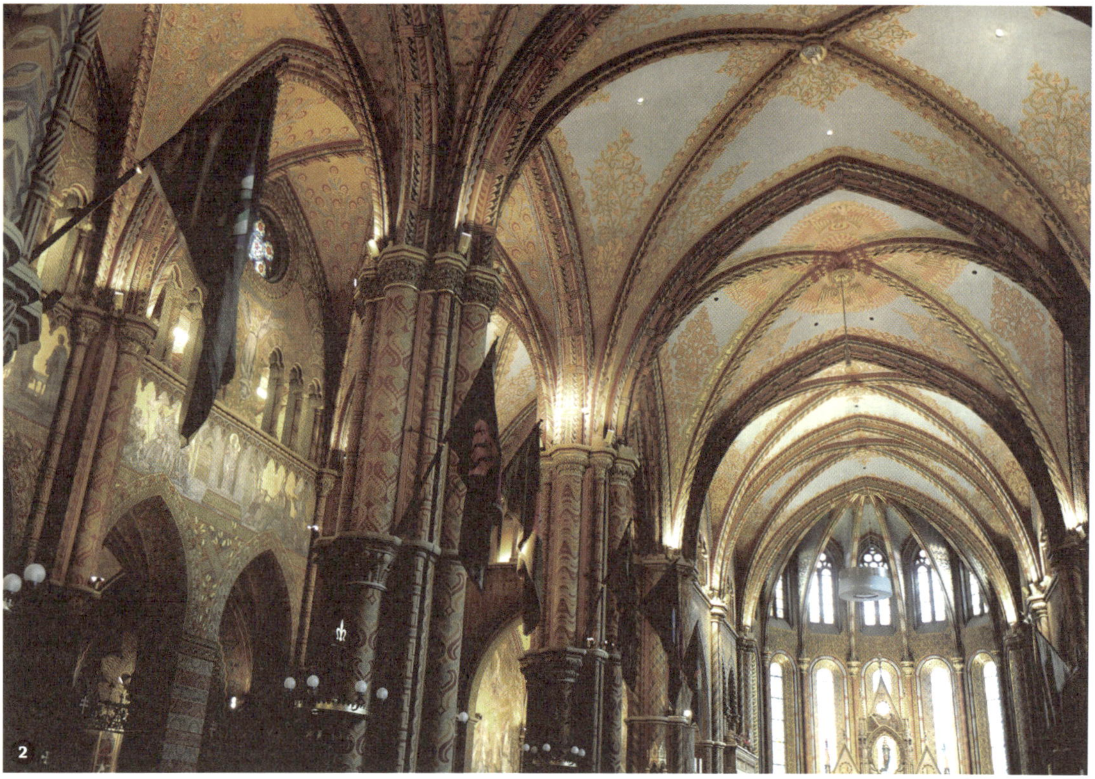

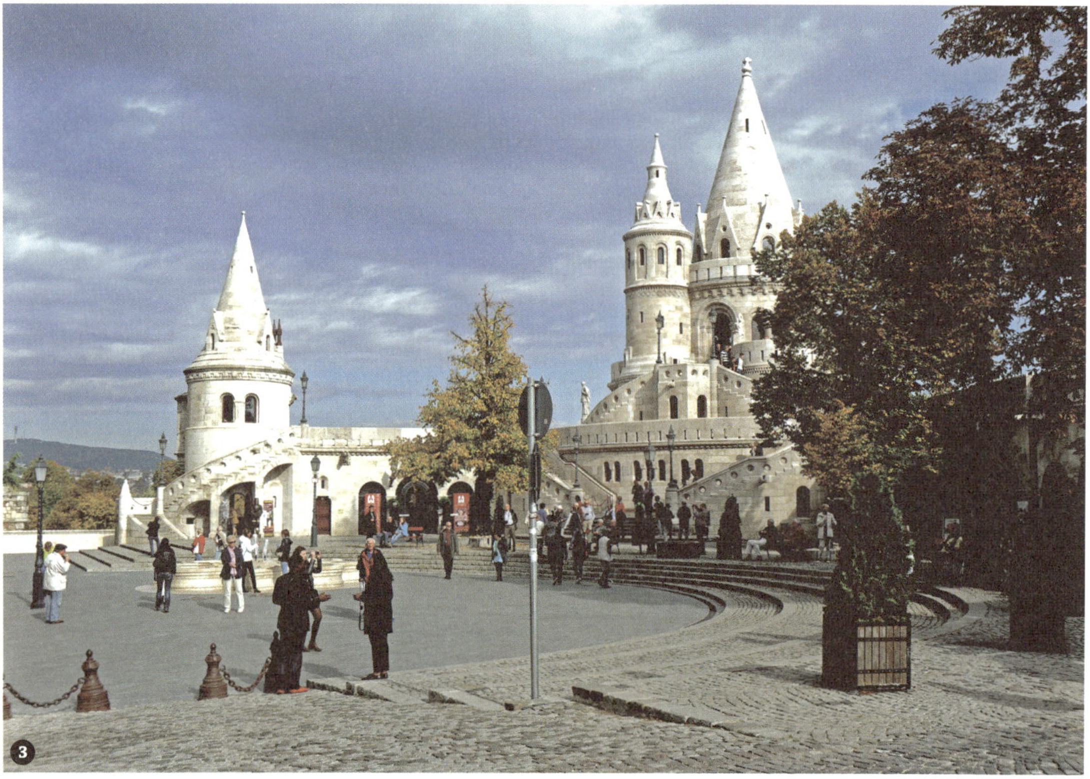

의 성과 같은 형태로 만들어진 어부의 요새는 1905년 네오고딕 양식으로 만들어졌다. 어부의 요새는 다뉴브강 건너에 있는 국회의사당과 옛 페스트 지역을 볼 수 있어 좋은 전망대 역할을 하기도 한다. 이 앞에는 세인트 이슈트반St. Istvan의 청동 기마상도 놓여 있다. 어부의 요새라는 이름은 건물의 테라스에서 유래했으며, 중세에 생선 시장과 가까운 것도 이유가 됐다.

어부의 요새 인근에 자리한 마티아스 교회Matthias Church는 네오고딕 양식으로 만들어진 교회로 부다 지구의 대표적인 교회 건축물이다. 1458년부터 1490년까지 헝가리를 통치했던 마티아스 코르비누스의 이름을 따 명명했다. 지붕이 컬러풀한 타일로 덮여 있어 이채롭고 내부에는 멋진 벽화가 수놓아 있다. 1867년 헝가리의 대표적인 음악가 프란츠 리스트가 이 교회 안에서 프란츠 요제프와 엘리자베스의 대관식 때 그의 대표곡인 〈헝가리안 대관식 Hungarian Coronation Mass〉을 처음으로 연주하였다.

부다의 언덕에서 내려오면 부다 지구와 페스트 지구를 연결하는 세체니 다리Szechenyi Lanchid를 볼 수 있을 것이다. 다뉴브강 위에 놓인 다리 중 가장 아름다운 자태를 자랑해 다뉴브강의 진주로도 불리는 이 다리는 체인으로 연결된 체인 브리지의 형태를 띠고 있는데 1840년 착공하여 1849년 완공되었다. 375m의 길이와 15m의 폭, 202m의 높이를 지니고 있으며 다리 앞에 혀가 없는 걸로 유명한 사자 조각상이 놓여 있다.

다뉴브강 강변의 국회의사당은 아마도 이 도시에서 가장 인상적인 건축물일 것이다. 페스트에 있는 이 건물은 1904년 헝가리 출신의 건축가 임레 슈타인들Imre Steindl에 의해 17년 만에 완공되었으며 내부에는 691개의 방을 지니고 있다. 유럽에서 런던 국회의사당과 함께 걸작으로 꼽히는 이곳은 높이가 96m에 달하며, 길이는 268m에 이른다. 무엇보다 다뉴브강 디너 크루즈를 통해 다뉴브강 위에서 야경을 감상할 때 그 가치가 더욱 빛나 보인다. ♥

PHOTO ❷
부다페스트의 대표적 교회 건축물인 마티아스 교회 내부

PHOTO ❸
부다 지구의 관광 명소인 어부의 요새

Travel Info

부다페스트

(Access) 유럽의 주요 도시에서 항공, 기차, 버스로 쉽게 연결된다. 240km 떨어진 오스트리아의 빈에서 기차로 2시간 40분 걸린다(최대 4시간). 빈에서 다뉴브강을 따라 페리로 이동할 경우 부다페스트까지 6시간 걸린다.

(Travel Season) 부다페스트는 언제 방문하나 계절에 따른 도시미를 발견할 수 있는 곳이다. 일반적으로 7~8월이 성수기이고 5월과 9월이 온화한 기후를 선보인다. 매년 8월에는 전 세계 팝 뮤지션이 출연하는 젊음의 음악축제인 부다페스트 시제트 뮤직 페스티벌Budapest Sziget Music Festival이 열린다.

(Travel Tip) 부다페스트는 다뉴브강 이외에도 온천 도시로 유명하다. 지하에 온천수가 흐르고, 약 1,000개의 온천이 곳곳에 자리하고 있다. 가장 대표적인 온천인 세체니 온천을 비롯하여 시내 인근 부다 언덕 아래에 겔레르트Gellert 실내 온천장이 자리해 있으니 한 번쯤 방문해 보자. 온천은 시설마다 대형, 소형 온천으로 나뉘며, 마사지숍을 따로 운영하는 곳도 있다.

CROATIA

두브로브니크의 구시가

Old City of Dubrovnik

'아드리아해의 진주'라 불리는 두브로브니크는 오늘날 인구 약 4만 명을 지닌 도시로 크로아티아 제1의 관광지이다. 아드리아해의 대표적인 휴양지이기도 한 이곳은 90년대 초 이 나라가 구 유고연방으로부터 독립한 후 이 지역의 정세가 안정되기 시작한 90년대 중반부터 서서히 서유럽의 관광객들이 찾아오기 시작했다. 오늘날 두브로브니크는 발칸반도에서 가장 인기 있는 여행지 중 하나이다.

Information

국가	위치	등재연도
크로아티아	두브로브니크	1979년

유네스코는 1979년 이미 이 도시의 구시가를 세계문화유산으로 지정했다. 중세의 모습을 그대로 간직했다는 이유에서였는데, 실제로 오늘날까지 이 도시는 세계에서 중세의 모습을 가장 잘 보존하고 있는 도시 중 하나이다. 두브로브니크는 미디어를 통해 잘 알려진 것처럼 해안가에 자리한 구시가의 모습이 마치 동화 속에서나 볼 법한 마법의 중세 도시 모습을 보여준다. 고풍스러운 가옥들이 즐비한 중세풍의 구시가는 성벽으로 둘러싸여 마치 철옹성과 같은 모습을 띠기도 하는데, 도시를 감싸는 주변 언덕 위에서 내려다보면 마치 아드리아 해상을 호령했을 항구의 멋진 위용을 드러내기도 한다.

두브로브니크의 매력은 이뿐만이 아니다. 여행자들에게 있어 이 도시로 향하는 여정은 실로 특별하다. 북쪽 해안에 자리한 스플리트Split에서 이곳까지 아드리아해 연안을 따라 길게 뻗은 해안도로를 달리면 차창 밖으로 내다보는 풍광이 실로 기막히다. 끊

PHOTO ❶
번개가 내리치는
두브로브니크 항구

임없이 이어지는 해안 마을의 고리가 마치 피아노 선율처럼 오르락내리락 하면서 눈부신 해안선을 따라 율동적인 경관을 자아낸다. 이 도시가 처음 만들어진 때는 614년이다. 오늘날 카브타트 Cavtat라는 남쪽에 자리한 인근 지역에서 이주해 온 사람들에 의해 도시가 세워졌고 이때부터 도시에는 견고한 성벽이 세워졌다.

두브로브니크는 발칸반도의 대부분의 도시들이 그랬던 것처럼 7세기부터 12세기까지 비잔틴 제국의 보호 아래에 있었다. 이 시기부터 이 도시는 아드리아해의 교역 도시로 서서히 그 모습을 드러내기 시작한다. 두브로브니크가 아드리아해를 포함하는 지중해 연안의 중심 도시가 되기 시작한 것은 베네치아 공국의 간섭을 받게 되는 13세기 초부터이다. 오늘날 구시가에서 볼 수 있는 수많은 건축물 중에는 베네치아 공국의 통치시기에 세워졌거나 그 영향을 받은 건물들이 많다.

PHOTO ❷
어둑해질 무렵의
두브로브니크 항구

두브로브니크의 구시가는 고딕 양식의 건축물, 바로크 양식의 교회, 수도원, 베네치안 스타일의 궁전 등으로 가득 차 있다. 구시가의 중심은 루자 광장으로 이곳에 16세기에 지어진 스폰자 궁전 Sponza Palace이 자리해 있다. 이곳은 세관과 조폐소로 사용되었던 곳이다. 궁전 맞은편에는 화려한 인테리어를 자랑하는 18세기 이탈리안 바로크 양식의 성 블라시우스 교회 St Blasius Church가 있다. 구시가 북서쪽에 자리한 말라 브라카 Mala Braca 프란체스코회 수도원은 르네상스 양식과 고딕 양식이 결합된 이 도시의 대표적인 교회 건축물로 그 누구의 출입도 허용하지 않을 것만 같은 위엄을 지닌 건축물이다. 현재 내부에는 예배당과 약제 박물관, 수도원 박물관 등이 자리해 있다. 오늘날 볼 수 있는 2km 길이에 25m까지 치솟은 높이의 구시가 성벽은 두브로브니크의 랜드마크이자 이 도시를 유명하게 만든 장본인이다. 세계에서 가장 잘 보존되어 있는 중세 성벽으로 13세기부터 16세기에 걸쳐 세워졌다. 이 성벽은 2개의 원형 탑과 14개의 사각탑, 성벽 끄트머리에 자리한 세 군데의 요새를 포함하고 있다.

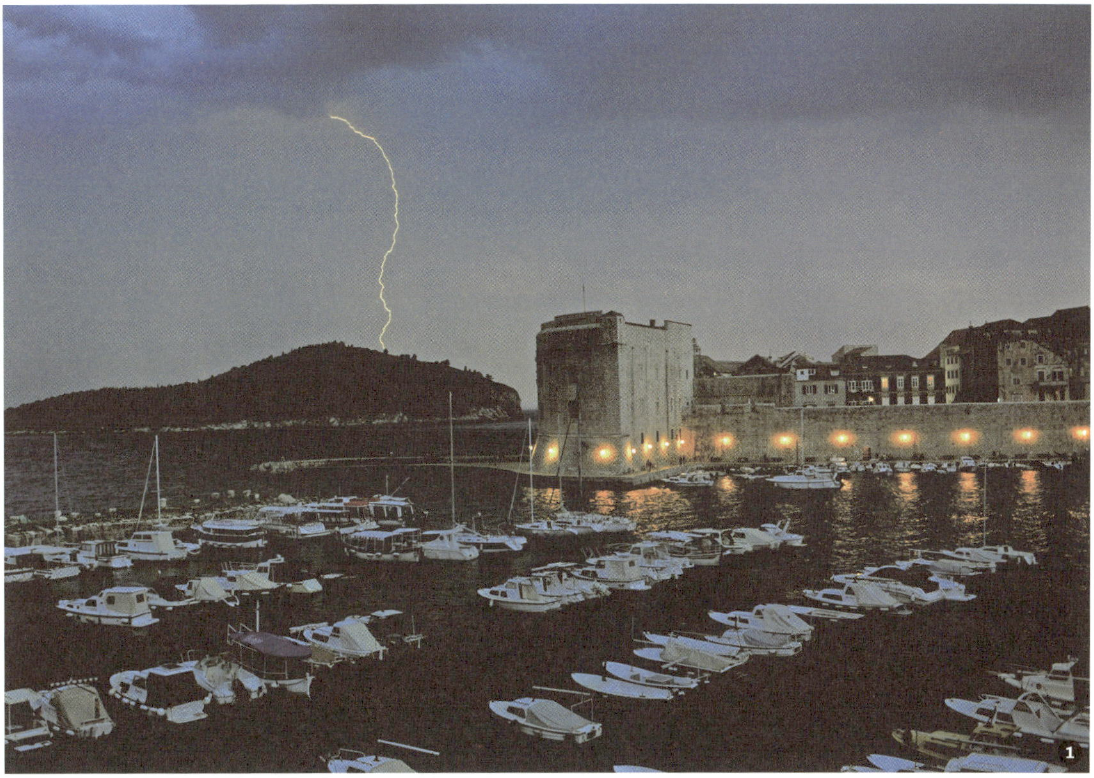
1

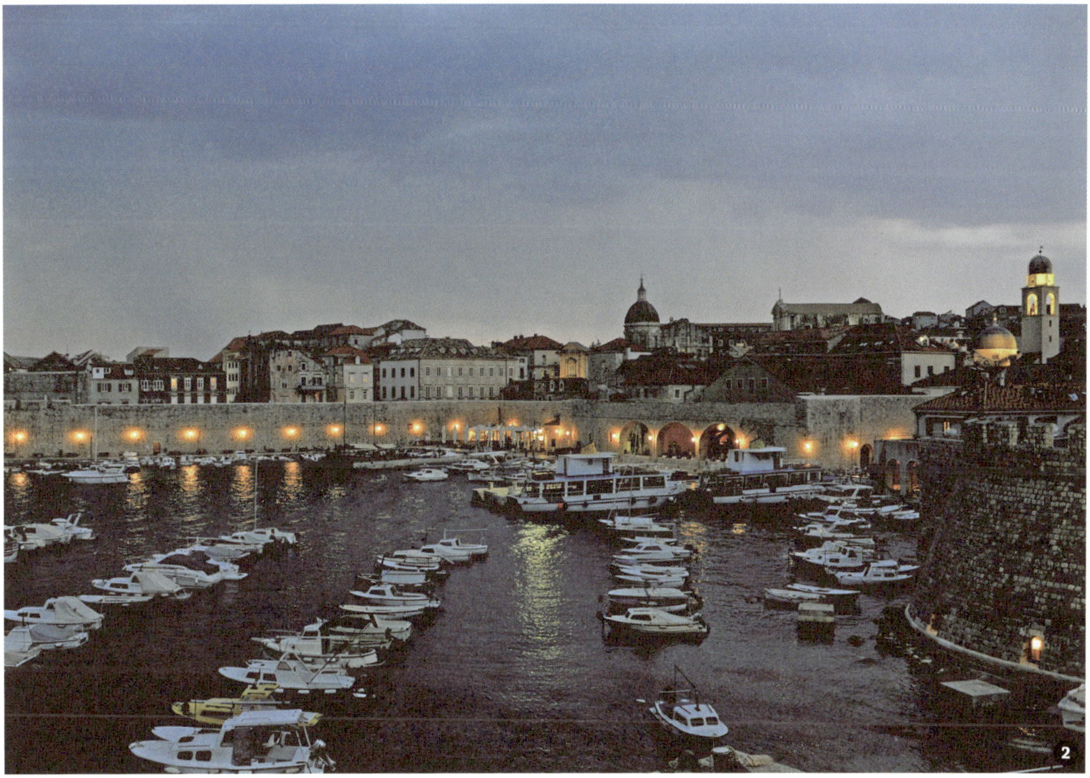
2

PHOTO ③
성벽 너머의 구시가

　　14세기부터 19세기 초까지는 비록 중립적인 지위를 지닌 주권 국가였지만 당시 이 지역 일대를 차지했던 오스만튀르크 제국과 종속관계에 있었다. 1667년 이 지역에 일어난 대지진으로 인해 5천여 명의 인명 피해를 입고 도시의 대부분이 파괴되었다. 하지만 17세기부터 오스만튀르크의 동방과 베네치아 공국의 서방 사이에서 가교 역할을 하며 다시 번영의 길로 접어들어 19세기 나폴레옹의 침략이 있기 전까지 이 일대의 상업과 교역의 중심지 역할을 했다. 1990년부터 시작된 동유럽의 공산 정권 붕괴와 함께 유고연방에서 슬로베니아가 먼저 독립을 선언한 뒤 1991년 6월 25일 크로아티아 역시 독립을 선포했다. 그러자 이에 반대하는 유고연방의 세르비아가 공습을 주도해 1991년 11월부터 1992년 5월까지 두브로브니크 시가에 공습을 대대적으로 감행했다. 이로 인해 구시가의 약 70%가 파괴되었으며, 이에 따라 1991년 두브로브니크의 구시가는 위험에 처한 세계문화유산 목록에 올랐다가 유네스코와 국제사회의 노력과 지원으로 깔끔하게 복원되었고, 1994년에는 이 도시의 일부 지역이 문화유산 지역에 추가되었다. 🌱

Travel Info

두브로브니크

(**Access**) 한국에서 두브로브니크까지 가는 직항편은 아직 없다. 두브로브니크는 런던, 로마 등 유럽의 주요 도시에서 항공편으로 쉽게 연결된다. 두브로브니크는 스플리트에서 버스로 5시간 걸리며 크로아티아 수도 자그레브에서는 버스로 11~13시간 걸린다.

(**Travel Season**) 크로아티아는 지중해의 아드리아해를 접하고, 남북으로 긴 형태를 지녔다. 남부 해안 지역에 속한 두브로브니크는 지중해성 기후를 띠고, 대체로 맑은 날이 지속돼 특히 휴양지로 사랑받는다. 이곳은 햇살이 강렬한 여름철 성수기인 7~8월에 관광객들로 북적여, 가장 방문하기 좋은 시기는 5월과 9월이다. 겨울철은 우리나라보다 따뜻한 편이나 비바람이 잦아 춥게 느껴진다.

(**Travel Tip**) 크로아티아는 비자 없이 방문이 가능하다. 대부분의 여행자들이 자그레브에서 플리트비체 국립공원을 방문한 뒤 스플리트를 경유해 두브로브니크를 방문한다. 스플리트에서 두브로브니크까지 가는 버스를 탈 경우 오른쪽 창가에 앉아야 멋진 해안 풍경을 감상할 수 있다. 두브로브니크는 몬테네그로와의 국경 인근에 자리해 있어 새로운 휴양지로 각광받는 몬테네그로 방문이 수월하다.

UKRAINE

키이우의 성 소피아 대성당과 수도원 건물들

St Sophia Cathedral and Monastic Buildings of Kiev

Information

국가	위치	등재연도
우크라이나	키이우	1990년

우크라이나의 수도 키이우는 아름다운 교회 건축물들이
가득한 곳으로 동유럽의 로마라는 별칭을 지녔다.
성 소피아 대성당과 페체르스크 라브라 수도원군은 유럽에서
가장 화려한 동방정교회 건축물을 볼 수 있는 곳이다.

개인적으로 동유럽 여행을 좋아하고, 그 문화에 관심이 많은데 그중에서도 우크라이나는 내게 매우 매력적인 나라이다. 특히 이 나라의 수도 키이우는 유럽에서 가장 아름다운 도시 중 하나임에도 불구하고 여전히 일반 여행자들의 발길이 뜸한 곳이어서 매우 안타까운 생각마저 든다. 키이우는 인구 약 300만 명을 지닌 대도시로 대도시에서 누릴 수 있는 모든 편의시설을 갖추고 있어 여행이 편리하다. 게다가 일반적으로 물가도 저렴해 이 도시에서 펼쳐지는 각종 클래식 콘서트, 오페라, 발레, 서커스 등을 부담 없이 즐길 수 있다.

키이우는 마치 살아 있는 박물관처럼 시내 곳곳에 고풍스러운 건축물과 신비로운 동방정교회 예배당, 클래식한 분위기의 크고 널찍한 광장이 많다. 무엇보다 키이우 제1의 명소는 바로 성 소피아 대성당 St Sophia Cathedral이다. 시내에서 가까운 이곳에 들어서면 먼저 76m 높이의 종탑이 눈에 들어온다. 그리고 그 측면에

PHOTO ①
위에서 바라본
성 소피아 대성당

　성 소피아 대성당이 우뚝 서 있다. 새하얀 건물에 돔으로 이루어진 여러 개의 탑을 선명한 그린 컬러로 칠해 놓고 가장 윗부분의 작은 돔과 그 위의 십자가를 금색으로 칠해 놓은 모습이 인상적이다. 예수 그리스도를 상징하는 가장 큰 첨탑 하나는 전체가 금색으로 칠해져 있다. 나머지 12개의 첨탑은 예수 그리스도의 12제자를 상징한다. 이처럼 이 성당의 가장 큰 외형적 특징은 건물을 장식하고 있는 돔 양식의 첨탑이다.

　　성 소피아 대성당은 동방정교회(러시아 정교회라고도 불림)의 예배 공간이다. 먼 옛날 일부 사람들은 이곳을 비잔틴 제국의 수도였던 콘스탄티노플(이스탄불의 옛 이름)의 성 소피아 성당과 쌍벽을 이루는 곳이라 말하기도 했다. 실제로 키이우의 성 소피아 대성당은 오늘날 세계에서 가장 아름다운 동방정교회 건축

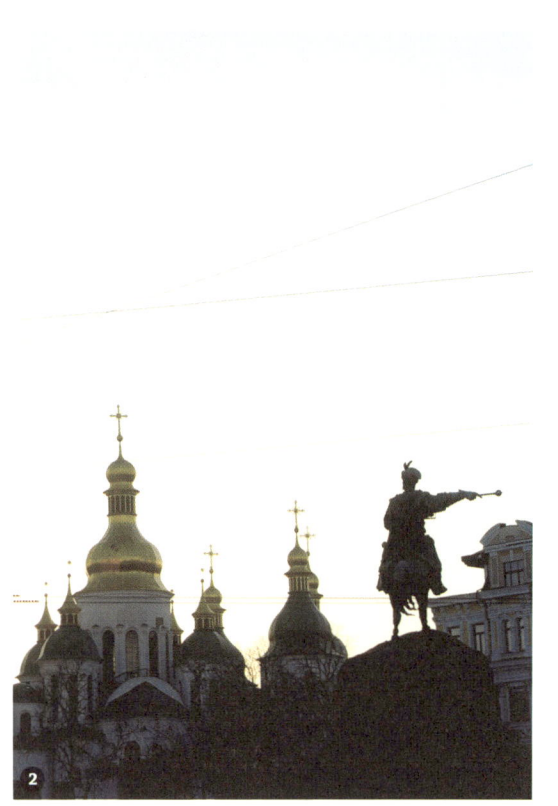
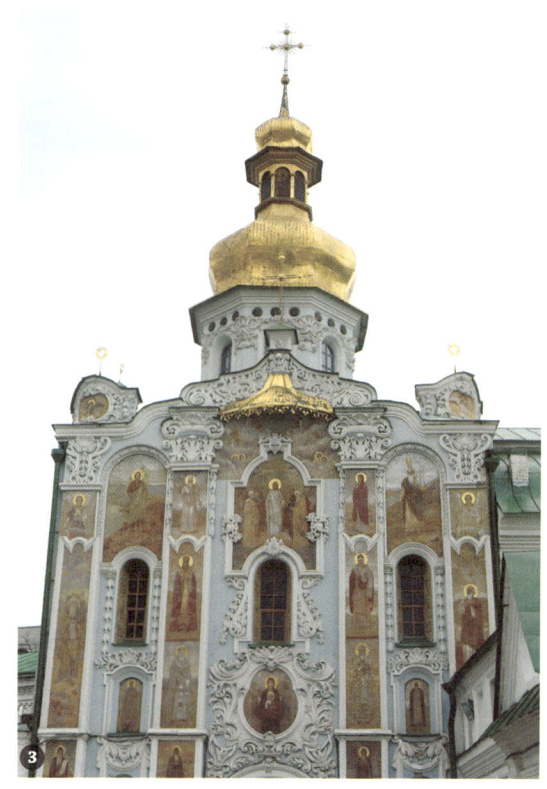

물 중 하나이다. 이 성당은 11세기에 건립되어 이 지역 내 기독교 전파에 크게 공헌을 하였다. 또한 중세에 이곳은 종교적 행사는 물론이고, 황제 대관식을 비롯해 왕실의 여러 행사와 의식이 펼쳐졌던 곳이다. 외국에서 온 고위 인사나 고위 성직자들을 접견하는 장소로도 사용되었다. 성당 내부의 모자이크와 천장화는 중세 때부터 존재하던 것들이다. 하지만 외관은 17세기 후반과 18세기 초반에 개보수를 통해 우크라이나 전통 스타일이 가미된 바로크 양식으로 바뀌었다.

PHOTO ❷
성 소피아 대성당의 실루엣

PHOTO ❸
페레츠스크 라브라 수도원 단지 내 트리니티 게이트 교회

성 소피아 대성당과 더불어 키이우의 세계문화유산으로 지정된 페체르스크 라브라Pechersk Lavra 수도원은 도르미티온 교회, 트리니티 게이트 교회 등 여러 교회와 종탑, 보물전시관 등 다양한 건축물이 함께 자리한 수도원 단지이다. 이 수도원 단지는 중세 이후로 현재에 이르기까지 수많은 사람들에게 신앙적 중심지로 큰 역할을 해 왔다. 오늘날에도 이곳은 우크라이나 동방정교회 교인들에게는 신앙적 순례지이다. 때문에 먼 길을 마다 않고 이곳까지 찾아온 방문객들이 교회 안으로 들어가기 위해 길게 줄지어 서 있는 모습을 어렵지 않게 볼 수 있다.

PHOTO ❹
페체르스크 라브라 수도원 단지 내 도르미티온 교회

수도원 단지 내에 자리한 도르미티온 교회는 이 수도원 단지의 대표적인 교회 건축물로 우아하면서도 화려한 외관을 뽐낸다. 이 교회는 중앙에 황금색을 칠한 둥근 첨탑이 놓여 있으며 양옆에는 벽면에 성화가 그려진 건축물이 이어져 있다. 이 수도원 단지 내에는 지하 동굴 교회가 몰래 숨겨져 있는데, 이곳의 동굴 교회를 방문해 보면 미로처럼 엉켜 있는 내부 통로와 각 통로와 연결된 작은 공간을 엿볼 수 있다. ❦

Travel Info

키이우

페체르스크 라브라 수도원 내 벽화

페체르스크 라브라 수도원의 순례객들

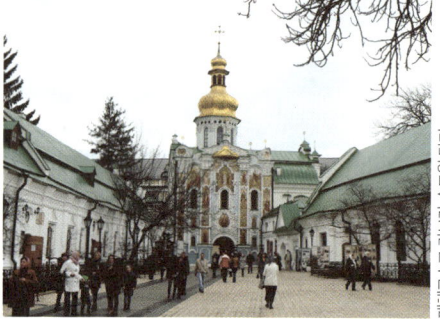

페체르스크 라브라 수도원 단지 전경

페체르스크 라브라 수도원 단지

(Access) 한국에서 키이우로 가는 직항편은 아직 없다. 유럽, 중동의 주요 도시를 경유해 키이우로 갈 수 있다. 키이우는 헝가리의 부다페스트나 폴란드의 바르샤바에서 버스나 기차로 각각 20시간, 17시간 정도 걸린다.

(Travel Season) 키이우는 사계절 내내 언제 방문해도 운치가 있다. 봄, 여름에는 녹음이 우거진 경관 속에 아름다운 건축물을 감상할 수 있고, 가을에는 단풍이나 낙엽, 겨울에는 설경과 함께 도시의 미관을 즐길 수 있다.

(Travel Tip) 현재 러시아와의 전쟁으로 인해 한국 정부에서는 한국인의 우크라이나 입국을 금지하고 있다.

ESTONIA

탈린의 역사 지구
Historic Centre (Old Town) of Tallinn

중세시대 발트해 연안을 주름잡던 해상 무역의 중심지 탈린은
에스토니아의 수도이자 북유럽에서 가장 고풍스러운 도시이다.
탈린의 구시가는 한마디로 중세 문화유산 가득한
보물창고라 말할 수 있다. 포석 깔린 좁은 골목, 아기자기한 상점과
중세풍의 교회와 고건물들로 이루어진 구시가는
마치 살아 있는 박물관의 모습을 띠고 있다.

Information

국가	위치	등재연도
에스토니아	탈린	1997년

탈린 구시가의 야경

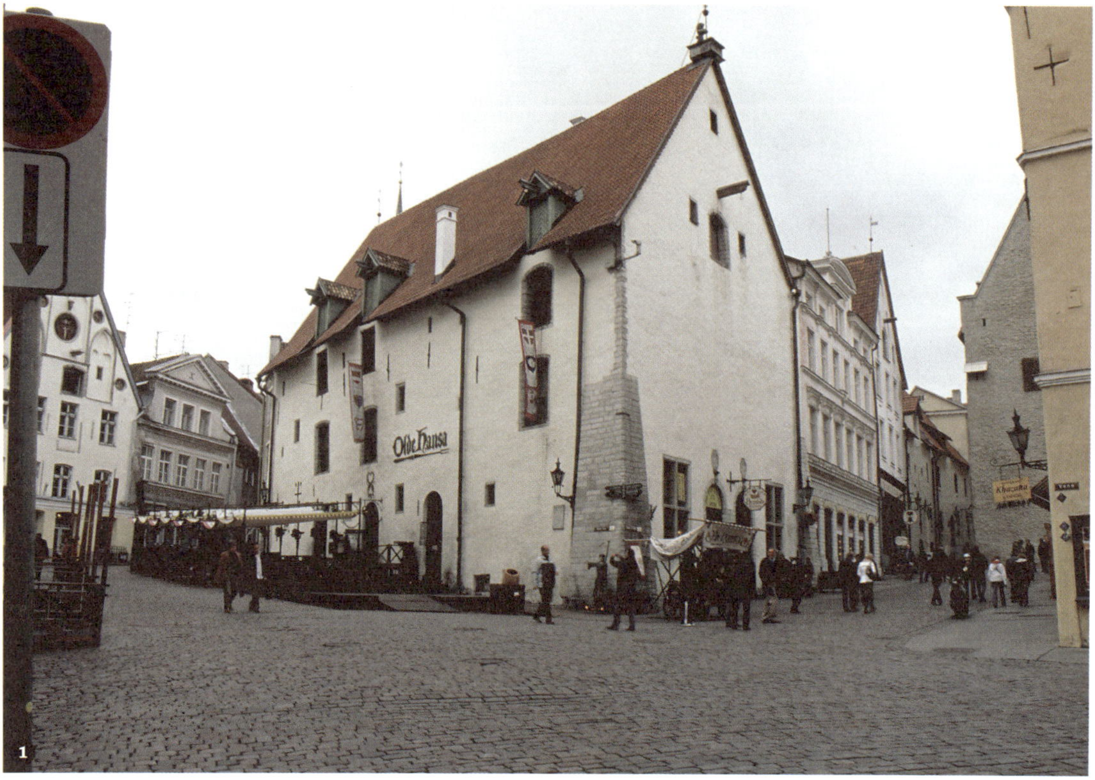

1

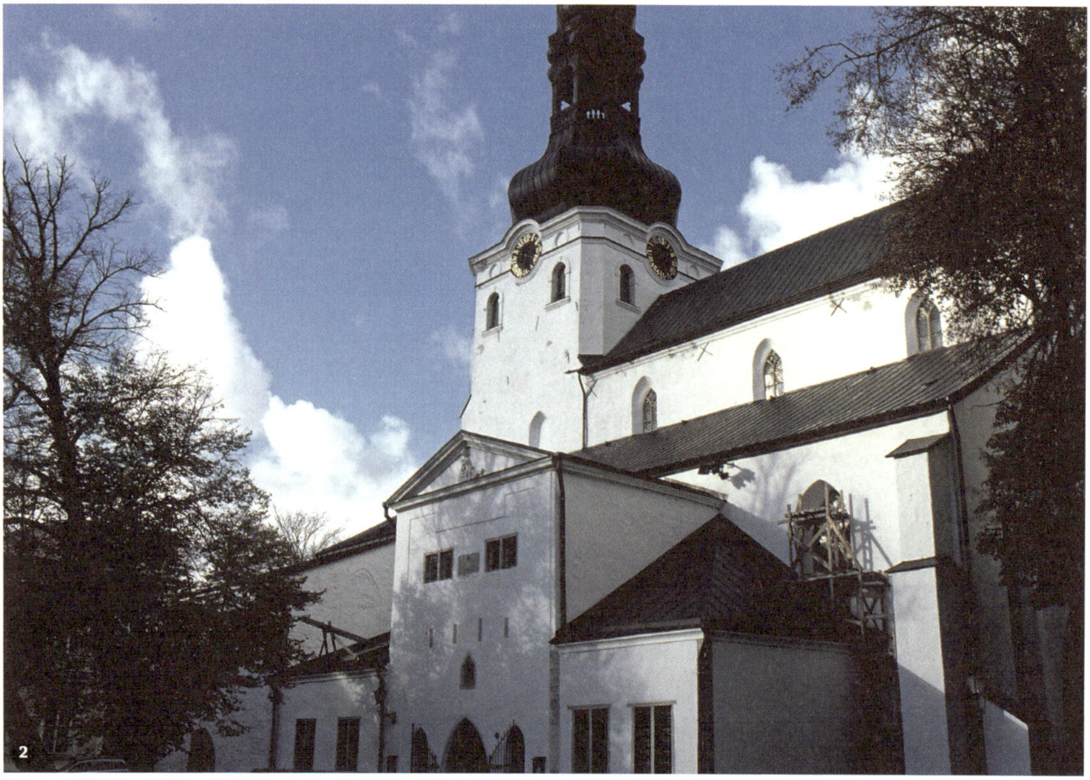

2

누군가 그랬다. "핀란드 헬싱키에서 바다 건너 맞은편에는 중세풍의 분위기를 그대로 간직한 도시 하나가 있는데, 걸어서 3시간 정도면 그 아름다운 도시를 다 둘러볼 수 있다"고. 90년대 초반 유럽 배낭여행 중에 만났던 이름 모를 여행자가 당시 추천해 준 곳은 탈린이었다. 그의 말이 허풍처럼 보이진 않았다. 하지만 이 반짝이는 보석 같은 도시를 탐험하기에 달랑 3시간은 너무 짧은 시간이었다.

PHOTO ❶
구시가 광장

오랫동안 배낭여행 루트에서 벗어나 있던 곳, 탈린. 소비에트 시절의 향수가 풍겨 나올 것 같기도 하고, 북유럽의 이미지가 흐를 것 같기도 한데, 좀처럼 그 실체적 모습을 상상만으로는 종잡을 수 없었다. 그러던 차에 오래전부터 와보고 싶었던 이곳을 먼 시간이 흘러서야 찾아오게 되었다.

인구 45만 명의 탈린은 에스토니아의 수도다. 에스토니아는 리투아니아, 라트비아와 함께 발트 3국의 하나인 나라로서, 1990년대 초 소비에트 연방이 해체되면서 1991년 8월 구소련으로부터 독립한 나라이다. 면적은 남한의 약 절반 크기다. 탈린은 핀란드만을 끼고 헬싱키와 마주 보는 위치에 서 있다. 이름은 에스토니아어로 '덴마크 사람의 거리'라는 의미다. 이는 덴마크 왕 발데마르 2세$^{Valdemar\ II}$가 1219년 이곳에 요새를 건설하면서 생겨났다. 탈린은 유럽과 러시아 해상 무역 중개지로서 13~14세기 발트해 연안의 대도시로 발전하였다. 13세기 말 이 도시는 독일 기사단의 영토가 된 후 한자동맹에 가맹하여 무역항으로 급속하게 발전하게 된다. 하지만 14세기부터 20세기 초까지 스웨덴, 러시아 등 주변 열강들의 지배를 받게 되는 가슴 아픈 역사를 간직하고 있다. 오늘날 이 나라의 상당수 인구를 차지하는 러시아인들은 대부분 독립 이전까지 옛 소련 정부의 강제이주정책에 의해 러시아 본토로부터 이주해 왔다.

PHOTO ❷
단아한 모습을 지닌
니굴리스테 교회

과거에 상처가 많았던 도시 탈린은 오늘날 외형적으로는

PHOTO ❸
구시가의 중세풍 레스토랑 앞에 놓인 마네킹

PHOTO ❹
포석 깔린 구시가의 골목길

PHOTO ❺
성 올라프 교회의 첨탑이 우뚝 솟아 있는 구시가 풍경

멀쩡하다. 아니 말끔하다는 편이 맞는 말이겠다. 동유럽이나 러시아 연방에 속한 여타 도시에 비해 우중충한 모습이라곤 거의 찾아볼 수 없을 정도다. 현지 젊은이들의 옷차림에서도 시크한 향이 솔솔 난다.

전형적인 북유럽의 도시 모습을 띠고 있는 탈린은 항구와 구시가가 가깝다. 항구 주변은 크고 날씬한 현대식 건물들이 들어서 있지만 바로 그 옆의 작은 언덕 아래 펼쳐진 구시가 주변은 십자가 반짝이는 뾰족한 교회 탑 아래 붉은 기와지붕들로 뒤덮여 있는, 영락없는 중세 도시의 모습을 하고 있다. 이러한 연유로 유네스코는 1997년 이 도시의 구시가를 세계문화유산으로 지정하였다.

탈린은 고대부터 레발Reval이라는 이름으로 불렸다. 전설에 의하면 덴마크 왕 발데마르 2세가 이 도시의 툼페아(당시 지역의 한 이름) 지역에서 사냥을 하다가 아름다운 수사슴 한 마리를 발견했다. 왕은 신하에게 수사슴을 생포해 오라고 명령했다. 왕의 명령에 의해 쫓기던 수사슴은 그만 높은 언덕에서 떨어져 목이 부러지게 되었다. 훗날 사람들은 이 사건을 독일어로 '사슴의 추락'이라는 뜻을 지닌 레발이라고 불렀다. 물론 이러한 이름에 대한 유래는 문서상으로 남아 있는 게 아니라 구전되는 이야기일 뿐이다. 실제로 레발은 고대 레발리아Revalia라 불리던 주변 국가의 이름에서 유래된 것이라고 한다. 구시가를 둘러싸고 있는 성벽의 탑 중에서 '부엌을 몰래 엿보다Kiek in de Kök'라는 재미난 의미를 지닌 탑이 있다. 그 탑 앞에 조각상이 하나 놓여 있는데, 바로 툼페아의 사슴 사냥꾼의 모습을 만들어 놓은 것이다. 오늘날 사람들은 이 조각상 앞을 지나가며 도시 이름에 얽힌 이야기를 다시 꺼내곤 한다.

탈린의 구시가는 중세의 성곽으로 둘러싸여 있다. 이 성곽은 14세기에 세워진 툼페아성Toompea Castle과도 연결된다. 최고봉이라는 뜻을 가진 이름처럼 툼페아성은 구시가의 랜드마크다. 시내를 내려다보는 고지대에 세워져 있어 성벽의 전망대에서 눈부신

PHOTO ❻
돔 양식이 인상적인
알렉산드로 네프스키 교회

PHOTO ❼
견고한 성벽을 자랑하는 툼페아성

시가를 조망할 수 있다. 또한 아늑하고 조용한 주변 경관 때문에 시민과 여행자들의 휴식처로 애용되고 있다. 성 앞에는 중세의 영화를 간직한 듯 보이는 알렉산드로 네프스키 교회Alexandro Nepsky Church가 늠름한 자태로 서 있다. 이 건물은 러시아 정교회 교회로서, 양파처럼 둥근 모양의 돔 형태를 지닌 모스크바의 성 바실리카 사원과 비슷하게 생겼다. 그 앞에는 근위병의 늠름한 자태를 엿볼 수 있는 핑크빛 국회의사당 건물이 점잖게 자리한다. 이 밖에도 탈린의 구시가에는 니굴리스테(성 니콜라스) 교회, 올레비스테 교회 등 오래된 중세 교회와 역사적인 건물들이 산재해 있다.

Travel Info

탈린

중세시대 복장을 한 남성이 페이프를 불고 있다.

구시가로 들어가는 성문

(Access) 핀란드 헬싱키에서 에스토니아의 탈린으로 가는 페리기 있다. 탈린 실지 라인과 바이킹 라인 등이 운행하며 소요시간은 각각 2시간, 2시간 15분이다. 항공편으로 유럽 주요 도시에서 탈린으로 가기 위해서는 유럽의 주요 항공사를 이용하면 된다. 육로의 경우 라트비아의 리가Riga에서 탈린까지 유로라인 버스로 약 4시간 40분 소요되며 러시아의 상트페테르부르크에서 탈린까지 기차로 9시간 소요된다.

(Travel Season) 탈린은 사계절 내내 언제 방문해도 좋은데 일반적으로 5~9월에 가장 온화한 날씨를 선보인다. 가장 방문객들이 붐비는 시기는 6~8월이다. 주로 핀란드에서 여객선을 타고 당일 여행으로 방문하는 사람들이 많다. 겨울철에는 12월 초부터 탈린의 구시가에서 크리스마스 마켓이 열리므로 낭만적인 크리스마스 무드를 만끽할 수 있다. 12~3월은 눈이 종종 내리고 제법 쌀쌀하다.

(Travel Tip) 탈린은 대한민국 여권 소지자인 경우 관광 목적이라면 비자 없이 90일 동안 체류가 가능하다.

GEORGIA

스바네티 북부 지방
Upper Svaneti

Information

조지아의 북서부에 자리한 스바네티 지방은 오랫동안
독자적인 전통 문화를 간직한 고장으로 드라마틱한 산세를 자랑한다.
스바네티 지방에 자리한 메스티아에는 스반 타워라 불리는
높은 사각탑이 40여 개나 세워져 있어
독특한 문화경관을 연출하고 있다.

국가	위치	등재연도
조지아	스바네티 북부	1996년

1991년 12월 구소련으로부터 독립한 조지아는 흑해 동쪽 연안에 접해 있으며 캅카스산맥 남쪽에 자리해 있다. 튀르키예, 아르메니아, 아제르바이잔, 러시아와 접경해 있는 이 나라는 지리적으로 아시아에 가깝지만 문화적으로는 유럽에 가깝다. 조지아는 이웃국가인 아르메니아, 아제르바이잔과 함께 캅카스 3국이라 불린다. 조지아는 아르메니아, 아제르바이잔에 비해 문화적으로 좀 더 유럽적이다. 도시를 둘러봐도 동유럽의 어느 도시에 와 있는 것 같다는 느낌을 받게 된다. 참고로 조지아의 국명은 원래 국명인 그루지야에서 지난 2008년 러시아 침공 후 공식적으로 변경되었다. 조지아는 면적이 불과 7만㎢에 달하는 작은 나라이지만 여행자들에게 매우 흥미로운 문화와 아름다운 자연 경관을 제공한다. 특히 이 나라의 북서쪽에 자리한 스바네티 지방은 독특한 전통 문화를 지닌 고장이다. 이곳은 은자의 땅인 것처럼 외부로부터 차단된 채 심지어 구소련의 지배하에 있을 때에도 오랫동안 독자적인 전통 생활을 영위해 왔다.

PHOTO ❶
설산으로 둘러싸인
메스티아의 전경

    스바네티 지방의 중심 타운인 메스티아Mestia는 인구 3,300여 명이 사는 깡촌인 데다 주변이 해발 4,000m 높이의 설산으로 둘러싸인 외딴 오지 같은 동네이다. 메스티아에 도착하기 전 누군가가 이곳 주변에 곰이나 늑대가 가끔 출몰하니 조심하라고 일러 줬을 정도다. 마을 분위기는 매우 소박하다. 나이든 마을 여인들은 무슬림이 아닌데도 모두 머리에 스카프를 두르고 다닌다. 그나마 관광업을 위해 새로 짓고 있는 호텔이 일부 눈에 띈다. 여행자에게는 주민들의 소소한 일상을 엿볼 수 있는 현지 민박이 숙박을 위한 최상의 선택이다. 마을 주민들은 대부분 목축업이나 농업에 의존한다. 도시에서 멀리 떨어진 곳이라 상업은 그리 발달하지 않았다. 포장되지 않은 마을길을 걷다 보면 간혹 길가를 어슬렁거리는 양치기 개를 만날 때가 있는데, 낯선 이방인을 알아보고 매우 사납게 짖어댄다.

PHOTO ❷
메스티아 곳곳에는
높은 사각 첨탑들이 솟아 있다.

PHOTO ❸
사각 첨탑이 딸려 있는 것이 특징인
스바네티 지방의 전통 가옥

메스티아의 고도는 해발 1,500m다. 약 20~25m 높이인 스반 타워Svan Tower라 불리는 고층 사각탑은 이 마을의 랜드마크이다. 이 사각탑은 무려 40여 개나 군데군데 흩어져 있으며, 스반 타워는 내부가 여러 층으로 이루어져 있다. 내부의 사다리를 통해 맨 위의 전망대까지 오를 수 있다. 사실 스반 타워는 스반Svan이라 불리는 독특한 건축물의 구조물이다. 스반은 고층 사각탑 외에도 방, 거실, 부엌, 창고 등 일상을 위한 공간으로 이루어져 있다. 스반은 주거 공간이지만 외부 침입자에 대비한 방어적 성격을 띠고 있어 요새화된 구조를 지닌다. 건물 안에서 문을 잠그면 구조적으로 외부에서 내부로 들어가기가 어렵다. 또한 스반의 거주자는 사각탑에 올라 멀리서 침입하는 적의 동향을 파악할 수도 있었다.

이처럼 수십 개의 사각탑이 세워져 있는 메스티아 마을은 멀리서 바라볼 때 독특한 장관을 연출한다. 높디높은 사각탑이 수십 개 뻗어 있는 광경은 지구상에서 쉽게 볼 수 없는 장관이다. 이탈리아 토스카나주의 산 지미냐노에 가보면 이곳보다 더 높고 큰 사각탑이 여러 채 우뚝 솟아 있지만 문화적 배경이 다른 데다 탑의 수도 이곳만큼 많지 않다. 더구나 메스티아의 경관은 설산을 배경으로 하고 있어 더 드라마틱해 보인다. 🌷

Travel Info
스바네티

방어용 시가 첨탑

메스티아 전통 가옥 내부

메스티아 주민

(Access) 한국에서 조지아로 가는 직항편은 없다. 유럽의 주요 도시를 경유하여 가거나 터키항공, 카타르항공 등의 경유편을 이용해 가는 게 편리하다. 튀르키예 동부 트라브손에서는 조지아의 수도 트빌리시Tbilisi로 향하는 야간버스가 운행한다. 트빌리시에서 메스티아를 방문하려면 버스로 쿠타이시Kutaisi와 주그디디Jugdidi를 경유해야 한다. 버스로 트빌리시에서 쿠타이시는 3시간 30분, 쿠타이시에서 주그디디는 2시간, 주그디디에서 메스티아는 미니버스로 매일 오전 출발하여 5~6시간 걸린다.

(Travel Season) 스바네티 지방은 6~9월에 방문하면 가장 좋다. 한여름이라 해도 이른 아침과 밤에는 기온이 제법 낮아지므로 따뜻한 옷을 준비해 가는 게 좋다. 한겨울에는 눈이 많이 내리고 종종 눈사태로 인해 도로가 마비되는 경우도 있다.

(Travel Tip) 조지아는 비자 없이 방문할 수 있다. 메스티아에서 남동쪽으로 47km 지점에 위치한 해발 2,100m의 우쉬굴리Ushguli 역시 스반 타워를 볼 수 있는 아름다운 스바네티 마을로 여행자들에게 매우 각광을 받는 곳이다.
2000년대 중반까지 스바네티 지방에서는 이곳을 찾아오는 외국인 관광객을 대상으로 한 강도가 간간이 출몰했다. 오늘날에는 치안 상황이 많이 좋아졌지만 스바네티 지방을 방문하기 전에 미리 현지의 치안 상황을 주한 조지아 대사관이나 온라인 매체를 통해 알아보는 것이 좋다. 스바네티를 여행할 때는 간혹 길을 가다 양치기 개를 만나게 되는데, 꼭 조심해야 한다. 사나운 데다 매우 공격적이기 때문에 위급한 경우에는 돌이나 나무 막대기를 사용하자.

ARMENIA

게하르트 수도원과 아자트 계곡

Monastery of Geghard and the Upper Azat Valley

Information

국가	위치	등재연도
아르메니아	코타이크 지방	2000년

베일에 싸인 나라로 알려진 아르메니아는 지리적으로 유럽과 아시아가 만나는 캅카스 지방에 자리해 있다. 인류 역사상 가장 오래된 거주지들이 자리했던 곳이기에 무언가 흥미로운 이야깃거리와 전설이 쏟아져 나올 것만 같다. 종교적으로는 기독교의 일파이자 오랜 전통을 지닌 아르메니아교가 모든 국민들의 삶 속에 깊숙이 자리해 있다. 또한 유네스코 세계문화유산으로 지정된 찬란한 역사의 게하르트 수도원이 자연 향기 가득한 산중턱에 놓여 거룩한 영성을 피워낸다.

인구 약 277만 명의 아르메니아가 위치한 캅카스 지방은 지리적으로 유럽과 아시아가 만나는 곳이다. 캅카스 지방은 산세가 험한 아름다운 산들로 이루어진 오랜 역사의 땅이다. 노아의 방주가 머물렀다는 아라라트산Mt. Ararat이 인근에 자리해 있어 기독교의 종파인 아르메니아교를 신봉하는 이곳 사람들에게는 성지로 불리기도 한다(엄밀히 말하면 아라라트산은 튀르키예 동부에 위치해 있지만 역사적으로는 아르메니아 땅이기도 했다. 아르메니아 수도 예레반에서 맑은 날씨에 선명하게 아라라트산의 눈 덮인 봉우리가 보인다).

아르메니아는 조지아, 아제르바이잔과 함께 캅카스의 3국을 형성한다. 종교적으로 아르메니아는 조지아와 함께 기독교 국가이지만 아제르바이잔은 이슬람 국가다(아르메니아는 아르메니아교를, 조지아는 동방정교를 국교로 삼고 있다). 아르메니아는 지

PHOTO ❶
멀리서 바라본
게하르트 수도원 주변 풍광

PHOTO ❷
게하르트 수도원의
동굴 내부와 연결된 터널식 통로

PHOTO ❸
게하르트 수도원에서
세례를 받는 성도의 모습

PHOTO ❹
게하르트 수도원의 아치형 구조물

리적으로는 아시아에 속하지만 문화적으로는 유럽에 가깝다. 이러한 이유로 월드컵 축구 예선도 아시아가 아닌 유럽 각국의 축구팀들과 실력을 겨룬다.

들판에 봄꽃이 나부끼듯 피어 있는 아르메니아 대자연의 봄 풍경은 실로 얼어붙은 사람의 마음을 사르르 녹이는 것처럼 포근하고 보드랍게 다가온다. 메말랐던 감정, 쌓였던 걱정이 모두 한 순간에 날아가 버린다. 작은 면적의 나라이지만 높은 산, 깊은 계곡, 그 사이로 흐르는 강과 호수가 이루는 멋진 자연 경관은 아직 드러나지 않은 날것들이라 여행자들에게 신비롭게 다가온다. 아르메니아의 지형은 산세가 험해 깊은 산골에 놓인 성채는 외부의 침략을 거의 받지 않은 것으로 유명하다. 전설에 의하면 강은 침입로에 강물을 범람시켜 적들의 접근을 막았고, 호수는 그 반짝이는 물살로 적들의 눈을 멀게 했다고 한다. 이와 같은 이유로 많은 수도원들이 중세에 이슬람교의 박해를 피해 깊은 골짜기로 들어와 산 중턱 위에 둥지를 틀었다.

PHOTO ❺
탄탄한 암벽을 깎아 만든
게하르트 수도원 내부

아르메니아의 대표적인 수도원이자 가장 아름다운 형태의 게하르트 수도원Geghard Monastery은 가파른 절벽 아래 경치가 아름다운 아자트 계곡 안에 자리해 있다. '게하르트'라는 이름은 원래 예수가 십자가에 못 박혔을 때 로마 군인이 그의 죽음을 확인하기 위해 옆구리를 찔렀던 창의 이름을 본뜬 것이다. 그때 사용되었던 것으로 추정되는 창이 한때 이 수도원 안에 보관되었다가 후에 예레반 인근의 종교 도시 에치미아진Echmiadzin의 교회로 옮겨졌다.

게하르트 수도원은 오늘날까지 가장 잘 보존된 아르메니안 중세 수도원의 전형이다. 이 수도원은 깊은 산자락 속에 숨어 있는 독특한 형태로 유명한데, 이는 동굴 안에 그 모습을 감추고 있기 때문이다. 지금은 바깥으로 드러난 외관을 지니고 있지만 예전에는 그 모습을 철저히 감춘 채 오랫동안 이 깊은 산 속에서 은둔하고 있었다고 한다. 게하르트 수도원은 크고 작은 예배 공간과 무덤

들로 구성되어 있다. 대부분 수도원의 공간은 바위를 깎아 만든 곳들인데, 이러한 모습을 통해 아르메니안 중세 건축양식과 장식미의 단면을 엿볼 수 있다. 또한 이러한 건축양식과 장식미는 이 지역 교회와 수도원의 건축과 장식에 적지 않은 영향을 미쳤다.

아르메니아는 세계에서 최초로 기독교를 국교로 받아들인 나라다. 아르메니아의 아르사시드 왕조는 301년 기독교를 국교로 받아들였다. 참고로 로마 제국은 이보다 조금 늦은 313년에 기독교를 공인하였다. 이곳에 수도원이 처음으로 세워진 것도 4세기경으로 추정된다. 처음 이곳에 세워진 수도원은 9세기에 이 지역을 침입한 아랍인들에 의해 파괴되었다. 그 후 게하르트 수도원은 다시 세워졌으며 12세기에 예수의 제자였던 안드레와 요한의 유물을 받아 보관하게 되었다. 무엇보다 십자가에 달린 예수를 찌른 창을 보관한 곳으로 금세 유명해져 13세기 무렵 유럽에서 가장 유명한 수도원 중 하나가 되었다.

오늘날 이 수도원을 방문하는 이들은 적지 않다. 대부분 아르메니아 현지인들이다. 아르메니아인들은 이웃국가인 튀르키예(당시 오스만튀르크)로부터 한때 대학살을 당한 아픔을 지니고 있다. 방문객들은 과거의 역사적 아픔을 뒤로하고 새로운 시대로 향하는 희망의 바람을 담아 촛불에 불을 붙이고 있다. ♥

PHOTO ❻
동굴형 수도원 외곽에
추가로 세워진 건물

PHOTO ❼
수도원 내부의 제단

PHOTO ❽
게하르트 수도원이 자리한
아자르 계곡의 바위산

Travel Story

❶ 아르메니아교

세계에서 가장 먼저 기독교를 공인한 나라이지만 오늘날의 아르메니아교는 기독교의 주종인 개신교나 천주교와는 사뭇 다르다. 개신교와 천주교가 예수의 신성과 인성을 모두 인정하는 양성론을 주장하는 데에 비해 동방정교회에 속한 아르메니아교는 예수의 신성만을 인정하는 단성론을 주장한다. 아르메니아교는 506년 칼케돈 공의회 이후 정통 교회로부터 분리되어 독립하였다. 이집트의 콥트 교회나 시리아 정교회, 에티오피아 정교회와 교리가 일치한다.

❷ 아르메니아 대학살

세계열강의 이해관계에 의해 아르메니아 대학살 Armenian Genocide은 잊혀가는 인류의 비극적인 사건이다. 19세기 말부터 20세기 초까지 오스만튀르크 제국이 자행한 학살 사건으로 이 시기에 100~150만 명의 아르메니아인들이 학살된 것으로 추정된다. 당시 오스만튀르크 영토에는 수많은 아르메니아인들이 살았으며 무슬림인 튀르크인에 비해 아르메니아인은 기독교인이라 수많은 탄압을 받았다. 그러던 중 러시아와 오스만튀르크 사이에 전쟁이 벌어지던 차에 러시아의 힘을 빌려 독립을 얻고자 하던 아르메니아인들은 튀르크인에게 무참히 학살을 당하거나 시리아의 사막으로 쫓겨나가 엄청난 수가 굶어죽었다. 결국 오스만튀르크 제국의 붕괴 후 1918년 아르메니아는 어렵사리 독립을 얻었으나 곧 러시아의 영토에 편입되었다. 오늘날 아르메니아 수도 예레반에는 아르메니아 대학살을 추모하는 기념비와 지옥이 따로 없는 끔찍한 사진들로 전시가 이루어진 박물관이 자리한다. 이 엄청난 인류의 비극을 두고 가해국인 튀르키예는 이 사건을 대부분 부인하고 있으며 프랑스를 제외한 미국, 영국 등 대부분의 열강도 튀르키예와의 관계를 고려하여 이에 대해 침묵하고 있다.

Travel Info
예레반

촛불 밝히는 수도원 방문객 / 게하르트 수도원 출입구

Access 한국에서 아르메니아 수도 예레반까지 가는 가장 빠르고 편리한 길은 비행기를 타고 유럽이나 중동을 경유하여 가는 것이다. 인접국 조지아의 수도 트빌리시에서 합승택시를 이용해 예레반까지 갈 수 있다(5시간 소요). 참고로 아르메니아 인접국인 튀르키예와 아제르바이잔에서는 아르메니아 입국이 불가하다. 아르메니아 예레반과 인접국 이란의 수도 테헤란을 오가는 장거리버스도 운행되고 있다. 가르니 템플과 게하르트 수도원은 예레반 근교 동편에 자리하는데, 예레반에서 택시를 대여하여 데이 트립으로 두 군데를 함께 방문하는 것이 편리하다.

Travel Season 게하르트 수도원은 연중 어느 때 방문해도 좋다. 아르메니아를 방문하기 좋은 시기는 가장 온화한 기후를 선보이는 5월과 9월 말, 10월 초이다. 6~9월 중순까지는 고온 건조하다. 특히 아르메니아의 7~8월은 무더운 편이다. 반면에 12~3월까지 고산지대의 경우는 매서운 추위가 일반적이다.

Travel Tip 아르메니아 입국 시에는 비자가 필요하다. 한국에는 아르메니아 대사관이나 총영사관이 없는 관계로 사전에 비자를 받을 수 없으나 예레반국제공항 입국 시 도착비자를 공항에서 받을 수 있으며, 조지아에서 육로를 통해 입국 시 국경에서 비자를 쉽게 받을 수 있다. 아르메니아는 상대적으로 지난 수년간 정세가 안정되고 치안이 좋은 나라로 인식되어 왔다. 예레반 역시 상당히 치안이 좋은 도시이나 번잡한 곳에서는 늘 소지품을 주의하는 것이 좋다.

- [ ] **JAPAN**

- [ ] **CHINA**

- [ ] **CAMBODIA**

- [ ] **SRI LANKA**

- [ ] **INDIA**

- [ ] **UZBEKISTAN**

- [ ] **IRAN**

- [ ] **JORDAN**

- [ ] **YEMEN**

CHAPTER 2
ASIA

JAPAN

교토의 역사 기념물
Historic Monuments of Kyoto

Information

일본 중부의 간사이 지방에 자리한 교토는
일본 역사의 산실로 수많은 문화 유적을 지닌 곳이다.
이곳에는 헤이안 시대와 에도 막부 시대에 세워진
여러 사원과 신당, 왕궁 등이 자리해 있어
수많은 방문객들의 발길이 이어지고 있다.

국가	위치	등재연도
일본	교토	1994년

고대 중국 당나라 제국의 수도였던 장안(오늘날의 시안)을 보고 감동한 일본 천황은 일본에 장안과 같은 구조를 지닌 도시를 세울 것을 명령한다. 이에 따라 794년 헤이안쿄平安京(오늘날의 교토)라는 새로운 도시가 건설된다. 이때부터 가마쿠라 막부가 설립되는 1185년까지 일본의 헤이안 시대가 시작되었고, 교토는 당대 정치적 중심지가 된다.

헤이안 시대가 시작되기 전에도 교토에는 시모가모 신사나 가미가모 신사와 같은 신당이 자리해 있었다. 신사는 일본의 신토神道 신앙에 의해 만들어진 사찰로 제사의식을 통해 여러 신을 섬기기 위해 만들어진 곳이다. 헤이안 시대에는 뵤도인平等院, 다이고지醍醐寺와 같은 신당이 세워졌는데, 다이고지에는 오래된 역사를 자랑하는 5층 석탑이 세워졌다.

헤이안 시대 초기의 사찰로 796년에 세워진 도지東寺가 있으며, 798년에는 기요미즈데라淸水寺의 건축이 시작되었다. 도지는 전란과 화재로 많은 건물이 소실된 후 17세기에 복원되었다. 1644년에는 이곳에 일본에서 가장 규모가 큰 높이(57m)의 5층 불탑인 고주노토五重塔가 세워졌다. 15개의 사원과 탑으로 이루어진 기요미즈데라는 아름다운 주변 경관을 내려다볼 수 있는 산중턱에 세워진 거대한 사원 단지로 교토에서 가장 많은 방문객들이 찾아오는 곳 중 하나이다. 특히 봄에는 벚꽃, 가을에는 단풍과 함께 주변 경관을 즐길 수 있어 좋다. 139개의 기둥을 사용해 만든 이 사원 단지의 본당은 교토에 자리한 불교 건축물 중 가장 인상적인 자태를 지녔다. 원래의 본당 건물은 798년에 세워졌고 오늘날의 본당 건물은 1633년에 다시 만든 것이다. 사원 단지 아래 작은 오토와노타키音羽の滝가 놓여 있는데, 만병통치의 효험이 있다고 알려져 수많은 방문객들이 물을 마시기 위해 모여 있는 모습을 볼 수 있다. 기요미즈데라를 찾아가는 길에 놓인 산넨자카와

PHOTO ❶
노송과 어우러진 니노마루고덴 본당

니넨자카는 교토의 인기 많은 여행지로 아기자기한 골목과 오래된 고건물, 거리에 놓인 전통 기념품 가게로 이루어진 동네이다. 수학여행을 온 단체학생들을 비롯해 늘 언덕길을 오르는 방문객들로 분주하다.

헤이안 시대가 끝나면서 오늘날 가나가와현의 가마쿠라시에 가마쿠라 막부가 세워졌다. 따라서 일본 통치의 중심지도 교토에서 가마쿠라로 옮겨졌다. 하지만 그 후에도 교토에는 고잔지, 사이호지, 덴류지, 로쿠온지, 지쇼지, 료안지 등 수많은 사찰과 신당이 세워졌다. 이어 쇼군(무가를 거느린 가장 높은 권력자이자 최고 통치자) 승계 문제를 두고 1467년부터 10년간 교토에서 항쟁을 벌인 '오닌의 난'으로 인하여 교토는 수많은 건물과 문화유산을 잃고 황폐화되었다.

가마쿠라 막부, 무로마치 막부에 이어 1603년 도쿠가와 이에야스가 쇼군이 되면서 에도 막부(1603~1867년)가 시작된다. 에도 막부 시대에는 실질적으로는 에도(도쿄의 옛 이름)가 통치의 중심지가 되지만 이 시기에 교토는 에도 막부 시대의 문화적 상업적 중심지로 다시 번성하게 된다. 에도 막부 시대의 대표적인 건축물로는 니죠죠二条城가 있다. 니죠죠는 1603년 도쿠가와 이에야스 자신이 교토에 머물기 위해 세운 성이다. 제왕의 위엄을 천하에 알리기 위해 막강한 요새처럼 견고하게 세워졌다. 이 성은 동서로 약 500m, 남북으로 약 400m의 성벽으로 둘러싸여 있다. 적의 침입을 막고자 성 둘레에는 해자를 축조하였다. 성 안에 들어서면 니노마루고덴二丸御殿이 나온다. 이 궁전은 5개의 건축물로 구성되어 있고 각 건물마다 수많은 방으로 이루어져 있다. 당시 이곳은 계급이나 지위에 따라 출입할 수 있는 공간이 제한되었다고 한다. 재미있는 사실 중 하나는 궁전 내부로 들어오는 침입자를 막기 위해 마루를 디딜 때마다 소리가 나도록 설계하였다는 점이다. 니노마루고덴 옆에는 부속 궁전인 가쓰라리큐와 아름다운 정원과 연못이 있다. ❦

PHOTO ❷
1633년 재건된
기요미즈데라 본당

PHOTO ❸
니노마루고덴의 부속 건물과
그 앞에 놓인 연못과 정원

PHOTO ❹
139개의 기둥으로 세워진
기요미즈데라 본당 내부

PHOTO ❺
견고한 모습으로 세워진
니죠죠의 해자

Travel Info

교토

(Access) 교토는 일본의 주요 도시인 도쿄, 오사카, 나고야 등지에서 기차나 버스로 쉽게 접근할 수 있다. 신칸센 고속열차로 도쿄에서 2시간 10분, 나고야에서 35분, 오사카에서 15분이 걸린다. 한국에서 교토로 가려면 오사카 간사이국제공항을 통해 오사카에서 교토로 가는 게 편리하다.

(Travel Season) 교토를 방문하기 가장 좋은 시기는 단풍이 아름다운 10월과 11월 초순이나 벚꽃이 만발한 3월이다. 4월과 5월에도 봄꽃이 화사하고, 정원이 푸르기 때문에 아름다운 자연 경관과 어우러진 교토를 만끽할 수 있다. 6~8월은 여름철로 무덥고 습하다.

(Travel Tip) 7월마다 일본에서 가장 성대한 마쓰리 축제 중 하나인 기온마쓰리 축제가 화려한 퍼레이드와 함께 펼쳐진다. 3월과 12월 중순경에 펼쳐지는 하나토우로 축제 기간에는 강변이나 주요 거리, 정원, 고궁 등지에서 화려한 조명이 연출된다.

CHINA

만리장성
Great Wall

만리장성은 인류 역사상 유례를 다시 찾아보기 힘든 엄청난 길이를 지닌 성벽이다. 만리장성은 북경 인근에서부터 시작하여 내몽고라 불리는 고비 사막 인근까지 이어져 있다. 기원전 3세기 진나라 시대부터 시작하여 각기 다른 왕조를 거치면서 다른 위치에 다른 모양으로 세워졌다. 오늘날 우리가 쉽게 방문할 수 있는 북경 인근에 세워진 만리장성의 일부는 명나라 때 세워진 것이다.

Information

국가	위치	등재연도
중국	랴오닝, 지린 외	1987년

만리장성 관광의 관문인 바다링에서 많은 방문객들이 몰려든다.

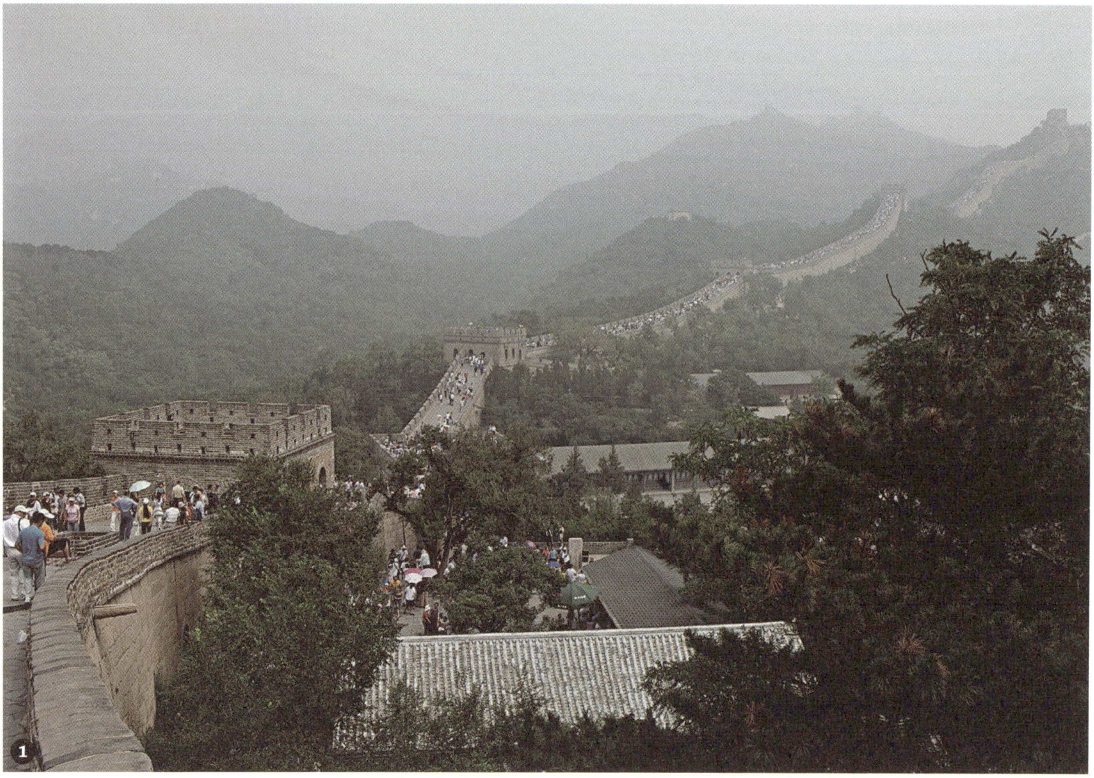
1

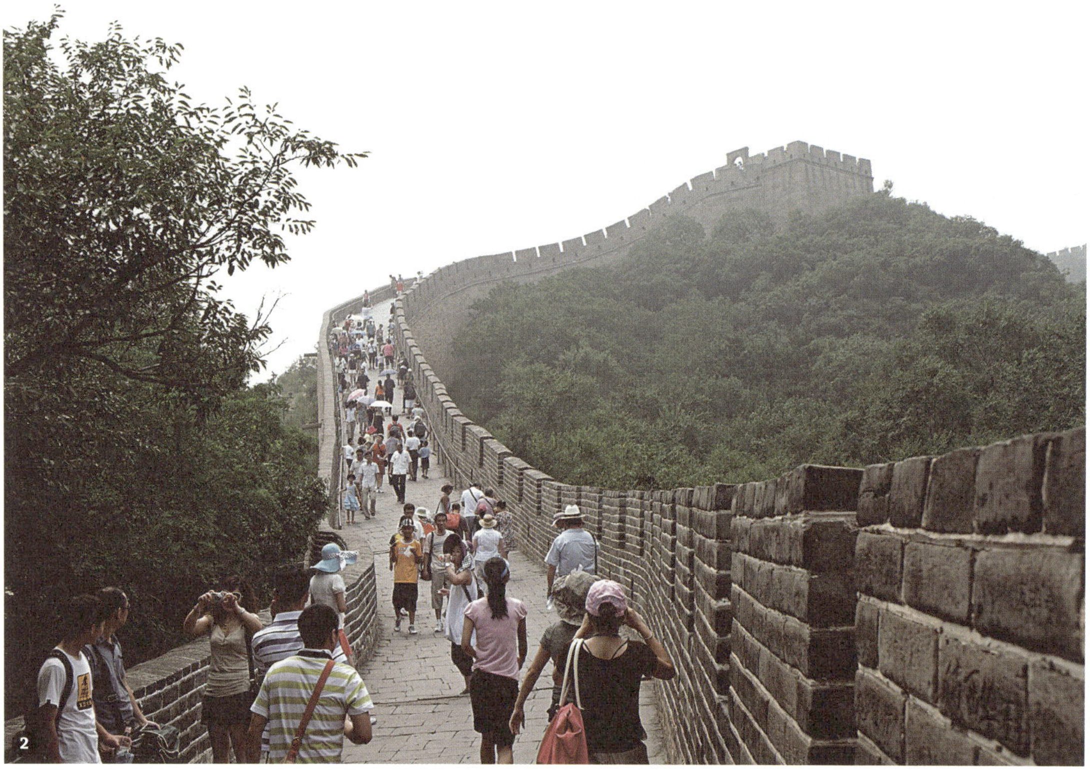
2

만리장성이 세계 역사상 유례를 찾아보기 힘들 정도로 불가사의한 건축물인 까닭은 엄청난 길이 때문이기도 하지만 무엇보다 산악지대의 가파른 비탈면을 따라 정교하게 성벽을 쌓았다는 데에도 있다. 이러한 연유로 만리장성은 인류 최고의 건축물 중 하나이자 중국인들에게 있어서는 역사적으로 오랜 세월 그들의 마음속에 대단한 자부심으로 자리 잡고 있는 소중한 문화유산이다.

PHOTO ❶
오늘날 볼 수 있는 만리장성은 14~17세기 명나라 때 세워졌다.

처음 만리장성이 축조되기 시작한 것은 진시황제 때부터이다. 몽골의 초원을 베이스로 끊임없이 중국 본토를 괴롭혀 온 흉노족 등 유목민족을 방어하기 위해 진나라의 진시황제는 기원전 3세기부터 기존에 있던 요새들을 보강하여 10년간 막대한 인력을 들여 서쪽의 린타오부터 동쪽의 랴오둥까지 기존의 성을 성벽으로 연결하였다. 이미 중국은 기원전 8세기경부터 성벽을 쌓는 기술을 갖고 있었다고 한다. 이 시기의 성벽은 오늘날의 만리장성 모습과는 달리 돌로 만들어진 성벽이었고 돌이 부족한 곳에서는 군데군데 진흙을 이용하기도 했다(참고로 진시황제는 진나라 31대 왕이자 통일된 진나라의 초대 황제로 스스로 황제라 칭하고 7개 나라로 분열된 전국을 통일한 인물이다).

5~6세기 중국의 남북조 시대에 몽골과 접경한 허베이 지방에 위치했던 북위, 북제, 북주 세 나라가 차례로 만리장성을 보강하였다. 특히 555년 북제는 북경 인근의 난커우와 다퉁을 연결하여 450km의 성벽을 쌓았다. 12세기 금나라 때에는 대대적인 확장공사로 유라시아 몽골초원의 유목민 침입에 대비하여 북쪽 국경을 따라 동서로 약 4,000km에 달하는 성벽을 구축하였다. 이때부터 만리장성이란 이름이 붙었다.

PHOTO ❷
만리장성의 성벽 두께는 약 10m이고, 높이는 약 5m에 달한다.

오늘날 우리가 북경 인근에서 쉽게 볼 수 있는 만리장성의 모습은 14~17세기 명나라 때 완성된 것이다. 이 시기에는 벽돌과 화강암을 사용하여 성벽을 두께 10m, 높이 약 5m로 튼튼하고 견고하게 세웠다. 또한 성벽 사이에 망루와 같은 구조 건축물을 세워

PHOTO ❸
만리장성은 외침을 대비한 방어벽 역할뿐 아니라 국경검문소 역할도 했다.

몰래 침입하는 적들의 동태를 쉽게 파악할 수 있도록 하였다. 망루는 대개 16km 간격으로 세워졌으며 명나라 때 세워진 망루는 총 7,062개에 달한다. 성벽 근처에는 전투에 대비해 군사들의 병영지도 만들어졌다. 만리장성의 증축과 함께 명나라 때에는 토목공사가 크게 발달하기도 했다. 만리장성은 적의 침입을 막기 위한 방어수단으로도 활용되었지만 당시에는 국경을 오가는 자들을 통제하는 국경검문소 역할도 하였다. 또한 사람들이 험준한 산악지대에서 성벽 위로 물자를 나르는 역할도 하였다.

오늘날 학자들은 명나라 때 완성된 만리장성의 길이를 2,232km의 자연적인 방어벽을 포함해 총 8,850km로 보고 있다. 공식적인 만리장성의 시작점은 명나라 시대에 증축된 성벽을 기준으로 북경에서 동쪽으로 300m 떨어진 산하이관Shanhaiguan이며, 동쪽으로는 북경에서 서쪽으로 1,500m 떨어져 있는 자위관Jiayuguan이다. 한나라 시대와 청나라 시대에 세워진 성벽은 명나라 때 증축된 만리장성보다 더 북쪽에 각각 위치해 있다. 🌿

Travel Info
만리장성

(Access) 대한항공, 아시아나항공 등을 비롯해 중국의 주요 여객기들이 인천국제공항과 북경의 서우두首都국제공항 사이를 운항한다. 만리장성 관광의 베이스는 바다링八達嶺으로 북경에시 북시쪽으로 70km 지짐에 있다. 내부눈의 녀행사늘은 북경 더성먼(지수이탄 지하철역 옆)에서 919번 버스를 타고 바다링으로 향한다. 그 밖에 천안문 광장 남서쪽 거리 모퉁이나 첸먼 북동쪽 끝, 북경 기차역, 동물원 등지에서도 바다링으로 가는 관광버스가 운행한다.

(Travel Season) 봄철에는 황사로 인해 불편을 겪을 수 있다. 여름철에는 무더위를 감내해야 한다. 일반적으로 온화한 날씨를 선보이는 5월과 9월이 방문하기에 가장 좋은 시기이다.

(Travel Tip) 바다링에 도착하면 만리장성 입구와 매표소가 나온다. 이곳에는 만리장성의 높은 곳으로 올라가는 케이블카도 놓여 있다. 바다링은 늘 방문객들로 북적인다. 따라서 북경에서 새벽에 출발하여 방문객들이 적은 이른 아침 만리장성을 방문하는 것이 가장 좋다.

CHINA

리장의 구시가

Old Town of Lijiang

Information

좁은 골목길 사이로 운하가 잔잔히 흐르는 리장은
동양의 베네치아라는 별명을 갖고 있다.
아늑한 동양적 옛 고을의 넉넉한 풍수를 지닌 이곳은
춤과 민요를 사랑하는 나시족의 고장이기도 하다.

국가	위치	등재연도
중국	리장	1997년

        중국 운남성에 자리한 리장은 베네치아를 연상시키는 물의 도시로 운남성의 대표적인 관광지다. 리장 북쪽의 샹산 아래서부터 강물이 흘러들어오며 구시가에는 독창적인 운하 시스템이 세워져 있다. 특히 수세기 동안 여러 지역에서 받아들인 건축 요소들을 결합한 고풍스러운 건물들도 잘 보존되어 있다. 이러한 연유로 유네스코는 1997년 이 도시의 구시가를 세계문화유산으로 지정하였다.

        구시가의 중심은 시팡지에四方街라는 작은 광장이다. 이곳을 기준으로 네댓 개의 작은 골목길이 방사선 모양으로 퍼져 있다. 각 골목에는 크고 작은 상점들로 가득하다. 대부분 기념품 가게, 귀금속 가게, 의류 가게, 특산품 가게 등으로 질서 있게 정렬되어 있는 모습이 인상적이다. 또한 구시가의 운하 주변은 카페 마을을 이루고 있는데 이를 따라 걷다 보면 진한 커피향과 풀내 섞인 전통차의 향내가 교묘히 코끝을 간지럽힌다.

리장에 머물면서 얻은 가장 소중한 추억거리 하나는 바로 시팡지에 광장에서 매일 저녁마다 펼쳐지는 나시족들의 민속 무용을 구경하고 그들과 같이 어울렸던 일이다. 이것은 특별공연이라기보다는 시골장터의 흥겨운 춤판처럼 소박한 놀이마당이다. 나이의 고하를 막론하고 서로 손을 잡고 빙글빙글 강강술래하며 노래하며 춤을 추는 일이 고작이다. 그럼에도 이처럼 신명 나는 춤판은 세계 어느 곳에서도 찾아보지 못했다. 구경하던 사람들도 시간이 지나자 전부 춤판에 참여하여 정겨운 분위기를 한몫 거들었다. 밤하늘을 가르는 신선한 공기는 마음을 진정시켰고, 흥이 절로 나는 이 소박한 춤판에 끼어드니 엔도르핀이 분수처럼 샘솟는 듯했다.

시팡지에 광장 주변의 골목길 사이에는 작은 아트 갤러리나 공방을 찾아다니는 기쁨도 숨어 있다. 공방이나 갤러리에서는 소수민족인 나시족들의 전통 문화와 예술적 의지를 엿볼 수 있다.

PHOTO ①
고풍스러운 가옥들이 즐비한
리장의 구시가

이들의 공예품에는 신기神技에 가까운 조각가의 칼끝이 서려 있다. 동파문자東巴文字라는 고유의 문자가 해독하기 힘든 상징체계의 모습으로 장신구, 도장 등에 새겨져 있어 눈길을 끈다. 동파문자는 동네의 군데군데 건물 벽면이나 기와의 단청에도 그려져 있었는데, 단아하면서도 간결한 형태의 질서체계가 상당히 인상적이었다.

리장은 동양의 베네치아라는 별명을 지녔지만 이곳의 운하는 수위가 낮고 폭이 좁아 베네치아의 물길처럼 배가 다니지 못한다. 그렇다고 해서 실망할 필요는 없다. 리장은 베네치아와는 또다른 낭만적 풍경을 선보이기 때문이다. 저녁이면 운하 위에 종이로 된 연등을 띄우는 풍경이 바로 그것이다. 물 흐르는 리듬 속에 띄워진 연등은 리장의 구시가를 영롱한 빛깔로 가득 채운다. 연인들은 두 사람의 영원한 사랑을 위해, 부부는 자식과 배우자의 건강을 위해, 여행자들은 앞으로 남은 일정의 안전을 위해 연등을 정성스레 띄워 보낸다.

리장이 중국의 다른 도시에 비해 특별한 것은 한마디로 구시가에 잔잔히 흐르는 운하와 밤마다 수로를 붉게 물들이는 홍등의 행렬 때문이다. 구시가 광장인 시팡지에 주변의 즐거움은 저녁놀이 지고 나면 본격적으로 시작된다. 어둠이 밀려들면서 집집마다 가게마다 수놓아져 있는 붉은 홍등에 점점이 불이 밝혀진다. 그러면 거리는 마치 불타오르는 화염에 휩싸인 것 같은 모습으로 변한다. 아찔한 풍경이다.

리장 구시가에서 벗어나 북쪽 끝에 위치한 흑룡담 공원(헤이룽탄 공관이라 불림)은 언제나 운남성이나 리장을 소개하는 브로슈어에 단골 사진으로 등장하는 유명한 관광지이다. 공원이 짙은 푸른색의 호수를 감싸 안으며 나시족들에게 영산으로 칭송받는 옥룡설산을 그윽한 자태 그대로 투영해 주고 있어서다. 또한 이곳에는 명나라, 청나라 때 세운 아름다운 정자들이 곳곳에 있으며 그 정자로 이어지는 석교 위에는 비밀스러운 남녀의 애잔한 사랑 이

PHOTO ❷
운하 주변에 놓인 카페의 테이블

PHOTO ❸
리장에는 오래된 가옥들이 한데 모여 있다.

PHOTO ❹
리장의 밤을 밝히는 홍등의 불빛

PHOTO ❺
옥룡설산과 흑룡담 공원

PHOTO ❻
흑룡담 공원 내 호수

야기가 시대를 뛰어넘어 오늘날까지 이어지고 있다. 공원 뒤편으로는 흑룡담 공원과 리장 시가의 전경을 내려다볼 수 있는 언덕이 자리해 있다. 언덕 위에 올라 아래를 굽어보면 옥룡설산을 배경으로 정자 주위를 맴돌며 호수 위를 떠다니는 나룻배들의 유유자적한 모습이 보인다. 이는 낯선 공간을 그려내며 한 폭의 수채화 풍경으로 마음속에 피어오른다. ☙

Travel Story
리장의 소수민족, 나시족

　　리장은 소수민족인 나시족들의 본고장이다. 약 30만 명이 운남성과 사천성 주변에 흩어져 살고 있다. 이들의 조상은 이 지방으로 이주해 온 티베트의 유목민들이며 최근까지 모계 중심의 사회를 이루어 살아온 것으로 알려져 있다. 따라서 나이 많은 여자들이 집안의 재산을 상속받으며 집안의 결정권 또한 이들에게 있었다고 한다. 나시족 여인들은 오늘날까지 그들의 전통 문화를 고수하며 파란색 상의를 입고 검은색 앞치마를 착용하는데 그 색채의 조화가 실로 절묘하다. X자 모양의 띠를 가슴에 두른 의상을 입고 있기에 다른 소수민족과의 구별도 용이하다. 나시족은 높은 문화수준과 예술적 기질을 가졌다. 이들은 춤과 민요를 사랑하고, 아름다운 고유의 동파문자를 만들어 사용했을 뿐만 아니라 나무를 깎아 그림을 그리는 목판화 기법에도 능했다. 나시족이 그린 목판화는 거리의 상점에서 쉽게 구입할 수 있다. 색채의 파노라마를 보는 듯한 아름다운 수공예 기술로 화려하고 아름다운 의복과 가방, 지갑 따위를 만들어 선보이기도 한다.

Travel Info
리장

(Access) 한국에서 리장까지 가는 직항편은 아직 없다. 에어차이나, 중국남방항공 등이 경유편으로 인천국제공항과 리장공항 사이를 연결한다. 인천과 청두 사이는 3시간 30분, 청두와 리장 사이는 1시간 30분이 걸린다. 리장은 운남성의 주도인 쿤밍에서 버스로 8시간 걸린다.

(Travel Season) 리장은 중국인들에게 피한지로 인기가 높을 정도로 겨울철에 온화한 날씨를 자랑한다. 6~8월의 여름철에는 무덥다. 여행적기는 10~11월과 2~4월이다.

(Travel Tip) 해마다 음력 3월 13일(3월 말~4월 초)에는 다산과 풍요를 기원하는 축제가 이곳 리장에서 벌어진다. 매년 음력 6월 25일에는 리장 구시가 중심에서 횃불 행렬이 펼쳐지는 후오바지에 축제(횃불축제)가 열린다. 이날은 마을 곳곳에 큰 횃불을 걸어 장식을 한다. 마치 불바다를 연상시키는 장면이 가히 장관이다.

CAMBODIA

앙코르 신전

Angkor Temples

Information

국가	위치	등재연도
캄보디아	시엠레아프주	1992년

인류가 만든 문화유산 중 앙코르 신전만큼 인간이 다가가기 어려운 곳에 위치한 곳이 또 있을까? 하지만 다행인지 불행인지 수천 년간 베일에 싸였던 오지의 문명도 오늘날 교통과 과학의 발달로 더 이상 그 성스러운 실체를 숨길 수 없게 되었다. 현대인이 해독할 수 없는 신비의 비밀과 기호들이 가득히 나열되어 있는 앙코르 신전. 지난날 대자연의 위력 앞에 맞서 싸운 인류의 기백과 의지를 나타내고 있는 수수께끼의 해답을 찾으러 그곳을 찾아가 보았다.

앙코르 신전은 시엠레아프(시엠립)에서 북쪽으로 약 7km 되는 지점에 있다. 앙코르 신전의 신비는 10% 정도만 밝혀졌을 뿐 나머지 90%는 아직 수수께끼로 남아 있다. 앙코르 신전은 12세기 초에 수리아바르만 2세에 의해 세워진 것으로 당시 백성들이 힌두교의 신들과 그 대리인이라 자칭한 왕에게 바친 장대한 건축물이다. 면적이 무려 400㎢에 달하는 앙코르 신전의 구조는 동서로 길이가 약 1.5km, 남북으로 약 1.3km가 될 만큼 규모 면에서 엄청난 크기를 자랑한다.

조급한 마음으로 여장을 풀자마자 곧장 앙코르 신전으로 향했다. 앙코르 신전에 들어가기 위해서는 길이 220m의 석교를 조심스럽게 지나가야 했다. 사원 주변에는 적들의 침입을 방어하기 위해 운하가 깊게 파여 있었다. 석교를 건너니 라마, 시바, 비슈누라는 힌두 신들의 문이 등장했다. '자! 이제 저 문을 넘으면 고대하던 신비의 유산들과 마주치게 되리라!' 마음을 단단히 먹고 앙코르와트(앙코르 중앙 신전)와의 첫 대면에 발을 동동 구르며 미지의 탐험가가 된 듯한 설렘과 뿌듯함을 갖고서 정문을 넘어섰다. 이마에는 나도 모르게 땀방울이 송송 맺혔다. 정문을 나오니 다시 중앙 신전까지 350m의 대로가 이어져 있었다. '아니 이럴 수가! 앙코르와트는 쉽게 다다를 수 있는 곳이 아니었구나!' 무거운 발걸음을 하나둘씩 옮겨 세계의 중심을 상징한다는 높이 65m의 중앙탑까지 달려갔다. 그리고 위를 우러러봤다. 그곳엔 몸을 헐렁하게 감싼 주황색 승복을 입은 승려들이 방문객들을 조용히 내려다보고 있었다. 헉헉거리며 오르는 방문객과 대비되는 승려의 여유로운 모습이 마치 해탈자가 속세인을 바라보는 듯했다면 좀 과장된 표현일까?

먼 옛날 이렇게 가파른 계단을 만든 이유는 이 신전 위를 누구나 함부로 오르지 못하게 하기 위해서였다고 한다. 처음으로 바다를 항해하는 자가 바다의 심연을 마주할 때 느끼는 두려움 같은 것이 엄습해 왔다. 앙코르와트는 그 존재만으로 인간에게 두려움을 주기에 충분했다. 그러나 이제는 누구나 함부로 오르지 못할

PHOTO ❶
앙코르 유적지 중에서
가장 마지막에 세워진 바욘 사원

PHOTO ❷
문둥이 왕 테라스의 계단

그곳을 '두려움을 이겨낸 자신의 당당한 사진 한 장'을 카메라에 담기 위해 마음대로 오르내리고 있다니 '이건 분명 문명이 낳은 최대의 난센스다'라는 생각이 들었다.

앙코르 왕국은 9세기 초부터 15세기 말까지 지금의 캄보디아 북서쪽 톤레샵 호수 근방에서 크게 번영하였던 왕국이다. 앙코르 왕국의 전성기는 12~13세기로, 수리야바르만 2세에 의해 지금의 앙코르와트가 건설되었으며 자야바르만 7세 때에는 앙코르톰이 건설되었다.

PHOTO ❸
앙코르와트 상단에 걸터앉아 승려들과 사진 촬영을 하는 방문객의 모습

현재 불교 국가인 캄보디아와는 달리 앙코르 왕국 당시 지배계층과 피지배계층의 종교는 힌두교였다. 다신을 섬기는 힌두교에는 우주의 창조, 유지, 파괴를 관장하는 브라만, 비슈누, 시바의 삼신三神이 있는데, 그중 시바신이 지상의 인간으로 나타난 것이 왕이고, 그 왕이 바로 신과 인간 사이의 중재자인 앙코르 왕들 자신이라고 자칭하였다. 어느 인류 문명에서나 항상 왕들은 신 편에 서서 신권을 지닌 대리인임을 자칭하며 백성들을 통치하고 통제하기 마련인 것 같다. 이곳 앙코르 왕국도 왕과 신은 동일하다는 제정일치의 확립하에 힌두교 사원 건축 등을 통하여 왕의 권한을 정당화시켰다고 하니, 아마도 이러한 강력한 군주 정치로 자신들의 기반을 확고히 구축하고 정치, 사회적 안정을 유지하고자 하였을 것이 틀림없다.

15세기 초 번영했던 앙코르 왕국에 태국인들인 시암족이 침입하여 앙코르 왕국을 정복하게 된다. 정복자들이 본국으로 돌아간 후에도 이곳 크메르인들은 앙코르 지역을 떠나 다른 곳으로 이주해 버리고 거대한 앙코르 유적지는 정글 속에 파묻히고 만다. 무려 400여 년 동안이나! 아쉬운 것은 이 시기의 크메르인들의 이주에 대한 역사적 기록이 전혀 남아 있지 않다는 점. 그들은 모두 어디로 흩어진 것일까? 하늘로 증발이라도 했단 말인가? 남아 있던 유적들 역시 수백 년이 흘러 지속적으로 내린 비로 인해 사암

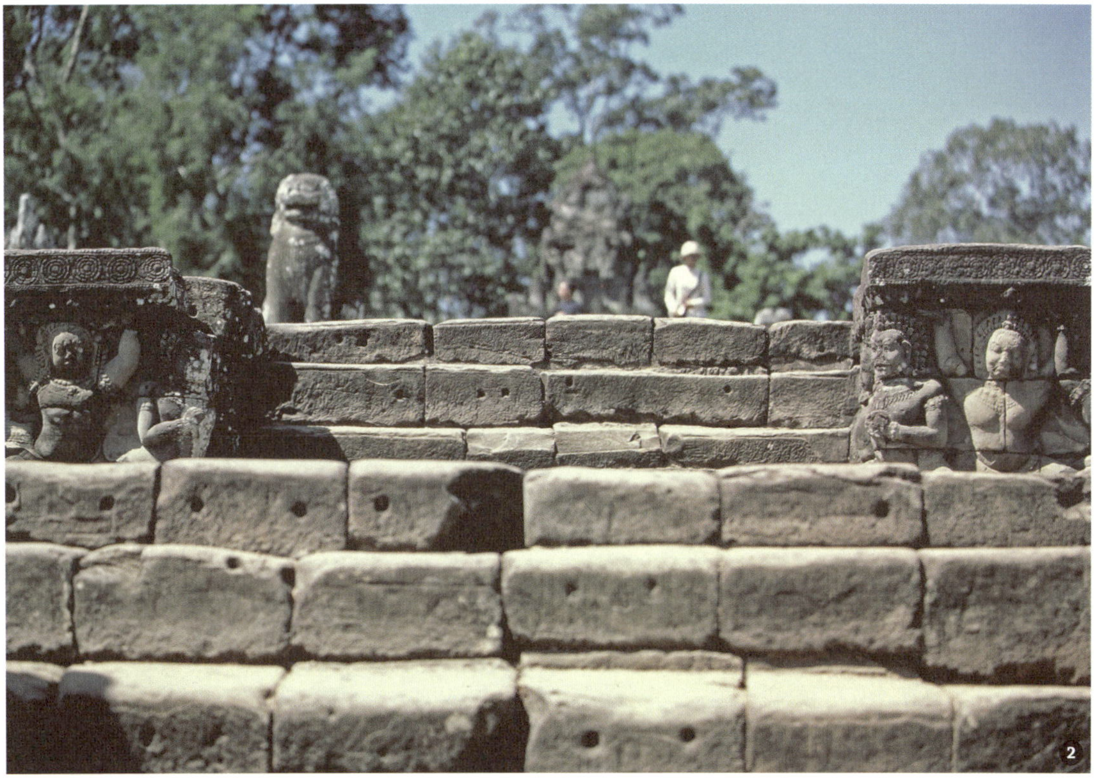
2

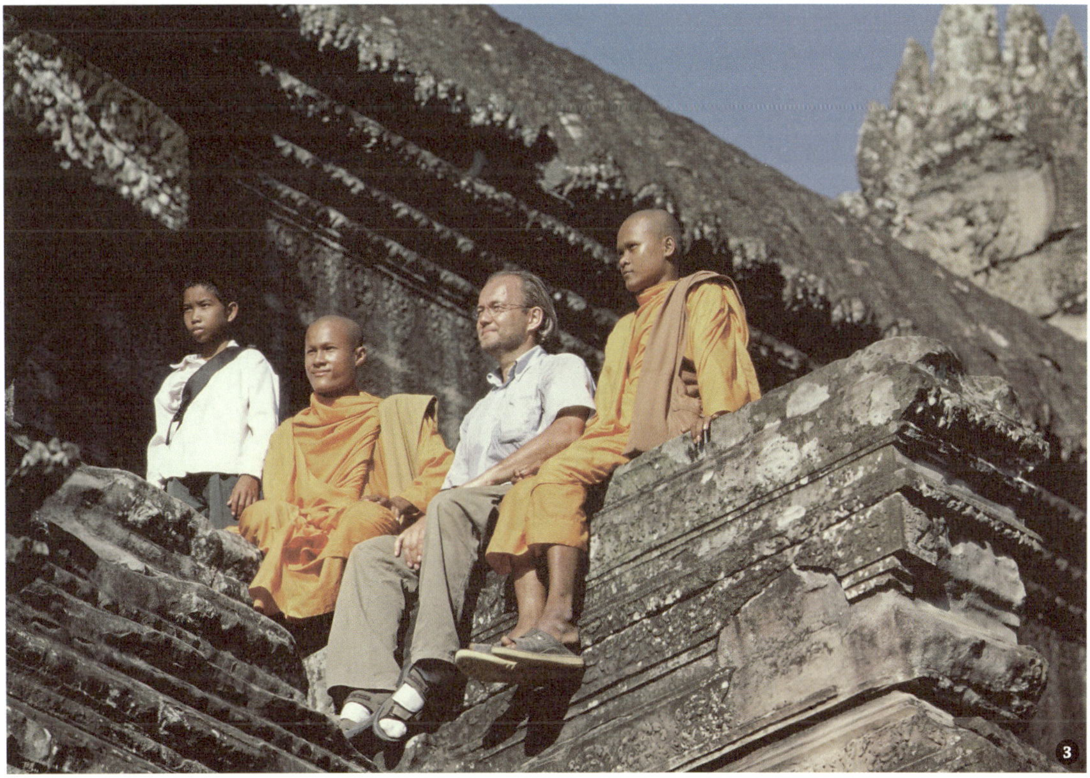
3

砂巖 재질들이 대부분 침식되어 몰라보게 변했다고 한다.

프랑스의 고고학자 앙리 무오Henry Mouhot가 앙코르 유적지에 대한 책을 읽고 깊은 호기심을 갖게 되어 이 지역을 탐험하게 된 시기는 1859년이 되어서다. 무오는 수많은 고초 속에 숨겨진 앙코르 유적을 발견해내지만 결국 이듬해 열병으로 숨을 거두게 된다. 많은 원주민들이 그의 죽음을 두고 그가 신들의 건축물을 발견하여 천벌을 받은 것이라고 말했다(마치 영화 〈인디아나 존스〉에 나오는 스토리 같다). 1866년에 인도차이나반도에 거점을 두던 프랑스 정부는 이 유적지에 대한 대대적인 발굴을 시작하게 된다. 발굴에 참여한 일꾼들은 힘들고 지루한 작업들을 해나가며 주변의 정글 열대림과 잡목들을 제거하고 유적에 묻은 잡균들을 제거해나갔다. 결국 오랜 시간과 노력을 거쳐 수많은 유적들을 하나둘씩 복구하여 오늘날의 관광단지로 만들어 놓았다.

앙코르와트에서 북쪽으로 1.5km 정도 떨어진 곳에 위치한 앙코르톰Angkor Thom은 앙코르 왕조의 마지막 도읍지였던 곳이다. 앙코르톰은 '커다란 도시'라는 뜻으로, 말 그대로 큰 성곽 도시이다. 이곳은 각 변이 약 3km인 정사각형으로 되어 있으며, 성벽의 높이는 약 8m, 내부 넓이는 약 44만 2천 평에 달하는 거대한 규모의 유적지이다. 앙코르톰은 12세기 말과 13세기 초에 자야바르만 7세에 의해 세워진 것으로 앙코르 유적지 중에서는 유일한 불교 건축이다. 앙코르톰 안에 있는 바욘Bayon 사원은 앙코르와트 다음으로 방문객들이 가장 많이 방문하는 곳으로, 이 사원에 있는 200여 개의 얼굴은 부처의 얼굴을 닮기도 하고, 자야바르만 7세의 얼굴을 닮기도 했다. 캄보디아 지폐를 자세히 들여다보면 이 석상의 얼굴을 찾을 수 있다.

앙코르 유적지 중 가장 흥미를 자아내는 따프롬Ta Prhom 사원은 12세기 중반에 시공된 곳으로 통행로만 만들어 놓은 것을 빼고는 오늘날까지 전혀 복구되지 않은 사원이다. 예전에 안젤리나

PHOTO ❹
열기구를 타고 상공에서 내려다본 앙코르 유적지의 중앙 신전인 앙코르와트와 주변 모습

PHOTO ❺
바욘 사원에 놓인
바욘 석상의 측면

PHOTO ❻
거대 나무가 뿌리를 내린 모습이
이채로운 따프롬 사원

졸리가 강인한 전사 역으로 주연한 〈툼 레이더〉가 이곳에서 촬영된 것으로도 유명하다. 그런 사실 때문일까 사원에 다다르자 마치 영화세트를 보고 있는 것처럼 무시무시한 모양의 거대한 보리수나무 뿌리들이 마치 먹이를 감싸고 있는 듯 사원들을 휘감고 있었다. 그리고 건물 틈새로 난 작은 잡풀들이 마치 색채의 마술을 불러일으키듯 건물 전체에 에메랄드빛 광채를 내고 있었다. 고대의 따프롬 사원은 인근의 3천여 개의 마을을 통치하고 8만 명이 관리하던 매우 거대한 규모의 사원이었다고 하는데, 지금은 자연의 힘에 의해 철저히 파괴된 보잘것없는 폐허에 불과했다. 결국 인류가 만들어 놓은 철옹성 같은 건물도 신과 자연의 의지 앞에서는 굴복할 수밖에 없나 보다. 인간의 지혜와 힘이란 대자연의 힘 앞에서는 얼마나 나약하단 말인가? ❦

○○○
Writer's Story
톤레삽 호수 방문기

이른 아침 중앙 신전의 실루엣

        동양 최대 규모의 호수라는 톤레삽 호수Tonle Sap Lake는 앙코르 왕국의 풍족한 식수를 공급하는 물탱크 역할을 하였음이 분명하다. 이 호수는 크기로만 보면 분명 바다인데, 키 큰 갈대와 물속에서 자라나는 나무숲을 보면 거대한 늪지대 같은 모양을 하고 있다. 호수 위에는 금방이라도 쓰러질 것 같은 여러 채의 수상가옥들이 모여 촌락을 이뤘다.
수상마을에는 학교와 교회 건물도 있었지만 이곳 보트피플의 삶은 매우 원시적으로 보였다. 보아하니 마실 만한 깨끗한 물이 없다는 것이 이들 생활의 가장 큰 문제점처럼 느껴졌다. 양수기로 물을 바다 깊은 곳에서 끌어 올려 사용한다고 보트 운전사가 귀띔해 주었지만 가난한 이들에게 양수기를 사용한다는 것은 일종의 사치처럼 보였다. 보트를 타고 수로를 오갈 때마다 음식을 만들고 있는 여인네들과 천연덕스럽게 물속에서 물장구를 치며 노는 아이들의 모습을 볼 수 있었다. 이들의 순박한 모습 속에서 이방인이 바라보는 생활상의 불편한 문제점들은 큰 걱정이 아닌 듯했다. 이들의 모습을 보면서, 태어나서 죽기까지 한 번도 이곳을 벗어나지 못한 사람들의 비릿한 삶의 체취가 물 냄새 속에 깊숙이 배어 있는 것 같았다.
호수 선창가에 마련된 수상레스토랑 위층 테라스에 올라가 호수 아래로 떨어지는 주홍빛 햇살을 바라보았다. 고요한 호수 위에서 바라보는 석양은 마음을 숙연하게 했다. 인류의 지혜와 문명의 단면은 이곳 톤레삽 호수의 수상마을에도 존재하고 있었다. 밀림과 같은 척박한 자연경관 속에서 만들어낸 엄청난 인류의 재산만큼이나 물과 더불어 살아가는 수상마을 사람들의 삶의 지혜와 용기가 신비롭고 아름다웠다.

Travel Info
앙코르 유적지

앙코르 유적지 중 가장 높은 곳에 자리한 프놈바켕 사원

(Access) 대한항공과 아시아나항공은 캄보디아의 수도 프놈펜까지 직항 운항한다. 프놈펜에서 국내선 비행기로 시엠레아프까지 갈 수 있다. 태국에서 육로로 갈 경우 먼저 태국의 국경 도시 아란Aran까지 가서 시엠레아프로 들어가는 차편을 알아보면 된다.

(Travel Season) 앙코르 유적지 지역은 연중 내내 무덥고 습하다. 일반적으로 11~2월이 여행자들이 가장 많이 몰리는 성수기이다. 이 시기의 온도는 25~30도로 1년 중 가장 덜 덥다. 참고로 3~5월이 가장 더우며, 이때는 기온이 40도까지 오른다. 6~10월은 우기인데 비는 주로 오후에 내리므로 오전에 상대적으로 덜 북적이는 사원을 방문하기 좋다.

(Travel Tip) 연중 내내 북적이기에 가급적 오전 일찍 방문하는 게 좋다. 뜨거운 햇살로 인해 선크림은 수시로 피부에 바르자. 앙코르 유적지를 관광하러 오는 여행자들은 대개 최소한 3일 이상의 일정으로 유적지를 둘러본다. 첫날에는 오전 일찍 앙코르와트에 가서 일출과 함께 평온한 사원 주변을 둘러보고 오후에는 앙코르톰과 주변 사원들을 둘러본다. 저녁에는 프놈바켕 사원에 올라가 앙코르 유적지 주변의 일몰을 감상한다. 이튿날에는 따프롬 사원과 주변의 크고 작은 유적들을 둘러보고, 마지막 날에는 앙코르와트에서 조금 멀리 떨어진 반띠아이 쌈레 유적과 반띠아이 쓰레이 유적, 그리고 톤레삽 호수에서 수상마을을 둘러보며 일몰을 감상한다. 여행자들은 일반적으로 택시를 대여하거나 운전자가 포함된 인력거, 오토바이를 대여한다. 도보로 모든 유적을 둘러보는 것은 불가능하다.
비자는 태국-캄보디아 국경에서 사진 한 장, 신청서 그리고 30$를 내고 약 10분 정도 기다리면 발급받을 수 있다. 프놈펜이나 시엠레아프국제공항에 도착해서 즉시 비자를 발급받을 수 있다.

SRI LANKA

갈의 구시가와 요새

Old Town of Galle and its Fortifications

스리랑카 남서부 해안은 황금 해안으로 불린다. 황금빛 모래사장과 눈부신 자연경관으로 인해 예로부터 여행자들이 그렇게 불러 왔다. 해안가에 자리한 갈은 유네스코 세계문화유산으로 지정된 여행지로 콜로니얼 스타일의 건축양식이 잘 보존된 구시가와 요새를 지닌 곳이다. 스리랑카 수도인 콜롬보에서 기차를 타고 해안선을 따라 이곳을 찾아가는 여정이 흥미롭다.

Information

국가	위치	등재연도
스리랑카	갈	1988년

스리랑카의 황금 해안을 둘러보기 위해서는 이 나라의 수도 콜롬보Colombo에서 여정을 시작하는 게 좋다. 스리랑카에서의 기차 여행은 객차 사이로 엿보는 해안 풍경의 낭만이 스며있다. 콜롬보의 포트Fort역은 스리랑카 기차 여행의 출발점이다. 번잡하기 이를 데 없는 포트역에서 그다지 어렵지 않게 구한 티켓 한 장을 손에 들고 현지인들과 함께 뒤엉켜 기차에 올라타면 이 나라에서만 누릴 수 있는 독특한 기차 여행이 시작된다. 식민지 시대에 세워진 철로는 오늘날까지 이 나라 국민들이 이용하는 제일의 교통수단이다. 콜롬보와 마타라Matara 사이를 운행하는 기차는 칼루타라Kalutara, 갈Galle 등 황금 해안의 주요 도시를 경유한다. 이 기차에 올라타면 차창 너머로 아름다운 인도양의 맨살을 드러낸 눈부신 황금 해변의 모습을 볼 수 있다. 여러 명의 마을 주민 남자들이 모여 거무튀튀한 오래된 목선에서 그물을 꺼내 손질하는 모습도 눈에 띈다. 한쪽에서는 이름 모를 바다새 무리가 또 다른 목선 위에 줄지어 앉아 사내들을 바라보고 있다.

airtel
1

LANKA
JEWELLERS
WHOLE SALE & RETAIL
DUTY FREE SHOP
NO 37
2

해안선을 따라 해안 마을을 하나둘 지나다 기차는 어느덧 스리랑카에서 네 번째로 큰 도시인 갈에 도착했다. 갈은 스리랑카에서 여행자들이 가장 즐겨 찾는 곳 중 하나이다. 갈은 큰 도시이지만 번잡하지 않았다. 그래서 좋았다. 특히 이 도시의 구시가는 이 나라에서 가장 아름답고 역사와 전통을 잘 보존한 거리와 골목으로 구성되어 있기에 처음 방문하는 곳이었지만 발걸음 역시 가벼웠다. 밤늦은 시간에도 구시가의 거리를 거닐며 민예품과 장식용 회화, 액세서리 등의 쇼핑과 다양한 먹거리를 즐기는 여행자들을 상당수 볼 수 있었다. 구시가 중심에는 로맨틱한 무드를 자아내는 콜로니얼풍의 호텔과 게스트하우스도 들어서 있었다. 무엇보다 유럽풍의 성벽으로 둘러싸인 구시가의 모습은 아시아 전체를 통틀어 그리 쉽게 볼 수 있는 모습이 아니기에 이채롭기만 했다. 구시가로 들어가려면 성벽의 아치형 문을 통과해야 하는데, 이곳으로 들락날락하는 행인들과 소형 삼륜 택시인 바자즈Bajaj의 모습이 눈에 익었다.

PHOTO ❶
콜로니얼 분위기가 물씬 나는 갈의 구시가 거리

갈은 영국인들이 콜롬보를 스리랑카의 주요 항구로 사용하기 전까지 약 4세기 동안 이 나라의 주요 항구이자 유럽인들의 행정타운 역할을 톡톡히 했다. 갈은 16세기부터 19세기까지 유럽의 건축양식과 남부아시아의 건축양식이 결합되어 독특한 도시경관을 드러내는 곳으로 발전해 왔고 이러한 특색을 지닌 이 도시의 구시가는 성채와 함께 1988년 유네스코 세계문화유산으로 지정되었다. 이곳 요새의 성벽은 화강암과 산호가 함께 사용된 것으로 유명하다. 유럽풍의 도시설계 역시 가로수가 놓인 넓은 대로를 중심으로 기둥이 지탱하는 베란다를 지닌 가옥과 정원으로 구성되어 있는 모습에서 확연히 드러난다.

PHOTO ❷
갈 구시가의 밤거리

이 도시를 처음 세운 사람들은 포르투갈인들이었다. 1344년 아랍 출신의 항해가인 이븐 바투타가 이곳에 처음으로 도착하였고 그 후로 오랜 세월이 지난 뒤 1505년 포르투갈인들이 이곳에 정착하였다. 포르투갈인들은 먼저 북부로부터 스리랑카 왕국들의 침입을 방지하기 위해 16세기 이 도시에 요새를 건설하였다. 1640

PHOTO ③
선착장 인근에서
소소하지만 흥겨운 일상을
보내는 현지인들

년이 되어 이 요새는 네덜란드인들의 수중에 들어가게 되고 네덜란드인들은 영국, 프랑스 등의 외침에 대비해 요새를 더욱 견고히 했다. 18세기 동안에는 도시에 행정부처의 건물과 무역소, 창고 등이 들어서면서 조금씩 도시다운 면모를 갖추기 시작했다. 네덜란드인들이 통치하던 갈은 1796년 이 지역의 해상을 장악하고 콜롬보를 점령한 영국의 식민주의자들 손에 넘어갔다. 스리랑카는 1972년까지 실론Ceylon이라는 이름으로 불렸다. 스리랑카는 제2차 세계대전이 끝난 뒤 3년이 지나고 1948년 영국의 식민지배로부터 벗어나 독립을 이루었다.

Travel Info
갈

전통 의상을 입고 예식 촬영을 하는 연인
성벽으로 둘러싸인 구시가
구시가인 네덜란드 개혁교회
갈의 대표 건축물인 안민 교회

Access 인천국제공항에서 스리랑카 콜롬보국제공항까지는 경유편을 이용해야 한다. 갈은 콜롬보 포트역에서 마타라행 기차로 약 2시간 30분 거리에 있다.

Travel Season 여행의 최적기는 일반적으로 11~3월까지이다. 5~8월까지는 몬순 시기로 비가 많이 온다. 벤토타Bentota의 4월 기온은 24~31도이며 갈의 4월 기온은 25~28도이다.

Travel Tip 갈 인근의 스리랑카 남서부 해안의 파도는 때때로 높고 물살이 빨라 수영 이나 서핑을 즐길 경우 각별히 조심해야 한다. 비자는 공항에서 도착비자(30일 체류 가능)로 구입할 수 있다.

INDIA

델리의 붉은 요새 복합단지
Red Fort Complex, Delhi

Information

현지어로 랄 킬라Lal Qila라고도 불리는 델리의 레드 포트는 그야말로 올드델리 지구 관광의 하이라이트이다. 붉은 사암의 성벽이 철옹성처럼 서 있는 모습이 보는 이를 압도한다. 예전에 이곳은 델리 포트Delhi Fort로 불리기도 했다.

국가	위치	등재연도
인도	뉴델리주	2007년

　　　델리의 레드 포트는 인도의 대표적인 건축물 중 하나이다. 이 장엄한 형태의 건축물은 아그라의 타지마할을 세운 무굴 제국의 5대 왕인 샤자한이 세운 것으로 1639년에 건축을 시작하여 10년 뒤 완공되었다. 무굴 제국 전성기의 건축기술이 집약된 건축물로 평가받아 지난 2007년 유네스코에 의해 세계문화유산으로 지정되었다.

　　　레드 포트의 정문은 라호르 게이트Lahore Gate라고 불린다. 라호르 게이트는 인도인들에게 상징적인 의미를 지닌다. 바로 1947년 영국의 식민통치로부터 해방되는 날, 인도의 국기가 바로 라호르 게이트 위에 놓여 펄럭였기 때문이다. 라호르 게이트를 지나면 방문객들은 차타 초우Chatta Chow라는 이름의 바자르를 만나게 된다. 한때 이곳은 왕실에 납품하는 실크, 금, 은, 보석류 등을 취급하는 곳이었다고 한다. 오늘날에도 다양한 기념품, 수공예품 등을 팔며 여행자들의 눈길을 끌고 있다.

PHOTO ❶
붉은 요새라 불리는
레드 포트의 라호르 게이트

라호르 게이트와 차타 초우를 지나 요새 안으로 들어가면 디와니 암Diwan-e Aam이 나타난다. 이곳은 왕실 접견실로 이곳에서 무굴 제국의 왕들은 백성들의 의견을 들었다고 한다. 레드 포트의 왕실 목욕장 오른편에 놓인 디와니 카스Diwani Khas는 하얀 대리석으로 이루어진 건물로 왕들의 개인 접견실로 쓰였다. 이곳에서 왕은 신하들의 충언이나 건의사항을 들으며 현명한 정치를 펴고자 했다. 과거에 사치스러운 장식과 가구들로 치장된 곳이었던 이곳에는 한때 공작 왕좌Peacock Throne로 불리던 페르시안 스타일의 황금 왕좌가 놓여 있었다. 이것은 왕만이 앉을 수 있는 왕좌로 앞에는 올라가는 짧은 계단이 연결되었으며, 4개의 다리가 구성되어 있었다. 왕좌는 화려한 금색 장식과 세밀한 문양들로 치장되어 있었는데, 1739년 페르시아의 아프샤르 왕조의 나디르 샤Nadir Shah에 의해 약탈되었다.

PHOTO ❷
디와니 암의
아치형 구조

색의 궁전이란 뜻을 지닌 랑 마할은 샤자한의 후궁들이 기거하던 곳으로 라호르 게이트와 일직선상 맞은편에 놓여 있다. 이곳의 내부에는 무굴 제국의 예술적 감각을 보여주는 화려한 문양들이 장식되어 있다. 왕실 목욕장 앞에 놓인 모티 마스지드Moti Masjid는 인도 무굴 제국의 6대 황제 아우랑제브에 의해 1659년 대리석으로 만들어진 모스크이다. 진주 모스크Pearl Mosque라는 닉네임을 지닐 정도로 대리석으로 뒤덮인 자태가 매우 매끄럽다. 왕의 개인적인 종교적 용도로 만들어진 이 작은 모스크는 외벽이 요새의 나머지 부분과 대칭되도록 만들어졌다는 점이 특징이다. 반면에 이 모스크의 내벽은 약간 삐딱하게 세워져 있는데 이는 이슬람 성지인 메카를 향하고 있기 때문이다. 🍃

Travel Info
델리

차타 촉우 바자르

라홀로 게이트에서 랄 마할 사이에 놓인 디완니 암

사자한의 개인 접견실이었던 디완니 카스

디완니 카스

(Access) 대한항공, 아시아나항공은 인천국제공항과 델리까지 직항 운항한다. 레드 포트는 델리의 찬드니 초크 Chandni Chowk 전철역에서 동편으로 가까이 자리해 있다.

(Travel Season) 델리는 11~2월이 방문 최적기다. 그 외 시즌에는 덥고 습하다. 특히 5~6월은 가장 덥고 습한 날씨를 보인다. 델리의 7월은 강수량이 가장 많은 달이다. 델리에서 가장 이상적인 최적의 기온을 보이는 때는 2월로 낮 최고 기온이 24도, 밤 최저 기온이 10도 정도이다.

(Travel Tip) 인도 비자는 단수입국 관광비자의 경우 공항에서 도착과 함께 받을 수 있다. 단, 복수입국 관광비자의 경우 주한 인도 대사관에서 미리 받아야 한다. 델리는 상대적으로 치안이 안전한 도시이지만 북적거리는 거리나 시장 등지에서는 소매치기에 주의할 필요가 있다. 간혹 경찰을 사칭하는 사기꾼이 나타나면 급히 자리를 피하는 게 좋다. 여성 혼자라면 밤거리를 혼자 걷는 일은 삼가자.

INDIA

아그라의 타지마할

Taj Mahal, Agra

Information

아그라는 16~17세기 무굴 제국의 수도였던 곳으로
세계에서 가장 아름다운 건축물 중 하나인
타지마할이 있는 곳으로 유명하다. 거대한 흰색 대리석 영묘인
타지마할은 인류가 만든 건축물의 걸작으로
이슬람 건축물의 백미로 불린다.

국가	위치	등재연도
인도	아그라	1983년

   16세기 초부터 19세기 중반까지 존재했던 무굴 제국은 인도 역사에 있어 문화적으로 황금기를 누렸던 시대였다. 그 중심엔 무굴 제국의 세 번째 수도였던 아그라에 세워진 타지마할이 있다. 타지마할은 무굴 황제인 샤자한이 먼저 세상을 떠난 아내 뭄타즈 마할에 대한 슬픔을 담아 건축한 건물로 흰색 대리석으로 만들어진 영묘이다. 영묘 안에는 뭄타즈 마할의 유품이 담겨 있다. 1612년 샤자한과 결혼한 뭄타즈 마할은 1631년 14번째 아이를 낳은 뒤 사망하였다. 샤자한은 타지마할이 아내를 영원히 추모할 곳으로 기억되기를 원했다. 그리하여 타지마할이 자리한 야무나Yamuna강 강가에 순례길이 놓이기도 했다.

   타지마할은 한 여인에 대한 사랑을 담은 건축물이라는 아련한 이야기 덕에 오늘날까지 많은 이들의 심금을 울린다. 인류사에서 샤자한만큼 한 여성의 영정 앞에 이처럼 어마어마한 선물을 선사한 이가 또 있을까? 17세기에 한 여성을 향한 한 남성의 뚜렷

PHOTO ❶
타지마할은 샤자한의
애틋한 사랑을 담은
건축물이다.

한 사랑의 증표는 오늘날 인류가 영원히 보존해야 할 가치를 지닌 문화유산으로 남아 있다.

    타지마할은 규모면에서 다른 건축물을 압도한다. 타지마할 건물 자체는 65m의 높이를 지니고 있으며, 한 변이 94m인 좌우대칭 돔 형태의 건물로 이루어져 있다. 타지마할의 부지는 가로 300m, 세로 580m의 면적을 지니고 있으며, 부지 정면에는 붉은 사암으로 이루어진 정문이 서 있다. 타지마할은 1631년 착공하여 22년간의 세월을 통해 완성되었다. 그렇다면 이 엄청난 건축물은 도대체 누가 설계했던 걸까? 그에 대해서는 오늘날까지 의견이 분분하다. 어떤 기록엔 베네치아의 건축가 피에트로 베로네오(Pietro Veroneo)가 설계했다는 의견도 있다. 하지만 일부에서는 그가 인도와 페르시아의 건축양식을 완벽하게 소화해 낼 정도의 인물인지

PHOTO ❷
머리에 짐을 이고
타지마할 앞을
지나가는 여인

의심의 시선을 보내기도 한다. 이러한 연유로 다양한 건축가가 이 작업에 매달렸을 것이라는 의견이 다소 신빙성을 갖는다.

어찌 됐건 페르시아, 튀르키예 등지에서 온 숙련공을 비롯하여 약 2만 명의 건축공들이 타지마할 건축에 참여했다는 사실은 참으로 놀랄 만하다. 건축 당시 1,000여 마리의 코끼리가 인도 북서부의 라자스탄 지방의 대리석 광산으로부터 이곳까지 대리석을 운반하였다는 사실도 놀랍다. 타지마할 내부는 더욱 휘황찬란한 각종 보석과 고급 자재로 치장되었는데, 이러한 것들은 페르시아, 아라비아, 중국, 티베트 등지부터 들여온 것들이라고 한다. 당시 무굴 제국의 황제 샤자한은 이 모든 값을 자신이 직접 치를 만큼 어마어마한 부를 축적하고 있었다. 그의 통치 당시 무굴 제국의 영토는 서쪽으로 오늘날의 아프가니스탄, 동쪽으로 아삼 지방, 북쪽으로 오늘날의 타지키스탄 인근의 파미르 고원, 남쪽으로 데칸 고원까지 이르렀다. 그는 인도의 역대 왕들 중에서 가장 넓은 영토를 차지한 인물이었다. 죽어서는 그토록 사랑한 아내 옆에서 영원히 잠들었다. 🌿

Travel Info
아그라

메흐탑 정원(Mehtab Bagh)에서 바라본 타지마할

타지마할이 멀리 보이는 오베로이 호텔의 테라스

(Access) 델리에서 아그라까지 가장 빠르게 가는 방법은 뉴델리의 코노트 플레이스에서 가까운 뉴델리 기차역에서 아그라 칸톤먼트Agra Cantonment 기차역까지 샤타브디 익스프레스Shatabdi Express 급행열차를 타는 것이다. 소요시간은 2시간 정도이다.

(Travel Season) 아그라를 여행하기 좋은 시기는 11월부터 2월 중순까지이다. 5~6월의 평균기온은 약 40~41도로 무척 덥고 습하다.

(Travel Tip) 타지마할은 아그라 신시가지 동쪽 야무나강 강변에 위치한다. 타지마할은 금요일을 제외하고 일출 1시간 전부터 일몰 45분 전까지 문을 연다. 내부 사진촬영은 불가하다.

UZBEKISTAN

사마르칸트의 문화 교차로

Crossroads of Cultures in Samarkand

Information

국가	위치	등재연도
우즈베키스탄	사마르칸트	2001년

실크로드의 중심지이자 티무르 제국의 찬란한 이슬람 문화유산을 간직한 사마르칸트. 실크로드 여행을 꿈꿔 온 많은 여행자들의 로망이 담긴 곳이다. 오늘날 현대 문명의 발달로 그 어느 때보다 쉽게 접근할 수 있기에 더 이상 꿈만 꾸게 하는 전설의 도시는 아니다. 낙타 타고 다니는 대상들도 자취를 감춘 지 오래다. 하지만 티무르 시대의 눈부신 건축물들은 여전히 살아 숨 쉰다.

사마르칸트는 늘 실크로드 주변 강성했던 고대 왕국들이 패권을 다투던 세력의 장 중심에 서 있었다. 알렉산더 대왕을 비롯해 정복자 칭기즈칸, 티무르 등이 사마르칸트를 오가며 정복에 나섰다. 뿐만 아니라 마르코 폴로, 법현, 현장을 비롯한 탐험가와 여행자, 구도자들이 예로부터 동서를 가르며 이 전설의 도시를 오갔다. 오가는 것은 사람만이 아니었다. 동서의 문화가 오갔으며 비단, 금, 은, 보석, 도자기를 비롯해 진귀한 동서의 발명품들이 낙타의 등에 가득 실린 채 이곳에서 서로 만났다. 한마디로 사마르칸트는 동서의 문화가 만나는 중앙아시아의 큰 가교 역할을 해 왔던 것이다. 그런 의미에서 이 도시에 문화 교차로라는 닉네임이 주어진 것은 당연하다.

이 도시가 지금의 아프라샤프 언덕 위에 세워진 것은 대략 2,500년 전의 일로 추정된다. 당시 이 지역에 살던 사람들을 소그트인들이라고 불렀으며 이들은 제라프샨강을 중심으로 관개 시설

등을 통해 농사를 지으며 비교적 높은 문화 수준을 지닌 채 삶을 영위해 나가고 있었다. 당시 사마르칸트는 마라칸다라는 이름으로 불렸다. 이 도시의 첫 번째 침입자는 기원전 4세기경 무렵의 마케도니아에서 온 알렉산더 대왕이었다. 7세기에 들어서 아랍인들의 침입과 함께 이슬람교로의 개종이 강요되고 실크로드 대상으로 활약했던 소그드인들은 거의 자취를 감추게 된다. 이때부터 사마르칸트는 아랍인들이 통치했던 사라센 제국 아래 놓이게 되며 모든 주민들이 이슬람화된다. 이후 아랍 세력이 약해지면서 9~10세기에는 이란계 이슬람 정권인 사만 왕조에 편입된다.

1220년 몽골족을 이끈 칭기즈칸의 침입으로 도시 전체가 무자비하게 파괴된다. 다시 14세기 칭기즈칸의 사후, 몽고 제국의 분열로 티무르 제국이 출현하게 되고, 사마르칸트는 이 즈음 오늘날의 파키스탄, 이란, 흑해 연안 지역까지 영토를 넓혔던 티무르

PHOTO ❶
눈부신 모자이크 타일 장식을 지닌
구르 에미르 영묘

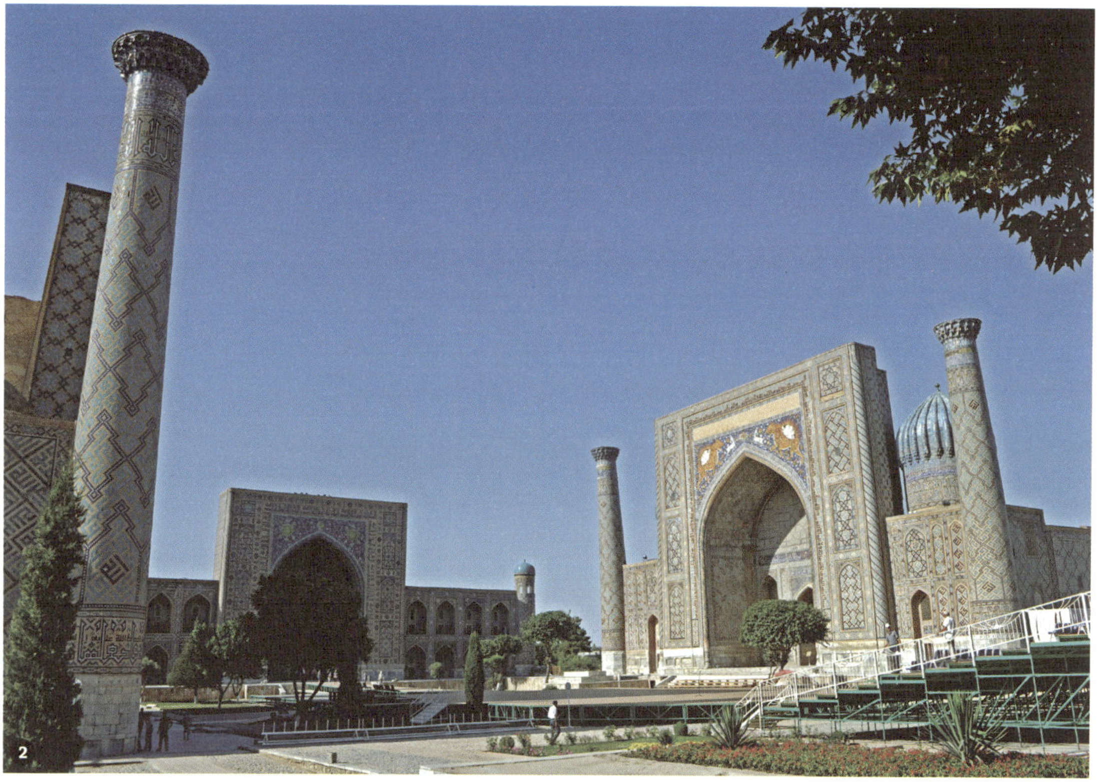

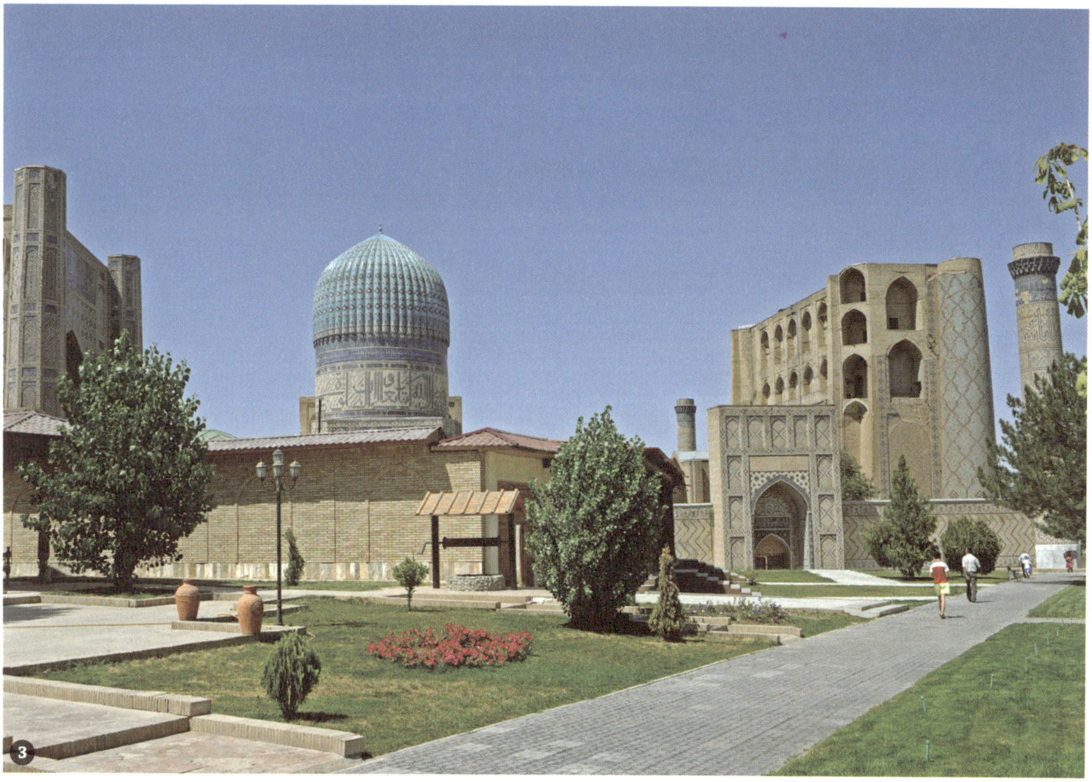

제국에 속하게 된다. 이후 사마르칸트는 도시의 중심이 아프라샤프 언덕에서 오늘날의 레기스탄 광장으로 이동하게 되고, 티무르 제국의 통치자 티무르왕은 사마르칸트를 세계에서 가장 아름다운 도시로 만들고자 했다. 이때부터 사마르칸트는 실크로드 대상들이 오가는 교역의 중심지로 다시 부상하게 되고 대상들을 위한 숙소인 카라반세라이와 상인들이 물건을 사고파는 대규모 바자르가 형성되기 시작했다.

PHOTO ❷
중앙아시아에서 가장 큰 규모의 이슬람 건축물 단지를 구성하고 있는 레기스탄 광장

오늘날 사마르칸트 구시가의 중심은 레기스탄 광장이다. 이 광장에는 3개의 주요한 건물이 자리하고 있다. 바로 1420년 완공된 울루그 베그 마드라사와 1636년 완공된 쉬르 도르 마드라사, 1660년 완공된 틸라 카리 마드라사이다. 이슬람 국가에서 흔히 볼 수 있는 마드라사Madrasa라는 건축물은 이슬람 교육을 목적으로 하는 사원으로 예배를 위한 공간이 주목적인 모스크와는 개념이 다르다. 레기스탄 광장의 마드라사 건물은 실로 중앙아시아에서 가장 방대한 이슬람 건축단지를 보여준다.

레기스탄 광장에서 남서쪽으로 약 10분 정도 걸어가면 '지배지의 묘'라는 외미의 구르 에미르 영묘Gur-Emir Mausoleum가 등장한다. 푸른빛 모자이크 타일이 돋보이는 첨탑이 우뚝 솟은 구르 에미르 영묘는 작은 규모이지만 눈부신 아라베스크 장식을 자랑하고 있다. 이곳은 1403년 티무르왕의 명령에 의해 세워진 것으로 티무르왕의 묘지가 놓인 곳이기도 하다. 샤히진다Shahi Zinda는 레기스탄 광장 이전 사마르칸트의 중심지였던 아프라샤프 언덕 동편에 놓인 영묘이다. 이 언덕 위에는 현재 고대 성읍을 이루었던 성터가 남아 있으며 독특한 형태의 묘비들로 가득 채워진 공동묘지가 들어서 있다. 이 묘지는 8세기 아랍인들의 침입 이후 이슬람교도들의 묘지가 되었다고 한다.

PHOTO ❸
티무르왕의 아내 비비 하님의 이름을 딴 비비 하님 모스크

레기스탄 광장으로 가는 길에 만날 수 있는 비비 하님Bibi-Khanym 모스크는 중앙아시아 최대 규모의 모스크로 알려져 있다.

PHOTO ④
정면에서 바라본
비비 하님 모스크의 파사드

인도와 중동 등지로 원정을 다녀온 티무르왕은 그곳에서 수많은 사원들을 둘러본 뒤 사마르칸트에도 그보다 웅장한 이슬람 사원을 만들기를 원했다. 이러한 바람 속에 해외 각지에서 200여 명의 건축가 등을 불러 세운 건축물이 바로 비비 하님 모스크이다. 비비 하님은 티무르왕이 8명의 아내 중 가장 사랑했던 왕비의 이름이다. 하지만 아쉽게도 티무르왕 자신은 이 모스크의 완공을 보지 못한 채 완공되기 3년 전에 죽고 만다. ❧

Travel Info
사마르칸트

(Access) 대한항공과 아시아나항공은 매주 서너 차례 인천국제공항과 타슈켄트국제공항을 직항 운항한다. 우즈베키스탄 수도 타슈켄트에서 사마르칸트로 가는 길은 기차가 가장 빠르고 편리하다. 참고로 종종 만석이 되기 쉬우므로 기차표는 하루 전날 구입하는 게 안전하다. 에어컨 등 현대식 시설을 갖춘 이 구간의 기차는 일반적으로 3시간 30분 소요되나 연착 시 4시간 넘게 걸리는 경우도 있다. 타슈켄트-사마르칸트 구간의 합승택시의 경우 약 3시간 30분~4시간 소요되며, 버스의 경우 6시간 소요된다. 사마르칸트 서쪽에 위치한 부카라에서는 합승택시와 기차로 각각 3시간 소요된다.

(Travel Season) 일반적으로 6~8월은 무덥기 때문에 선선한 4~5월이나 9~10월이 방문하기 가장 좋다.

(Travel Tip) 우즈베키스탄은 한국 국적자의 경우 무비자로 최대 30일간 체류 가능하다. 우즈베키스탄 방문 시 체류하는 도시의 숙소마다 3일 이내에 거주지등록을 해야 하는데, 일반적으로 『론리플래닛』과 같은 여행 가이드북에 소개된 외국인을 상대하는 저렴한 요금의 게스트하우스나 호스텔, 호텔 등지에서 체류할 경우 리셉션에 요구하면 해당날짜의 거주지등록증을 받을 수 있다. 우즈베키스탄 출국 시에 이민국에서 거주지등록을 확인할 경우 이 거주지등록증을 보여주면 된다. 그렇지 못할 경우 벌금 등이 부여될 수 있다.

IRAN

페르세폴리스
Persepolis

Information

국가	위치	등재연도
이란	파르스 지방	1979년

페르시아인들의 도시라는 뜻을 지닌 페르세폴리스는 해발 1,630m 고지대에 자리해 있다. 오늘날 페르시아 제국의 고대 도시 유적 중 가장 잘 보존된 곳이다.
페르세폴리스는 기원전 6세기경에 세워져 페르시아 제국의 아케메네스 왕조의 수도였다. 현재의 유적지는 시라즈에서 북동쪽으로 70km 떨어진 곳에 위치한다.

현존하는 최대의 고대 페르시아 유적지인 페르세폴리스는 페르시아인의 도시라는 뜻을 지니고 있다. 사실 페르세폴리스는 그리스인들이 이 도시를 지칭해 불렀던 이름이다. 기원전 518년경 세워져 다리우스 1세 때 궁전과 테라스 등이 만들어졌으며, 도시의 완성은 그의 아들인 크세르크세스 1세 때 이루어졌다. 이 고대 도시는 마케도니아 왕국의 정복왕 알렉산더 대왕의 침입으로 완전히 폐허가 되었고, 그 후 재건된 뒤 옛 명성을 회복하지 못한 채 점차 이름 없이 역사의 무대에서 사라졌다.

고대에 이곳에는 왕궁, 별궁, 개선문 등 실로 다채로운 건물들이 자리해 있었다. 모두 막강한 권력을 행사했던 페르시아 왕에 의해 세워진 것들이었다. 하지만 현재는 건물의 일부만이 남아 있을 뿐이다. 멀리 이곳을 찾아온 여행자들은 이곳에서 왕궁을 떠받치던 높디높은 원형 기둥과 건축물의 입구에 세워졌던 조각상, 건축물의 한 면에 새겨진 부조물 등을 둘러볼 수 있다.

PHOTO ❶
크세르크세스 문을 이루는 2개의 스핑크스상

PHOTO ❷
왕을 위한 새해맞이 축하 행렬을 묘사한 부조물. 아파다나 궁전 계단 벽면에 새겨져 있다.

PHOTO ❸
기둥 위에 장식된
새 모양의 조각상

PHOTO ❹
왕을 접견하는
외국 사신들의 모습을
건물 벽면에 새긴 부조물

PHOTO ❺
만국의 문이라고도 불리는
크세르크세스 문과 주변 풍광

먼저 유적지에 입장하면 계단을 올라가야 한다. 그러면 가장 처음 눈에 띄는 구조물은 크세르크세스Xerxes 관문이다. 크세르크세스 1세에 의해 세워진 이 문 앞에는 황소의 몸에 수염을 기른 남자의 얼굴을 한 스핑크스 형태의 조각상 2개가 놓여 있다. 전 세계 어느 고대 도시의 유적지에서도 볼 수 없는 매우 독특한 형태의 조각상이라 방문하는 이마다 입을 쩍 벌리게 된다.

이곳에서 남쪽으로 길을 따라 걸으면 아파다나Apadana 궁전의 관문이 나타난다. 페르세폴리스의 광장에서는 새해마다 왕의 치하를 기념하고 새해맞이를 축하하는 대대적인 행렬이 펼쳐졌다. 행렬에는 페르시아 군대를 비롯해 속국에서 조공과 황제에게 바칠 선물을 준비해 온 각 나라의 대신들이 참여했다. 이 엄청난 행렬의 모습이 오늘날까지 아파다나 궁전의 계단 벽면에 부조로 남아 있다. 다리우스 1세의 명령으로 세워진 아파다나 궁전은 당시 이 고대 도시에서 가장 기념비적인 건물이었지만 아쉽게도 현재는 25m 높이의 거대한 기둥만이 남아 있다. 유적지를 둘러보다 보면 새 머리 형태에 뿔을 단 특이한 동물의 조각상을 발견할 수 있는데 이것은 아파다나 궁전의 천장을 떠받쳤던 기둥의 맨 위에 장식되었던 것으로 높은 기둥에서 바닥으로 떨어진 것을 다시 재배치하여 진열한 것이다.

PHOTO ❻
아파다나 궁전을 이루는
기둥들과 뒤로 멀리 보이는
유적 타카라 궁전

아파다나 궁전에서 멀지 않은 곳에 자리한 트리필론Tripylon 궁전 역시 건물의 모습은 온데간데없고 건물 입구로 쓰였을 사각기둥만이 남아 있다. 이 기둥에는 마치 의자에 앉아 지팡이를 쥐고 조공 행렬을 내려다보는 듯한 다리우스왕의 부조물이 새겨져 있다. 이것은 방문객들이 이곳에서 가장 눈여겨보는 부조물 중 하나이다. 또 하나의 궁전인 타카라Tachara 궁전 역시 출입구로 사용되었던 구조물과 사각기둥, 건물 아래 벽면에 새겨진 부조물 따위만 남아 있다. 타카라는 겨울 궁전이란 뜻을 지닌 말이다. 가장 작은 규모의 궁전이었던 타카라 궁전은 거주공간보다는 행사용으로 주로 사용되었다고 한다. ❧

Travel Info
페르세폴리스

헤공을 장식한 말 머리 조각

수천 년 전 왕궁의 기둥을 장식했던 조각이 흩어져 있다.

(Access) 한국에서 이란으로 가는 직항로는 아직 없다. 두바이, 아부다비, 도하 등을 경유해 이란의 수도 테헤란으로 가는 게 편리하다. 테헤란에서 버스로 시라즈까지는 13시간 걸린다. 페르세폴리스는 시라즈 시내에서 택시로 쉽게 찾아갈 수 있다.

(Travel Season) 한여름에 페르세폴리스를 방문하면 중동의 혹독한 무더위를 경험하게 될 것이다. 하지만 습하지 않아 견딜 만하다. 가장 방문하기 좋은 시기는 4~5월의 봄철이다. 이때는 꽃이 만발한 시라즈의 멋진 정원도 함께 방문할 수 있다. 시라즈와 페르세폴리스 지역은 걸프만에서 불어오는 따뜻한 해류의 영향으로 한겨울에도 상대적으로 온화한 기후를 선보인다.

(Travel Tip) 이란을 방문하려면 관광비자가 필요하다. 한국에서 서울 주재 이란 항공사무소를 통해 항공권을 구입할 경우 주한 이란 대사관에서 비자 받기가 수월하다. 그 외의 방법으로는 테헤란국제공항이나 시라즈국제공항에 도착해 도착비자를 받는 방법이 있다.

JORDAN

페트라

Petra

페트라는 요르단이라는 고대 유물의 왕관을 치장하고 있는
가장 빛나는 보석이다. 지난 2007년 7월 인도의 타지마할,
페루의 마추픽추, 멕시코의 치첸이트사 피라미드 등과 함께 새로운
세계 7대 불가사의로 선정되었다. 이 때문인지 요르단이라는 나라가
다소 생경하더라도 페트라라는 이름은 어디선가 한 번쯤 들어봄 직하다.
새롭게 세계 7대 불가사의로 선정된 페트라의 위상은 더욱 높아졌다.

Information

국가	위치	등재연도
요르단	마안	1985년

바위산의 암벽을 깎아 만든 동굴 거주지

PHOTO ❶
페트라의 또 다른 하이라이트인 알시크 협곡길

PHOTO ❷
알시크 협곡길 암벽에 놓인 조각물.
오랜 세월 끝에 파손된 채 남아 있다.

PHOTO ❸
페트라 고대 도시 유물 중 가장 유명한 알카즈네

페트라는 1985년 유네스코 세계문화유산으로 지정되었다. 아랍의 고대 왕국이었던 나바테아 왕국의 사라진 도시 건축물과 유물을 고스란히 간직하고 있다는 이유에서였다. 나바테아^{Nabatea} 왕국은 현재의 요르단 서부에 있던 고대 왕국이다. 아라비아반도 서부 지역의 유목부족이었던 나바테아족이 기원전 6세기경 지금의 페트라 지역에 들어오면서 철기시대부터 이 지역에 들어서 살고 있던 에돔족을 서쪽의 유대 지역으로 몰아냈다(참고로 에돔족의 시조는 구약성경에 나오는 이삭의 큰 아들 에서이고, 에서의 동생은 이스라엘의 시조가 된 야곱이다). 이후 나바테아인들은 이 지역을 기반으로 중계무역 등을 통해 막대한 부를 축적하게 되고 500년간 축적한 부를 토대로 페트라라는 도시를 사막 한가운데에 세웠다. 그때가 기원전 1세기경이다. 당시의 기술과 장비로 바위산의 암벽을 깎아 거대한 고대 도시를 만들기란 쉽지 않았을 것이다. 이 때문에 오늘날 페트라를 세계 7대 불가사의 중 하나로 꼽는다. 도시 건설에 참여했던 노예와 노동자들에게 척박한 자연 환경과 무더운 사막 기후는 얼마나 견디기 힘든 것이었을까?

페트라는 고대 그리스어로 바위를 뜻한다. 당시 페트라는 거대한 자연절벽으로 둘러싸여 있어 신비로운 땅이자 은둔의 땅, 적의 침략으로부터 안전이 보장된 땅이었다. 페트라의 전성기는 1세기경 나바테아 왕이었던 아레타스 4세 때였다. 당시 이 도시에는 약 3만 명에 달하는 시민들이 거주하였고 아라비아 문자의 선구자격인 초서체 활자를 만들어 사용하였다. 뿐만 아니라 수력 발전을 이용할 줄 아는 전문가들을 통해 댐과 수로, 물탱크 등을 만들어 이 고대 도시에 필요한 물을 공급하고자 하였다. 오늘날 페트라의 고대 도시로 들어가는 좁은 협곡길인 알시크$^{Al\text{-}Siq}$를 거닐면 이때에 만들어 놓은 수로의 흔적을 발견하게 된다.

나바테아인들은 이곳에 머물면서 여러 가지 도전에 직면하게 되었다. 특히 전략적으로 중요한 무역의 요충지를 탐내던 이웃 종족들로부터 끊임없는 공격을 받았다. 나바테아의 최대의 적

은 중동까지 세력을 뻗쳤던 로마 군대였다. 로마 제국은 이 지역 내에 그들의 문화적 영향력이 확대되기를 원했다. 나바테아인들은 지혜를 써서 폼페이 장군이 이끄는 로마 군대를 돈으로 매수할 수 있었다. 나바테아인들이 원하는 것은 로마 제국으로부터의 독립을 보장받는 것이었다. 하지만 결국 나바테아 왕국의 몰락으로 서기 106년 로마의 손에 넘어간다. 그 결과 오늘날 페트라 유적과 당시 사용했던 화폐 속에서 로마시대의 문화적 흔적을 찾아볼 수 있다.

3세기경에 페트라는 다시 한번 로마의 자치령이었던 팔레스트리나 테르티아의 수도가 된다. 그 후 비잔틴 시대가 도래하면서 페트라에 세워졌던 나바테아의 건축물 중 일부는 교회 건축물로 바뀌게 되었다. 서기 363년과 551년의 대지진을 통해 페트라의 수많은 건축물들이 파괴되었고, 7세기 이슬람교도들의 침입을 통해 수많은 교회 건축물들이 훼손되었다. 그 후로 12세기 유럽의 십자군 원정대가 이곳에 들어와 두 군데의 요새를 세우기 전까지 이 고대 도시는 약 500여 년 동안 역사의 발자취로부터 밀려나 있었다. 그 이후로 다시 19세기까지 페트라는 잊힌 고대 도시로 간주되다가 1812년 젊은 스위스 출신의 탐험가에 의해 발견된다. 1929년에 비로소 영국의 고고학탐사대가 이곳을 방문하여 유적과 유물을 발굴하기 시작하면서 세상에 다시 알려졌다. 2003년에는 알카즈네Al-Khazneh 아래에서 거대한 무덤 단지Tomb Complex가 발견되어 세계의 이목이 다시 한번 집중되기도 했다. 이처럼 페트라는 아직까지도 발굴되지 않은 수많은 신비를 꼭꼭 숨겨 놓고 있는 곳이기에 언제 어디에서 어떠한 고고학적 보물들이 쏟아져 나올지 아무도 알지 못한다. ❧

PHOTO ④
바위를 깎아 만든 흔적이 고스란히 남은 건축물

PHOTO ⑤
나귀를 타고 있는 현지인 소녀

PHOTO ⑥
페트라의 황량한 사막 지형 속에 작은 산괴가 연속적으로 줄지어 서 있다.

○○○

Writer's Story

아라비아 상인들의 보물은 어디에?

거대한 암벽 사이로 보이는 알카즈네

고대 건축물의 기둥만 길게 남은 모습

알카즈네에 정교하게 새겨진 부조물

      알카즈네와의 만남은 본격적으로 페트라의 건축물들이 모습을 드러내는 순간이었다. 고맙게도 페트라의 하이라이트인 알카즈네는 제대로 보려면 사나흘은 족히 걸리는 방대한 페트라의 유적 중 가장 앞줄에 서 있었다. 파라오의 보물창고라는 뜻의 알카즈네 건물 앞에 서게 되자 우선 숨 고르기를 했다. 그 엄청난 고대 유물의 위상 앞에 힘없이 압도되지 않으려는 일종의 바둥거림이었다. 알카즈네의 그 모습 위로 마치 서광이 비치는 듯했다. 어떻게 건물의 파사드 전체를 암벽 위에 조각할 생각을 했을까? 이 건축물은 헬레니즘 건축 문화의 영향을 받은 파사드로 유명하다. 건축물 자체의 장엄함과 섬세함, 무엇보다 암벽을 깎아 만들었다는 데에 깊은 탄성을 자아냈다. 파사드에 묘사된 부조물들은 그리스 신들과 이집트 여신, 나바테아인들의 신들을 묘사한 것으로 추정된다. 그 건물 안에는 어떠한 장식들이 새겨져 있을까 무척 궁금했지만 내부의 출입은 엄격히 통제되었다. 마치 아라비안 상인들이 이 안에 막대한 보물을 남몰래 숨겨 놓았을 것이라는 발칙한 상상을 해 보았다. 이곳이 진짜 파라오의 보물창고였다면 그 많던 보물은 다 어디로 간 것일까? 실제로 베드윈족은 이 알카즈네 건물의 조각상 뒤쪽에 보물이 숨겨져 있다고 믿었다고 한다. 이 보물을 차지하기 위해 치열한 싸움을 벌였을 탐욕스러운 인간상은 청소년 시절 극장에서 상영했던 80년대 영화 〈인디아나 존스: 최후의 성전〉의 몇 장면들을 통해 본 기억이 아직도 생생하다. 알카즈네 내부에는 커다란 방들이 자리해 있는데, 일부 고고학자들은 이 방들이 나바테아 왕들의 무덤으로 사용되었을 것이라고 주장한다.

Travel Info

페트라

헤롯왕이 선항 지역의 거대한 바위산

Access 한국에서 대한항공, 에미레이트항공, 에티하드항공, 카타르항공 등을 타고 두바이, 아부다비, 도하 등지를 경유해 요르단의 수도 암만으로 갈 수 있다. 인접국인 이집트 누에이바에서는 페리를 타고 요르단의 아카바를 통해 입국할 수 있다.
요르단의 수도 암만에서 페트라를 방문하기 위해서는 먼저 페트라 관광의 베이스가 되는 와디무사Wadi Musa로 가야 한다. 암만의 와하다트 버스터미널에는 와디무사로 향하는 미니버스와 합승택시가 있다. 일반적으로 오전 7~9시 사이에 출발하여 합승택시의 경우에는 4명의 승객이 모여야 출발한다. 소요시간은 약 3시간~3시간 30분 정도이다. 와디무사의 중심지에서 페트라 유적지까지는 도보로 약 20분 정도 걸린다. 대부분의 호텔에서는 무료 셔틀버스 서비스를 통해 투숙객을 유적지 앞까지 데려다준다. 택시로 와디무사에서 페트라 유적지까지는 약 5분 거리이다.

Travel Season 3~5월, 9~11월 가장 서늘한 날씨를 선보인다. 6~8월에는 매우 덥고 12~2월에는 종종 춥고 비가 내린다.

Travel Tip 와디무사에는 배낭족이나 일반 여행자가 거주하는 게스트하우스가 많아 서로 정보를 공유할 수 있다. 페트라를 방문하는 티켓에는 1일권, 2일권, 3일권 등이 있다. 시간적 여유가 없는 여행자라면 서둘러 페트라와 와디럼Wadi Rum을 함께 당일로 방문할 수 있다. 요르단 비자는 암만국제공항에서 도착과 함께 쉽게 받을 수 있다. 한국 주재 요르단 대사관이나 이집트 주재 요르단 대사관에서도 요르단 비자를 받을 수 있다.

YEMEN

사나의 구시가

Old City of Sana'a

Information

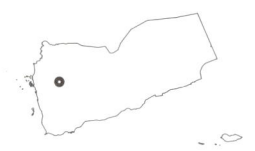

국가	위치	등재연도
예멘	사나	1986년

아라비아반도 끝자락에 위치한 예멘은 인류의 유서 깊은 오랜 역사를 간직한 땅이다. 이 나라의 수도 사나에는 영겁의 시간 동안 쌓아 올린 문화유산이 아직 드러나지 않은 채 신비의 베일에 가려 있다. 1986년 유네스코 세계문화유산으로 지정된 사나의 구시가는 『아라비안 나이트』의 몽환적 이미지를 떠올리게 할 정도로 독특한 전통 양식으로 세워진 건물과 모스크, 성채 등이 한자리에 모여 있다. 오늘날에도 사나는 꿈 많은 여행자들을 끊임없이 유혹한다.

과문하기 그지없던 나라, 예멘으로의 여정을 과감하게 꿈꾸게 된 계기는 오래전 외국여행사의 한 홍보물에 소개된 이 나라의 작은 사진 한 장을 보고 난 후부터이다. 내 속에 깊은 감흥을 일으켰던 것은 다름 아닌 깊은 산자락 위에 세워진 7~8층 높이의 거대한 벽돌 건물들이 담긴 달랑 한 장의 사진이었다. 이렇듯 알량한 이유로 베일에 가려진 막막하기만 한 이 낯선 나라로 은밀한 초대를 받게 된 것이다.

예멘은 아라비아반도 끝자락에 위치한 나라로, 아프리카 대륙과 홍해를 맞대고 있다. 예멘은 역사적으로 인류가 이 세상에 나타난 시기부터 거주해 온 세계에서 가장 오래된 거주 지역 중 하나이며 우리가 잘 아는 『천일야화』의 일부 이야기의 실제 무대로 알려진 곳이기도 하다(『천일야화』는 바그다드 중심의 이야기에 아랍 국가들과 인도 등 일부 지역의 구전된 이야기들이 세월이 흐르

PHOTO ❶
옛 전통과 새로운 문물이
뒤섞여 있는
사나의 시가지 모습

PHOTO ❷
예멘의 수도 사나는 지구상에서
가장 흥미로운 도시 경관을
지니고 있다.

PHOTO ❸
사나의 구시가 골목길.
상점 앞에 한 노인이 편안한 자세로
앉아 있는 모습이 인상적이다.

면서 첨가되어 1,000개의 이야기를 이룬 책이다). 구약성서에 나오는 이스라엘의 솔로몬왕을 방문한 시바 여왕이 이 지역을 다스렸다는 학설도 있으며 고대에는 노아의 아들 셈이 이 나라의 수도인 사나를 세웠다는 전설도 있다.

이렇듯 수많은 역사적 신비를 지닌 예멘을 여행하는 것은 일종의 모험이자 도전이다. 또 하나 덧붙인다면 이글이글 타오르는 사막을 지나 홍해를 건너가는 낭만자의 길이기도 하다. 다양한 매력을 지녔음에도, 이 나라의 무수한 매력이 덜 알려졌다는 것은 참 애석한 일이다. 예멘이 매력적인 것은 한마디로 다른 나라들에 비해 전통 문화가 강하게 살아 있다는 점인데, 이것은 역사적으로 1,000여 년간 각 지역을 다스렸던 군주나 종교 지도자 이맘의 통제하에 전통 문화가 강하게 고수되었기에 가능했던 일이다.

천년의 고도, 사나는 예멘의 수도로 1,500년 동안 외부 세계에 대해 빗장을 굳게 잠그다가 20세기 후반에 와서 서양 세계에 그 모습을 수줍게 드러냈다. 사나만큼 아라비아의 신비로운 분위기를 오랫동안 고이 간직해 온 도시가 또 있을까? 해발 2,200m의 고지대에 놓인 사나의 구시가는 믿기 어려울 만큼 문명의 혜택을 거부하듯이 예스러운 문화들로만 가득 채워진 하나의 거대한 오픈 뮤지엄이다. 실제로 사나에는 구시가를 중심으로 100여 개의 모스크와 12개의 전통 양식의 목욕탕인 하맘, 6,500여 채에 달하는 전통 양식의 고건물이 자리해 있다. 구시가를 걷노라면 마치 할리우드 제작진의 기발한 상상력에 의해 인위적으로 마련된 촬영세트장을 걷는 듯하다. 영화 〈아라비아의 로렌스〉 속 주인공이 된 듯한 기분이라고나 할까?

사나의 구시가는 옛 아라비안 상인들이 노새와 낙타를 몰고 들락날락했을 법한 풍경이 그대로 간직되어 있다. 멀리서 한 마리의 작은 노새가 이끄는 작은 달구지가 두 사람이 지나다니기에도 버거울 정도로 좁은 골목길 사이를 누비고, 그 양옆에는 오밀조

TOURISM & RENT ACAR
FAX: 00967.1.295313
P.O. BOX 7136
SAFARI
TOUR
295313

4

5

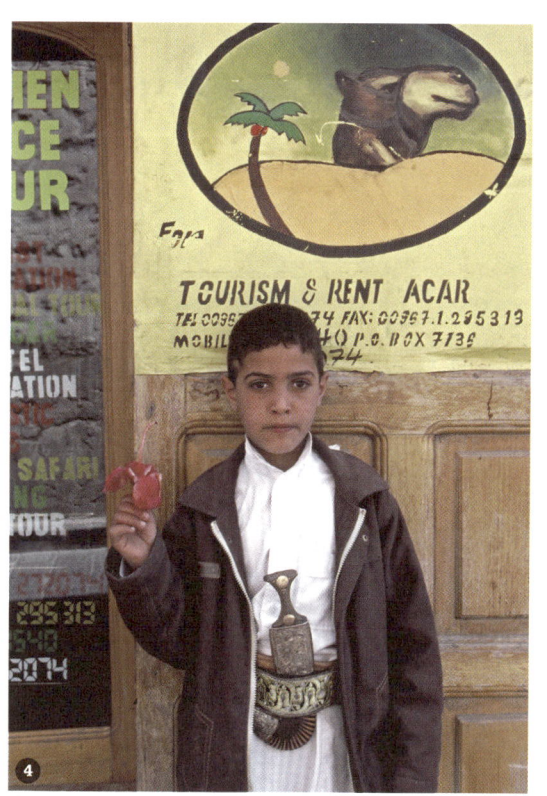

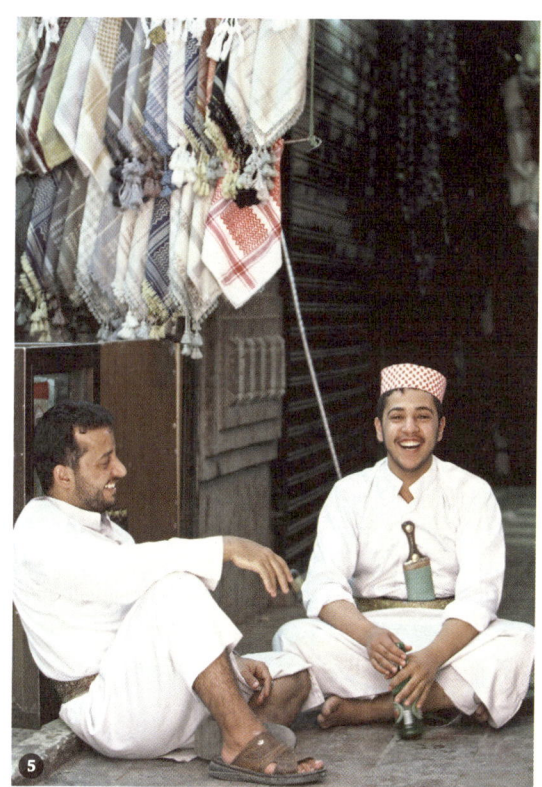

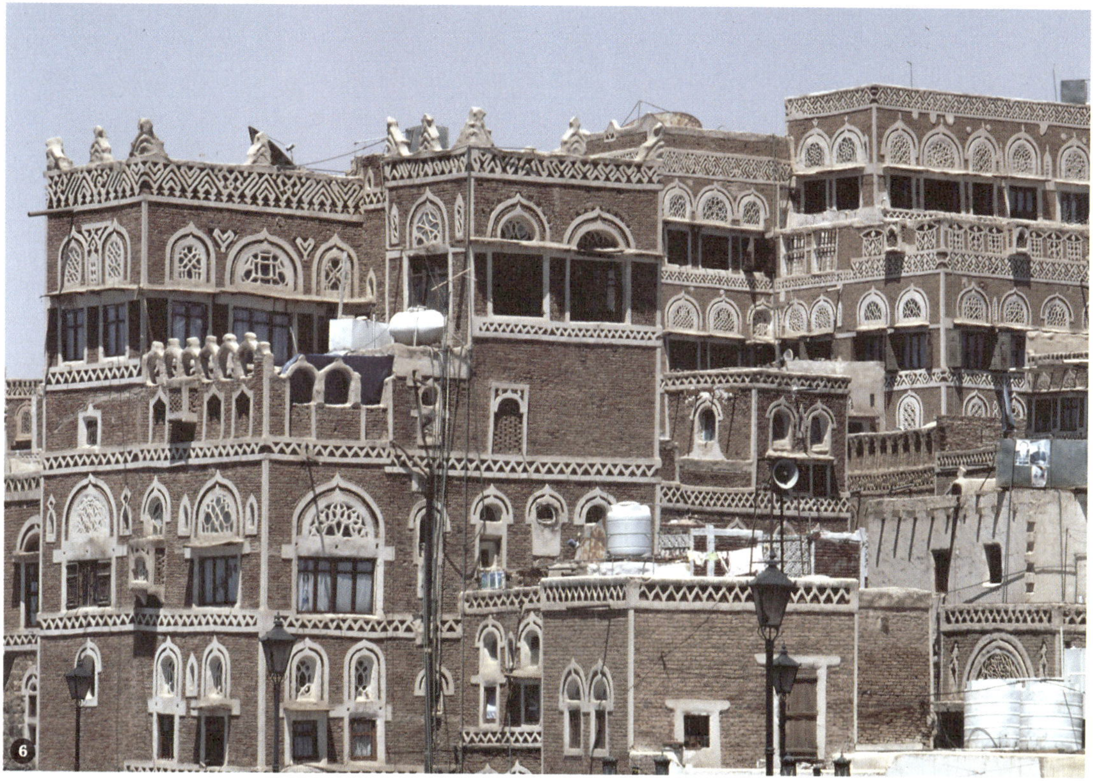

6

밀한 상점들이 밀집되어 있다. 각종 건과류를 파는 가게에서는 벌들이 붕붕거리고, 잠비야(예멘의 성인 남자들이 허리에 차고 다니는 단칼의 일종)를 파는 상인의 입에서는 거칠고 투박한 상술적인 언어가 튀어나온다. 어린 염소를 몰고 가는 소년은 뭔가에 쫓기듯 좁은 골목길을 허둥지둥 서둘러 달려가는 모습이다. 실로 현대 문명의 이기를 거의 볼 수 없는 삶의 현장 속에서 낡고 오래된 일상의 모습들을 뜻밖에 마주하니 눈앞이 휘황해진다.

사나 구시가의 랜드마크는 바로 진흙으로 쌓아 올린 고층 빌딩들이다. 대부분 높이가 20m에 이르는 이 빌딩들은 보통 100년 이상의 역사를 지닌 고건물들이다. 이 건물들은 외벽에 독특한 문양들이 하얀 석고 반죽 같은 것으로 그려져 있는데, 이러한 건축양식은 다른 아랍국가에서는 볼 수 없는 '이 나라만의 독보적인 것들'이다. 그러한 예스러운 건물들로 촘촘히 장식되어 있는 사나의 구시가는 그야말로 역사적으로 보존된 건물들을 그대로 보여주는 하나의 박물관과 같다. 조금 높은 건물 옥상 위에서 바라보는 구시가의 전망은 드라마틱한 풍광을 지닌 산을 배경으로 하고 있어 매우 고혹하다. 특히 하늘을 찌를 듯한 모스크의 첨탑들은 이곳 파란 하늘을 더욱 눈부시게 장식한다. ☙

PHOTO ❹
현지 소년이 허리에
잠비야라는 칼을 차고 있다.

PHOTO ❺
구시가 상점 앞에서
현지인 남성들이
담소를 나누고 있다.

PHOTO ❻
사나의 전통 건축물

Travel Story

❶ 예멘 여행은 안전한가?

건천이 흐르는 곳에 도문가 만들어졌다.

폭탄 테러로 인하여 파괴된 모스크.

사우디아라비아와 오만과 국경을 맞대고 있지만 외국인이 육로로 국경을 넘기란 사막의 모래알을 다 세는 것만큼 어렵다. 육로 이동이 어렵기 때문에 예멘은 지정학적으로 고립된 외톨이와 다를 바 없다. 오늘날 여행자들은 주로 두바이 등지에서 항공을 이용해 예멘을 방문한다. 그간 서방 언론을 통해 간간이 비춰진 예멘의 모습은 대부분 부정적이었다. 여행자 납치사건, 폭동, 경제적 위기, 국경 분쟁, 내전 등등. 하지만 실제로 예멘을 방문한 여행자들은 '중동에서 이보다 더 안전한 나라는 없다'고 이구동성으로 외친다. 필자는 지난 2000년과 2005년 두 차례 이 나라를 방문한 뒤 더 이상 예멘은 소수의 탐험가나 몽상가, 일부 학자들만이 찾는 땅이 아니라는 점을 알게 되었다. 당시만 해도 이 땅은 아랍 문화를 존중하고 역사의 신비를 동경하는 이들에게 활짝 열려 있는 공간이었다. 아쉽게도 그 후 계속된 납치와 테러, 내전으로 인해 다시 한번 예멘으로 들어가는 입구는 굳게 닫혀버렸다. 어쩔 수 없이 꿈 많은 여행자들은 다시 미지의 세계로 향하는 문이 열리기를 기다려야 한다.

일반적으로 예멘의 반정부군은 예멘 북부에서 활동한다. 지난 2007년부터 2009년까지 마리브Marib 등 사나 인근에서 외국인에 대한 테러가 잦았고 2009년에는 네 명의 한국인 방문객들이 테러의 희생양이 되었다. 이들이 수도인 사나에서 테러 활동을 벌이는 일은 드문 편이다. 현재로선 무엇보다 예멘의 정세가 불안한 편이다.

Travel Story

❷ 분단과 통일

서양 문물을 배척한 예멘은 근대화에 실패하고 경제적으로 낙후되었으며 서양인들에게는 고립된 아랍의 작은 나라로 인식되었다. 다른 아랍국들과 오스만 제국의 침략을 오래 받았던 예멘은 20세기 초반 제국 열강들의 간섭으로 20세기 중반 이후부터 민주주의를 추구하는 북예멘과 사회주의를 추구하는 남예멘으로 나뉘게 되었다. 남예멘은 2차 대전 후 영국이 이 지역에서 물러나면서 러시아 공산주의자들의 영향으로 마르크스주의를 신봉하는 사회주의 정부가 들어서게 되었다. 이 나라가 지난 세기 세계적으로 가장 크게 스포트라이트를 받았던 때는 90년대 초 공산주의 몰락과 함께 북예멘과 남예멘이 통일을 이루었던 시기이다. 지금은 언제 그랬냐는 듯 평화롭게 오순도순 잘 사는 모습을 보니 분단의 아픔을 지닌 우리로선 여간 부러운 게 아니다.

일찍이 영국의 지배를 받은 남예멘 사람들은 이슬람 전통보다 서구 문화에 더 익숙하다. 북예멘 지역의 여성들이 깊은 차도르에 그들의 몸을 감싸고 다니는 것에 비해 남예멘 여성들은 그러한 제약을 덜 받는다. 남예멘의 남성들 역시 전통 의상을 즐겨 입는 북예멘의 남성들에 비해 서구적 의상을 선호한다.

Travel Info

사나

사나의 구시가

전통 문양으로 치장된 건물의 창틀

(Access) 에미레이트항공, 에티하드항공, 카타르항공, 에어아라비아 등 중동의 주요 항공사들은 두바이, 아부다비, 도하 등지에서 예멘의 수도 사나까지 직항 운항한다.

(Travel Season) 사나를 방문하기 가장 좋은 시기는 4~5월과 9~10월이다. 사나의 여름은 덥고, 다소 건조하다. 또한 사나는 고지대에 자리하고 있어 겨울철에는 더 추운 편이다.

(Travel Tip) 현재 예멘은 대한민국 국적자에게 여행금지국으로 지정되어 있다. 현재는 더 이상 예멘 대사관이 국내에 상주하지 않으며 사나국제공항에서 도착비자를 받는 것도 불가능하게 되었다. 따라서 여행금지국가 지정이 해제되면 두바이나 도쿄 등 제3국에 주재한 예멘 대사관에서 관광비자를 신청해 받아야 한다.

☐ **EGYPT**

☐ **ETHIOPIA**

☐ **KENYA**

☐ **TANZANIA**

☐ **MOROCCO**

☐ **MALI**

☐ **NIGER**

CHAPTER 3
AFRICA

EGYPT

룩소르
Luxor

Information

룩소르는 카이로에서 나일강을 따라 남쪽으로 약 670km 떨어진 곳에 자리한 고대 이집트 제국의 대표적인 유적지이다. 이곳은 기원전 1567년부터 1085년까지 이집트 신 왕조의 수도였던 곳으로 당시에는 테베Thebes라고 불렸으며 이 시기 이곳에 주옥같은 신전과 왕궁 등의 건축물이 세워졌다.

국가	위치	등재연도
이집트	룩소르	1979년

고대 이집트 문명을 엿보기 위해 단 한 장소만 방문해야 한다면 그 정답은 바로 룩소르다. 룩소르는 모든 면에서 이집트의 어느 유적지보다 규모가 크다. 룩소르의 명소를 모으면 살아 있는 박물관이 따로 없을 정도로 다양한 데다 규모나 역사적 가치도 어마어마하다. 실로 런던의 대영 박물관도 부럽지 않다. 룩소르의 주요 명소는 나일강을 기준으로 서부 지역과 동부 지역으로 나뉘어 분포해 있으며 고대 도시의 중심은 동부 지역에 있다.

동부 지역에 자리한 룩소르 신전Luxor Temple은 나일강 강변 옆 룩소르 시내 중심가에 위치해 있다. 오늘날 이 신전은 신 왕조 시대 초기 18대 왕조의 아멘호테프 3세가 완성한 건물로 아몬 신을 숭배하기 위해 카르나크 신전의 부속 신전으로 세운 건물이다. 신전으로 들어가는 입구에 람세스 2세의 상이 장식되어 있으며 람세스 2세의 안뜰, 아멘호테프 3세의 안뜰, 알렉산더 대왕의 방과 지성소가 일렬로 들어서 있다. 고대에 이곳에서는 1년에 한 번씩 여행을 마치고 룩소르 신전으로 돌아오는 아몬 신과 그의 가족들(아내와 아들)을 맞이하여 신령한 힘을 얻으려는 파라오의 성대한 의식인 오페트Opet 축제가 펼쳐졌는데, 이 행사에만 2만 명의 사제들이 동원되었다고 한다.

룩소르 신전에서 약 3km 떨어진 곳에 자리한 카르나크 신전Temple of Karnak은 이집트에 현존하는 최대 규모의 신전으로 아몬 신을 숭배하던 곳이다. 이곳에는 미스터리를 자아내는 거대한 첨탑인 오벨리스크가 놓여 있으며 엄청난 크기와 높이의 화강암 기둥들이 열을 맞추고 서 있는 대열주실이 자리해 있다. 입구에 들어서면 스핑크스 형태의 조각상이 양쪽으로 길게 줄 서 있는 모습이 인상적이다.

나일강 서쪽 편에 들어서면 멤논의 거상The Colossi of Memnon이 가장 먼저 눈에 띈다. 이것은 아멘호테프 3세의 모습을 묘사한 2개의 거대 조각상으로 18m의 높이를 지니고 있다. 원래 이곳에

PHOTO ❶
하트셉수트 여왕의 장제전을 여행자들이 방문하고 있다.

PHOTO ❷
18m 높이를 지닌 멤논의 거상

PHOTO ❸
양의 머리를 한
스핑크스 조각상이 입구 앞에
길게 늘어서 있는 카르나크 신전

PHOTO ❹
멀리서 바라본 하트셉수트의
장제전 주변의 드라마틱한 풍광

PHOTO ❺
거대 조각상이 줄지어 서 있는
룩소르 신전의 코트야드

는 아멘호테프 3세의 장례 신전이 있었다. 신전에는 엄청난 수의 조각상들이 있었지만 훗날 후대 왕들이 하나둘씩 가져갔고 그나마 남겨진 구조물은 나일강이 범람할 때마다 유실되어 과거에 존재했던 신전의 흔적을 오늘날 전혀 찾아볼 수 없게 되었다.

은둔자를 위한 은밀한 골짜기를 연상케 하는 왕가의 계곡 Valley of the Kings에는 고대 파라오의 62기의 무덤이 군데군데 숨어 있다. 이곳에 놓인 투탕카멘 묘 King Tut Ankh Amon's Tomb는 기원전 1352년에 세워진 것으로 1922년 이곳에서 수많은 왕가의 유물이 발견되어 왕가의 계곡에서 가장 유명한 무덤이 되었다. 왕가의 계곡에는 투탕카멘 묘 외에도 세티 1세, 람세스 3세, 아멘호테프 2세, 람세스 6세 등의 무덤이 있다. 아쉽게도 오랜 세월 동안 식민주의자들과 결탁한 도굴꾼들에 의해 왕들의 유품이 수없이 약탈되었다.

왕가의 계곡에서 멀지 않은 곳에 있는 하트셉수트 여왕의 장제전 Temple of Hatshepsut은 기둥과 조각으로 이루어진 3단의 테라스로 구성되어 있다. 그 모습이 멀리서 보면 가지런하게 정렬된 기둥들의 성라기포 형상을 띠고 있다. 특히 열기구를 타고 허공에서 주변 경관과 함께 이 신전을 내려다보는 풍광이 실로 기막히다. 이 신전은 이집트 여왕이 건축한 유일한 건축물로 어느 파라오가 만든 건축물보다 더 제왕적 권위가 잘 드러나 있을 정도로 웅장하다. 이곳은 여왕의 시아버지 투트모스 1세의 부활과 여왕 자신의 부활을 위한 제사의식을 행하기 위해 세워졌다.

왕가의 계곡과 함께 룩소르의 서부 지역에는 왕비들의 계곡도 자리해 있는데, 여행자들이 가장 많이 방문하는 곳은 바로 람세스 2세의 부인인 네페르타리 왕비의 무덤 Queen Nefertari's Tomb으로 내부에 세밀하게 왕비의 모습 따위를 담은 아름다운 벽화가 그려져 있다. 1904년에 발굴된 이곳은 1986년부터 10년간 복원을 한 뒤 1995년부터 일반인들에게 공개되어 있다. ♣

Travel Info
룩소르

(Access) 한국에서 에티하드항공, 카타르항공 등을 타고 아랍에미리트, 도하 등지를 경유해 카이로국제공항에 도착할 수 있다. 이집트 수도 카이로에서 룩소르까지 야간 시외버스로 11시간 정도 소요된다. 룩소르와 아스완 사이는 버스로 약 4시간 소요된다.

(Travel Season) 룩소르를 방문하기 가장 좋은 시기는 12월부터 2월까지이다. 여름철에는 40도를 오르내리는 무더위를 예상해야 한다.

(Travel Tip) 기차 여행을 꿈꾼다면 매일 두 차례 카이로를 출발하는 아벨라 이집트 슬리핑 트레인Abela Egypt Sleeping Train을 추천한다. 이 기차는 카이로에서 룩소르를 경유하여 아스완까지 간다. 나일강을 따라 룩소르와 아스완을 오가는 크루즈 여객선을 타고 며칠간의 일정으로 주변을 둘러보는 것도 좋다. 현지 돛단배인 펠루카Fellucca를 타고 나일강 위를 유람하는 것도 특별한 여행이 될 것이다. 매일 오전 일찍 나일강 서안에서 열기구 탑승이 가능한데, 하루 전날 호텔이나 여행사를 통해 예약해야 한다. 열기구 탑승 시간은 약 1시간. 상공에서 왕가의 계곡과 하트셉수트 여왕의 장제전 주변 경관을 조망할 수 있다.

EGYPT

기자 피라미드와 스핑크스
Giza Pyramids & Sphinx

기원전 3000년경에 세워진 멤피스는 기원전 2200년까지 약 800여 년 동안 고대 이집트 제국 고왕국 시대의 수도였다. 유네스코는 1979년 고대 도시 멤피스와 그 주변에 놓인 고분(무덤)들을 세계문화유산으로 지정했다. 카이로 인근 기자에 자리한 3개의 거대 피라미드와 스핑크스는 고왕국 시대에 세워진 대표적인 건축 문화유산이다.

Information

국가	위치	등재연도
이집트	기자	1979년

말과 낙타를 타고 피라미드 지구를 둘러보는 방문객들

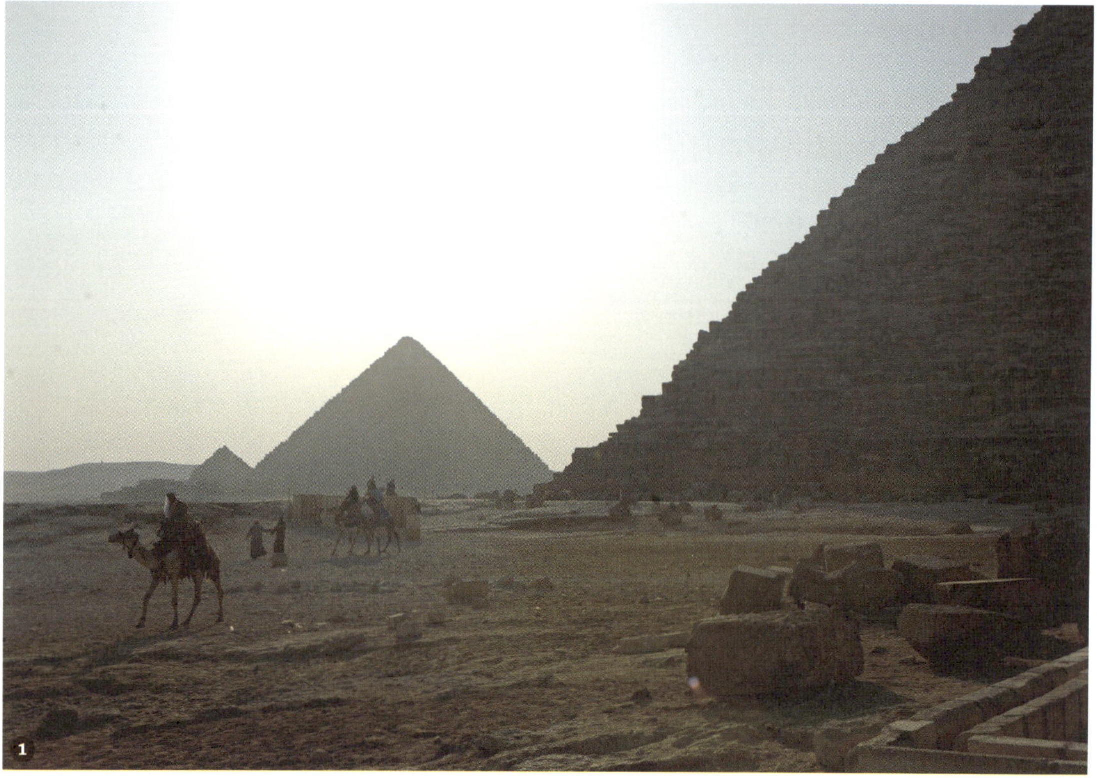

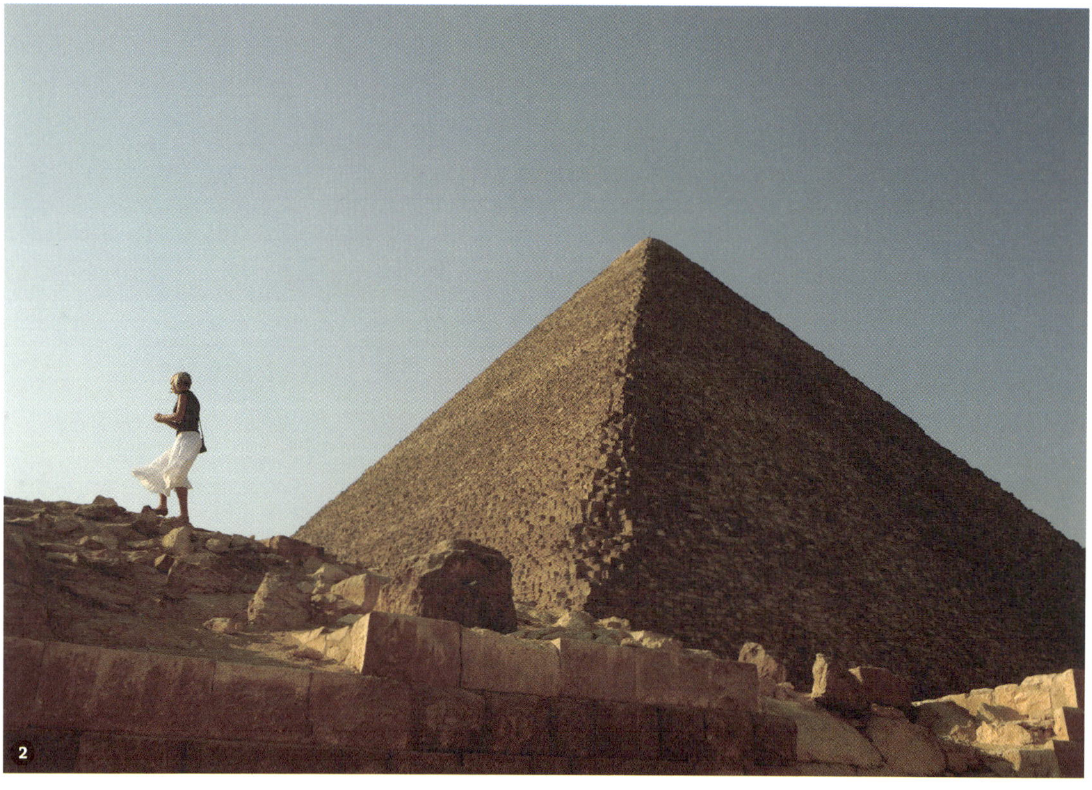

이집트의 수도 카이로에서 남서쪽으로 15km 떨어진 기자 피라미드 지구는 가장 대표적인 멤피스 주변의 고분이 모여 있는 곳이다. 이곳에 자리한 3개의 거대 피라미드는 4,500년 동안이나 원형 그대로 보존되어 있어 보는 이들로 하여금 감탄을 자아내게 한다. 오늘날까지 어떠한 방법으로 이 피라미드가 건설되었는지 설계를 담고 있는 옛 문헌이나 기록이 전혀 없어 세계 7대 불가사의 중 하나로 꼽힌다. 다만 학자들은 경사로를 조금씩 늘이면서 벽돌을 운반해 쌓았을 것으로 추정하고 있다.

PHOTO ❶
쿠푸 피라미드와 주변의 작은 피라미드

피라미드는 규모에 따라 그 안에 안치된 왕의 위엄과 권력이 다르다. 다시 말해 막강한 힘을 가진 왕일수록 그의 무덤이 안치된 피라미드의 규모가 더 크다는 것이다. 가장 큰 규모의 피라미드는 기원전 2650년경 이집트 4왕조 2대 쿠푸^{Khufu}왕에 의해 착공되었으며 기원전 2570년에 완공되었다. 이로 인해 이 피라미드를 쿠푸 피라미드라고 부르기도 한다. 오늘날 이 피라미드는 이집트에서 가장 크며, 원형이 잘 보존된 것이기도 하다. 실제 높이가 147m에 달했던 쿠푸 피라미드는 석회암으로 이루어진 230만 개의 벽돌이 사용되어 세워졌을 정도로 그 규모가 어마어마하며 피라미드의 둘레 또한 230m에 이른다. 오랜 세월 동안 이 피라미드의 정상까지 오르다 발을 헛디뎌 떨어져 죽은 사람들이 적지 않다는 에피소드도 전해진다. 피라미드의 내부를 들여다보면 왕의 무덤으로 쓰인 공간을 방문할 수 있다. 왕의 무덤으로 사용된 공간은 붉은 화강암을 사용해 만들어졌으며 길이는 10m, 높이는 5m에 달한다.

두 번째 피라미드는 쿠푸왕의 아들인 카프레^{Khafre}왕에 의해 건축되었으며 제1피라미드로부터 남서쪽에 위치해 있다. 136m의 높이를 지니고 있으며 둘레는 215m이다. 이 피라미드 역시 내부는 쿠푸 피라미드처럼 미로형으로 되어 있지만 정교함 면에서는 뒤진다. 1818년 탐험가 지오반니 벨조니가 처음 내부를 탐사했다.

PHOTO ❷
피라미드 앞 돌계단을 오르고 있는 한 여성의 모습

세 번째 피라미드는 미세리누스^{Mycerinus}라 불리던 멘카우

PHOTO ❸
스핑크스와 제2피라미드

레Menkaure왕에 의해 세워졌다. 높이는 62m로 다른 피라미드에 비해 작은 편이다. 이 피라미드는 고대 이집트 시대에 세워진 마지막 피라미드이다. 1186년 아유비드 왕조의 술탄이었던 살라딘의 아들이 이 피라미드를 허물고자 하여 오늘날 볼 수 있는 것처럼 피라미드의 북쪽 면에 거대한 틈이 생겼다. 다행히 8개월 후에 피라미드를 부수는 계획이 철회되었다고 한다.

3개의 피라미드와 함께 기자를 방문한 여행자들이 가장 많이 찾는 포토제닉 스폿은 바로 스핑크스이다. 기원전 2550년경 만들어진 것으로 추정되는 스핑크스는 잘 알다시피 사자의 몸에 인간의 머리를 하고 있는 거대 조각상이다. 이 전설적인 조각상의 길이는 70m, 높이는 20m에 달한다. 이 조각상은 벽돌로 쌓아 만든 것이 아니고 원래 자리에 있던 거대한 바위산을 깎아 만든 것이다. 스핑크스 얼굴에 코가 없는 이유는 이집트를 침공했던 나폴레옹 군대의 포격 때문이라고 하지만 확실한 근거가 없다. 혹자는 우상숭배를 금지하는 이슬람교도들에 의해 파괴된 것이라고 주장하기도 한다. 🝔

Travel Info
기자 지구

기자 피라미드 인근의 메마른 사막 풍경

피라미드 지역에서 바라본 기자 시가지

(Access) 한국에서 에티하드항공, 카이로항공 등이 아랍에미리트, 도하 등지를 경유해 카이로국제공항까지 운항한다. 기자 피라미드 지구는 카이로 시내에서 투어를 통해 또는 시내버스나 택시 등 대중교통을 이용해 쉽게 방문할 수 있다.

(Travel Season) 카이로를 비롯해 기자 지구는 겨울철을 제외하고는 늘 무덥고 건조하다. 비교적 온화한 날씨를 선보이는 겨울철(12~2월)이 방문하기 가장 좋다. 단, 겨울철에는 일교차가 크다.

(Travel Tip) 무엇보다 이집트 방문은 현지의 정세를 살펴본 뒤 방문하는 것이 좋다. 현지에서 납치, 테러 등의 사건이 발생하는 경우에는 방문을 당분간 자제하도록 한다. 이집트 관광비자는 공항이나 국경의 이민국에서 구입 가능하다.

ETHIOPIA

랄리벨라의 암굴 교회군
Rock-Hewn Churches, Lalibela

Information

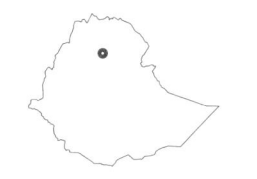

국가	위치	등재연도
에티오피아	랄리벨라	1978년

아비시니아 고원의 메아리가 일상의 아침을 깨우는
에티오피아에 자리한 랄리벨라의 암굴 교회군은
현대 문명과는 차단된 채 신앙적 삶을 영위하는 은자들의
고귀한 영혼의 숨결을 들을 수 있는 곳이다.

      에티오피아는 홍해를 사이에 두고 아라비아반도를 내려다보고 있는 아프리카 동부 산지에 위치한 나라다. 에티오피아는 다른 아프리카 국가들과는 여러 면에서 다르다. 아프리카의 나라로선 유일하게 독특한 기독교 문화의 전통을 가지고 있다. 또한 2차 대전 중에 이탈리아의 침략을 받아 잠시 강점당한 적은 있지만, 아프리카 대륙에서는 유일하게 수천 년 동안 한 번도 다른 나라의 식민 지배를 받지 않은 자부심 강한 역사를 가지고 있다. 독자적인 암하릭Amharic 언어와 문자를 가지고 있다는 점 또한 때 묻지 않은 문화의 자랑이자 유산이다.

      에티오피아 중부에 위치한 이 나라의 수도 아디스아바바에서 초기 기독교 유적지인 랄리벨라로 향하는 길은 만만한 여행길이 아니었다. 비행기를 타면 1시간 만에 닿을 수 있는 곳이지만 이곳 현지인들과의 문화적 접촉을 위해 빈약한 도로 사정에도 불구하고 여행자의 심신을 지치게 하는 장거리버스 여행을 택했다.

PHOTO ❶
땅 밑에 세워진 기요르기스 교회.
랄리벨라의 대표적인
암굴 교회이다.

아디스아바바 북쪽의 고원지대에는 놀랍게도 많은 목초지가 있었다. 버스를 타고 가면서 차창 밖으로 푸른 목초지 위에 한가로이 풀을 뜯는 소, 말, 노새와 같은 가축들을 많이 볼 수 있었다. 예전 스코틀랜드의 하일랜드Highland 지방에서 보았던 목가적 전원풍경과 매우 흡사했다.

타나 호수 인근에 자리한 바하르 다르를 거쳐 랄리벨라Lalibella를 찾아갔다. 몇날 며칠이 걸리는 일정이었고 고된 여정이었지만 이 나라의 다양한 경관과 전통 문화를 접할 수 있었다. 1970년대 일찍이 세계유산에 지정되고 《내셔널 지오그래픽》과 같은 잡지에 단골로 소개된 커다란 바위를 깎아 만든 교회를 잠시 후면 만날 수 있다는 생각만으로도 가슴이 벅차오르며 랄리벨라 방문에 대한 열정이 더욱 뜨거워지는 것을 느낄 수 있었다.

랄리벨라는 12~13세기 자그웨 왕조의 수도였다. 당시 로하Roha라는 이름으로 알려졌던 이곳은 랄리벨라왕의 명령으로 해발고도 2,600m 높이의 산지에 있는 응회암 암반에 굴을 파서 교회를 건설하였다. 전설에 의하면 종교성이 강했던 랄리벨라왕은 생전에 예루살렘을 방문하고 돌아온 뒤 자신의 도시를 그와 같은 새로운 성지로 만들고자 현재의 이곳에 여러 교회를 지으라고 명했다는 것이다. 그리고 교회의 건축이 완성된 후에는 자신의 이름을 따서 이곳을 랄리벨라라고 불렀다고 한다. 이 외에도 랄리벨라를 둘러싸고 여러 가지 이야기가 전해 내려온다.

랄리벨라 교회의 구조적 특징은 다음과 같다. 먼저 지면에서 네 군데 방면으로 도랑을 판 뒤 단단한 하나의 바위가 남을 때까지 땅속을 계속 파 내려갔다. 지면 아래에 남아 있는 거대한 바위는 붉은색의 부드러운 재질의 응회암이었기 때문에 끌로 자르고 다듬어 건물 모양을 만드는 데 비교적 용이했다. 또 다른 건축학상의 구조적 특징은 땅속에 세워진 많은 교회들이 매우 짧은 거리 안에서 작은 문과 터널식의 어두운 통로로 연결되어 있다는 점이다. 이는 교회간의, 신도간의 활발한 교제를 용이하게 해주었음을 말해준다.

랄리벨라의 교회군은 요단강을 사이로 북쪽의 교회군과 동쪽의 교회군으로 나뉜다. 그리고 랄리벨라 외곽에도 몇 채의 교회들이 세워져 있다. 여행자들의 발길이 잦은 곳은 대부분 요단강 북부의 교회군이다. 요단강 북부 교회군에 위치한 메드하네 알렘 교회Bet Medhane Alem는 세로 33.5m, 가로 23.5m, 높이 11m로 세계에서 가장 큰 암굴 교회이다. 규모와 위엄성에 있어서 가장 인상적인 교회이기도 하다. 그리스 신전을 닮은 이 교회는 36개의 정사각형 기둥이 바깥쪽에서 건물을 지탱하며 내부에서도 36개의 기둥이 지붕을 받치고 있다. 내부의 한 구석에는 구약성경의 인물들인 아브라함과 이삭, 야곱을 위한 무덤을 상징적으로 안치해 놓은 자리가 있다.

PHOTO ❷
원시적 형태의 구조를 띤 암굴 교회 입구

PHOTO ❸
독특한 형태의 십자가를 손에 든 에티오피아 정교회의 사제

PHOTO ❹
랄리벨라로 가는 순례자의 길. 에티오피아 전역에서 수많은 순례객이 종교적 성지인 랄리벨라를 찾아 먼 길을 걷는다.

PHOTO ❺
랄리벨라의 암굴 교회는
미로처럼 좁은 통로와
좁은 공간으로 이루어져 있다.

PHOTO ❻
좁은 공간 속에서 성경을 읽는
노인의 모습

땅 밑으로 깊은 도랑을 파낸 뒤 암반을 깎아 세운 모양이 확연히 잘 드러나 있는 기요르기스 교회 Bet Giyorgis는 랄리벨라의 가장 대표적인 교회로 여행자들의 포토제닉 스폿이다. 또한 이 교회는 가장 상태가 잘 보존되어 있는 교회이기도 하다. 가장 나중에 만들어진 이 교회는 너비와 깊이가 각각 12m이며 위에서 내려다 볼 때 십자가 모양을 하고 있는 특징을 지니고 있다. 비 온 뒤, 암반 속에서 물이 스며 나오는 삼출현상으로 인한 건물의 손상을 막기 위해 90년대 이후부터 교회 건물 위에 임시지붕을 만들어 놓고 있다.

랄리벨라의 지하 교회들은 시대가 지나도 때 묻지 않은 초기 크리스천들의 정결한 신앙적 삶을 고이 간직하고 있다. 이러한 모습을 담고자 오늘날에도 이곳을 찾는 순례객들의 발길은 끊이지 않고 있다. 🕊

Travel Info
랄리벨라

기요르기스 교회

돌기둥에 기대어 성체배례 중인 에티오피아 정교회 순례자

(Access) 스타얼라이언스 멤버인 에티오피아항공은 인천국제공항과 에티오피아의 아디스아바바국제공항을 직항 연결한다. 에티오피아항공은 아디스아바바에서 바하르다르 또는 곤데르를 경유하여 랄리벨라까지 운항한다.

(Travel Season) 랄리벨라는 언제 방문해도 좋다. 에티오피아를 방문하기에 가장 이상적인 시기는 일반적으로 11~1월이다. 하이킹이나 캠핑은 건기인 10~5월 사이에 한다. 에티오피아에서 우기는 6월 중순~9월 말까지이다.

(Travel Tip) 에티오피아는 벼룩과 빈대가 무척 많은 곳으로 악명 높다. 따라서 이에 대한 처방약을 준비해 가야 한다. 한여름에도 고원 지방은 서늘하므로 따뜻한 옷을 챙기는 것이 좋으며 동부 지방은 햇빛이 강렬하므로 자외선 차단용 선크림 등을 준비해 간다.
아디스아바바국제공항에서 도착비자를 받을 수 있다. 비용은 약 50$이다. 케냐나 수단 등 인근 국가에서 육로로 입국할 경우에는 사전에 에티오피아 비자를 받아두어야 한다.

KENYA

라무의 구시가
Lamu Old Town

Information

국가	위치	등재연도
케냐	라무	2001년

하얗게 회칠한 벽으로 이루어진 좁디좁은 골목길 사이로
아랍풍의 검은 천으로 온몸을 휘감은 무슬림 여성들이 지나간다.
한편에서는 소금을 실은 나귀가 갈 방향을 찾아 서성인다.
유네스코 세계문화유산으로 지정된 라무는 지리적으로 멀지만
멀리서 온 여행자들에게 정감 어린 풍경으로 보답하는 곳이다.
전통 배를 타고 바다를 항해하는 다우 트립은
라무 여행의 하이라이트다.

야생의 왕국으로 불리는 케냐에서 라무는 특별한 존재이다. 사람들은 케냐 여행을 천혜의 기후 조건과 풍요로운 대자연 속에서 즐기는 사파리 정도로 치부하고 있다. 물론 케냐에서의 사파리 여행은 정말 흥미진진하다. 하지만 사파리가 유명한 케냐에서 문화적, 역사적 명소를 찾기 원한다면 라무야말로 모범답안이다. 상대적으로 야생동물보호구역을 찾는 여행자에 비해 미비하지만 이곳까지 찾아오는 여행자들이 적지 않다. 게다가 라무는 좁은 동네라 여행자끼리 친밀하게 서로 만날 기회가 많다.

라무는 케냐 동부 연안 북쪽에 위치한다. 무시무시한 소말리아와 인접한 국경으로부터 불과 수십 km 정도밖에 떨어져 있지 않지만 여행자들이 둘러보는 곳은 소말리아 인근 연안의 해적들이 출몰하는 곳과는 달리 안전한 편이니 너무 지레 겁을 먹을 필요는 없을 것 같다.

PHOTO ❶
오래된 가옥들이 그대로
보존되어 있는
라무의 구시가 골목 풍경

PHOTO ❷
콜로니얼 스타일의
건물을 배경으로
돛을 단 전통 배인 다우가
항해하는 모습

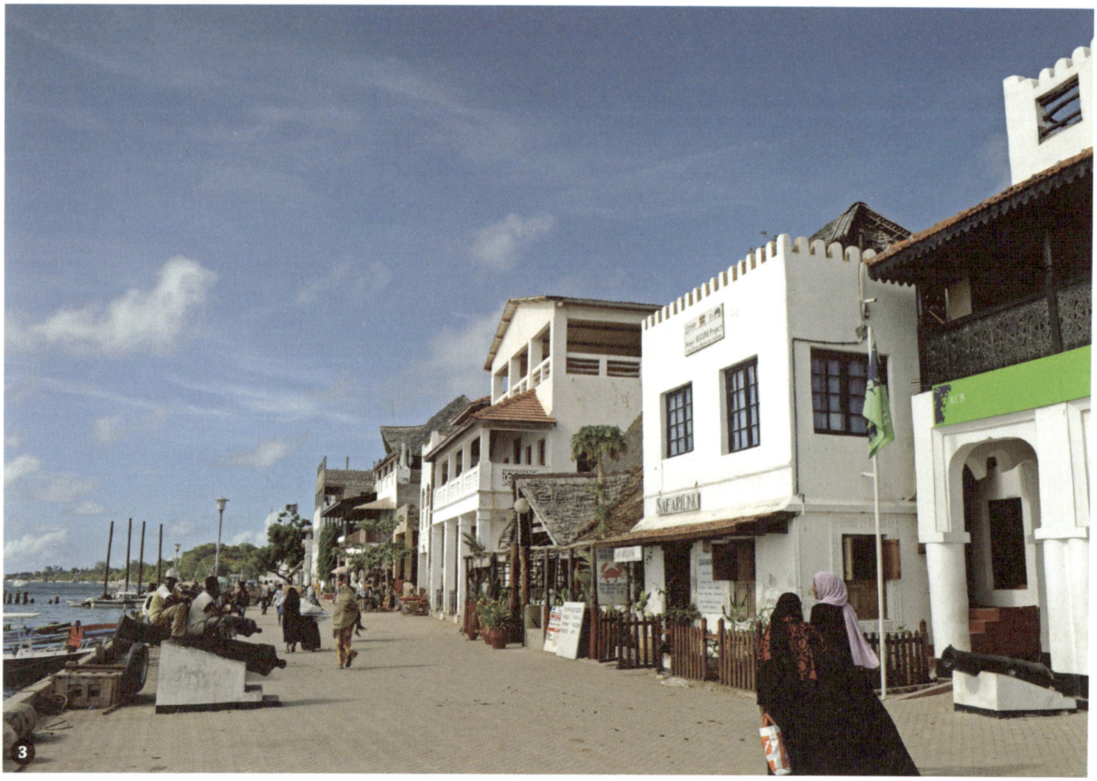
3

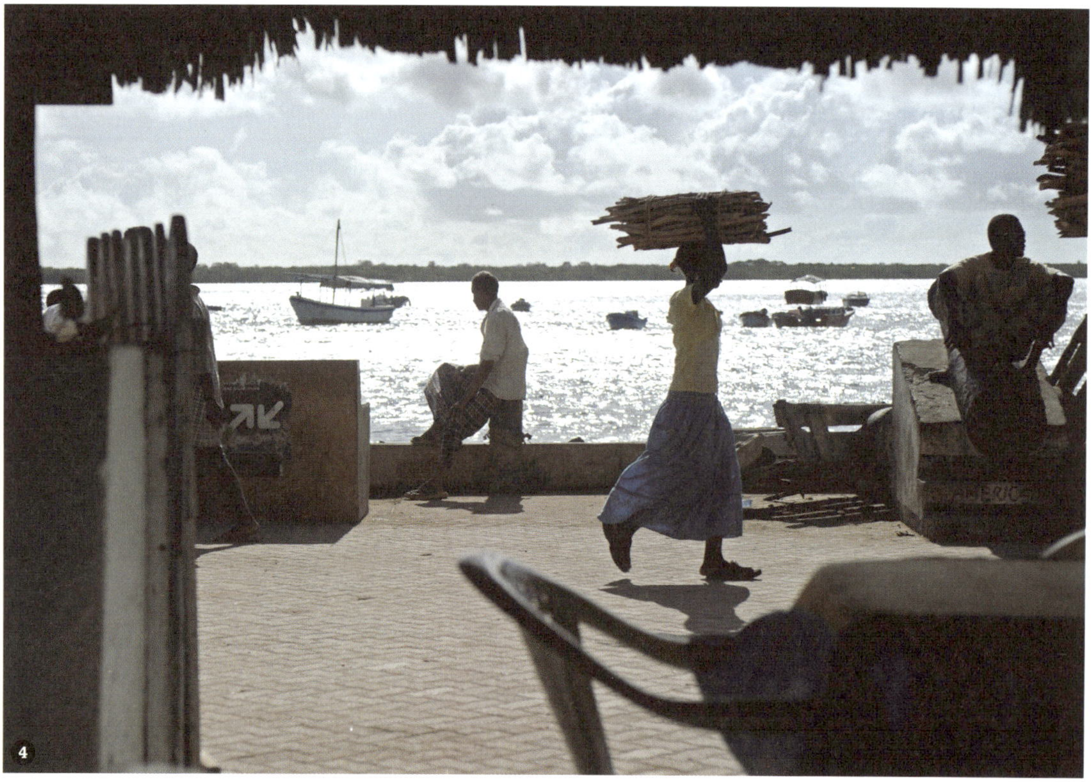
4

2001년 유네스코 세계문화유산으로 등재된 라무의 구시가는 『아라비안 나이트』의 무대를 연상시킬 만큼 좁디좁은 미로로 이루어져 있다. 18세기 아랍 상인들이 지은 가옥과 골목길은 신비스럽기만 하다. 이처럼 미로 속을 헤매다 낯선 건물, 낯선 주민들을 만나거나 그들의 소소한 일상을 잠깐 들여다보는 것은 여행의 흥미를 배가시킨다.

라무를 알기 위해서는 먼저 약간의 역사적 지식이 필요하다. 특히 이곳 동부 아프리카 연안과 아랍과의 역사적 관계를 인지하는 게 좋다. 이 지역에 처음 들어와 정착한 외국인들은 무역 상인들이었다. 처음에는 포르투갈, 스페인 등의 지중해에서 온 유럽 상인들이 정착하였고 나중에는 아랍과 페르시아로부터 무역상들이 들어왔다. 특히 아랍 상인들은 그들이 신봉하는 이슬람교를 이 지역에 전파시켰다. 오늘날까지 소말리아를 비롯해 케냐, 탄자니아 동부 연안 주민 대부분이 무슬림인 이유도 바로 그 때문이다. 13세기부터 15세기까지 오늘날의 케냐, 탄자니아의 동부 연안과 근해의 몇몇 섬들은 이러한 무역상들의 정착과 상업 활동으로 활기를 띠었다. 라무, 게데, 몸바사, 잔지바르 같은 섬 등지에 이주민들이 세운 항구가 건설되었다. 이 항구들로부터 아프리카 내륙에서 가져온 상아와 금 따위가 유럽, 아랍은 물론 멀리 인도, 중국까지 팔려나갔다.

지중해에서 온 무역상들이 떠난 자리에 새롭게 모습을 드러낸 상인들은 대부분 중동 오만의 무역상들이었다. 15세기 말 포르투갈의 항해가인 바스코 다가마가 이곳에 첫발을 디딘 후 3세기가 지난 18세기부터 아랍인들이 이 땅에 정착하게 된 것이다. 오만에서 케냐 동부 해안까지는 먼 거리이지만 지도를 펼쳐보면 오만에서 예멘, 홍해 주변의 인도양을 건너 소말리아 해안을 지나 케냐 동부 해안으로 들어오는 길이 그다지 멀지만도 않다는 것을 알 수 있을 것이다. 이러한 역사적 배경을 알고 나면 이 먼 땅에 어떻게 오늘날까지 아랍인들의 후손이 살고 있는지 알 수 있다.

PHOTO ❸
라무의 메인 스트리트인
하람비 거리

PHOTO ❹
라무의 아침 풍경.
이른 아침마다
분주한 일상이 오간다.

PHOTO ⑤
당나귀 떼가 거리를 활보하는 라무의 구시가

PHOTO ⑥
라무 어느 곳에서나 볼 수 있는 나귀. 라무에는 나귀 보호소도 있다.

PHOTO ⑦
나귀에 짐을 싣고 하람비 거리를 분주히 오가는 행렬

소박한 라무의 첫인상은 셀 수 없이 많은 나귀들이 거리를 배회하는 곳이었다는 점. 골목, 거리, 집 담벼락 어디를 가나 나귀들이 진을 치고 있었다. 짐을 실은 나귀, 사람을 앉힌 채 달려가는 나귀, 주인이 없는 것처럼 보이는 서성거리는 나귀 등 그야말로 나귀 천지였다.

라무에 도착하면 선착장 앞에 길게 늘어선 하람비Harambee 거리와 만나게 되는데, 이 도로 북쪽에 동키 생크추어리Donkey Sanctuary라는 곳이 있다. 생크추어리는 성지聖地라는 의미인데, 이곳은 영국의 국제나귀보호단체에서 고된 수고를 하는 라무의 당나귀들을 보호하고자 하는 취지에서 만들었다. 이곳에서는 주인이 데려온 나귀를 무료로 진료해주기도 하며 다친 나귀와 병든 나귀를 돌보기도 한다. 현재 라무섬에는 약 3,000마리의 나귀가 살아가고 있다. 나귀가 언제부터 많아졌는지 알 수 없지만 섬 주민들은 꽤 오랫동안 나귀를 그들의 운송수단이자 교통수단으로 사용해 왔다.

라무 여행의 또 다른 백미는 바로 다우 트립Dhow Trip이다. 다우는 라무에서 현지인들에 의해 나무로 만들어진 돛을 단 범선 형태의 배를 말한다. 다우는 이 지역에서 고기잡이와 운송수단, 교통수단으로 오랫동안 사용되어 왔다. 전통적으로 노를 젓는 다우를 사용해 왔지만 오늘날에는 모터를 이용하는 다우가 더 많이 등장하고 있다. 라무에서의 다우 트립은 거의 필수적이다. 전통 배를 타 본다는 점도 매력적이거니와 라무 인근의 맹그로브 사이의 수로를 따라 망망대해로 나가 스노클링을 하거나 낚시를 즐기거나 주변 섬을 둘러볼 수 있기 때문이다. 다우 트립은 주로 하루, 이틀 일정으로 진행되며 대부분의 여행자 게스트하우스나 현지 호텔 등을 통해 예약이 가능하다. 🌱

Writer's Story
몸바사에서 라무로 가는 일정

라무 인근의 망망대해를 가르는 다우 트립

전통 배 다우를 탄 여행자들

몸바사 시내에서 오전에 스쿨버스 크기만 한 라무행 시외버스에 올라탔다. 주말이라 그런지 집으로 돌아가는 교복 입은 학생들의 모습도 볼 수 있었다. 좀 충격적이었던 것은 버스 안에 엄청난 수의 병아리를 실은 박스가 필자의 좌석 바로 앞에 놓였다는 점. 아프리카를 여행할 때마다 예기치 못한 상황들이 등장했지만 수백 마리의 병아리를 실은 박스를 앞에 두고 병아리들의 합창과 함께 장차 7시간 동안 험난한 길을 달릴 생각을 하니 눈앞이 깜깜했다.

몸바사에서 1~2시간 거리의 말린디까지의 해안가 풍경은 실로 화려했다(물론 아프리카 기준으로 화려하단 말이다). 수많은 리조트와 여행자 게스트하우스, 레스토랑, 카페, 상점들이 펼쳐져 있었다. 실제로 몸바사 주변과 말린디 주변은 유럽인들이 즐겨 찾는 휴양지로 각광을 받고 있다.

말린디를 벗어난 뒤 어느덧 포장도로는 사라지고 울퉁불퉁한 비포장도로가 나타났다. 그래도 기대했던 것보다는 견딜 만했다. 그동안 수차례의 아프리카 여행 경험상 아프리카에서 이 정도 수준의 도로면 괜찮다고 생각했다. 몸바사에서 출발한 버스는 약 7시간 후 모코웨라는 작은 마을의 선착장에 도착했다. 라무는 섬이기 때문에 모코웨에서 다시 보트를 타고 가야 했다. 모터보트와 일반 동력선이 있었는데, 가격이 두 배나 차이 나는 만큼 속도의 차이 또한 엄청났다. 일반 동력선을 타고 30분 만에 라무에 도착했다.

몸바사에서 라무까지 오는 버스에서 만난 자원봉사단 소속의 여행자들과 게스트하우스, 레스토랑 등지에서 삼삼오오 만나 알게 된 여행자들과 함께 9명이 한 팀을 이루어 다우 트립을 즐겼다. 인원이 많으면 투어 요금을 흥정하여 가격을 낮출 수 있고 액티비티, 식사 등을 함께 하며 여러 친구들을 사귈 수 있어 좋다. 솔직히 말하자면 스노클링은 남태평양이나 카리브해 만큼의 투명한 물색과 다채로운 열대어들을 선사하진 못했지만 함께한 동료 여행자들이 있었기에 즐거운 시간이었다. 튼튼한 낚싯줄에 미끼를 끼어 바다로 던져 물고기를 낚는 아프리카 스타일의 낚시 역시 처음해 보는 것인 만큼 색다른 재미를 선사했다. 실제로 낚싯대 없이 낚싯줄로 하는 낚시는 성공률이 낮아 보였다. 일행 중 스페인에서 온 여성 여행자 한 명만 간신히 한 마리의 물고기를 낚을 수 있었고 가이드는 손가락 2개만 한 크기의 잡은 생선을 그릴에 구워 주었다. 점심 식사는 바닷물에 흔들리는 배 안에서 했지만 모두들 흥겹고 즐거운 표정이었다. 코코넛라이스와 매콤한 소스를 얹은 생선구이, 다채로운 열대과일이 런치 메뉴였다.

Travel Story

마울리디 이슬람 축제

라무는 연중 어느 때 방문해도 좋지만 가능하다면 마울리디Maulidi라는 이슬람 축제가 열리는 때에 방문해 보자. 이는 이슬람교의 예언자 모하메드의 탄생을 축하하는 날로 이슬람력의 세 번째 달에 열린다. 라무의 마울리디 축제에는 수많은 아프리카의 무슬림들이 참여한다. 라무를 아프리카의 작은 메카라고 부르는 이유도 이처럼 수많은 아프리카의 무슬림들이 이 축제에 참가하기 위해 몰려들기 때문이다. 실제로 동부 아프리카의 무슬림들은 라무의 이 성대한 이슬람 축제에 참가하는 것을 무슬림이 평생 한 번쯤 메카를 방문하기를 소원하는 것처럼 매우 명예롭고 자랑스럽게 여긴다. 축제의 행사는 섬 안의 리야다 모스크를 중심으로 치러진다. 경건한 종교의식을 행한 뒤 함께 기뻐하며 즐길 수 있는 다채로운 행사가 펼쳐진다. 특히 북과 꽹과리 같은 악기를 울리며 남녀노소 할 것 없이 모두 나와 춤을 추고 노래를 부르며 퍼레이드를 펼친다. 외국인 여행자들도 동참하여 흥을 돋울 수 있다. 이 축제 기간의 하이라이트는 바로 다우 보트 레이싱이다. 라무의 전통 배인 다우를 타고 참가자들이 경주를 벌이는 것인데, 우승자에게는 명예와 상금이 주어진다.

Travel Info

라무

(Access) 아시아나항공, 카타르항공, 에티오피아항공 등이 경유편으로 인천공항과 케냐 나이로비국제공항을 연결한다. 라무는 몸바사에서 시외버스로 약 7시간 소요되며(모코웨까지 버스로 가서 모터보트를 탄다), 대부분의 버스는 몸바사에서 오전에 출발한다. 케냐항공은 나이로비와 몸바사 사이를 매일 운항한다. 나이로비에서 몸바사까지 버스로 약 10시간 소요된다.

(Travel Season) 7월과 8월이 방문하기 가장 좋다. 11월 말부터 3월 말까지도 다소 덥지만 비교적 온화한 날씨를 선보인다. 우기는 5월과 7월 초, 11월이며 3~4월은 가장 더운 시기이다.

(Travel Tip) 라무 여행은 케냐가 자랑하는 동아프리카 인도양 연안 최고의 휴양지를 꿈꾸는 몸바사나 말린디와 같은 여행지와 연계해 방문해도 좋다. 실제로 대부분의 배낭여행자들은 몸바사에서 7시간 걸리는 장거리버스를 이용해 라무를 찾아온다. 비록 항상 검사하진 않지만 케냐 입국 시에는 황열병 예방 접종 증명서를 지참해야 한다. 라무에서 다우 트립을 할 때 파도의 상황에 따라 배가 뒤집힐 가능성도 있으니 카메라, 여권 등 소지품이 물에 젖지 않도록 조심하는 게 좋다. 호텔, 다우 트립 등을 알선하러 다가오는 라무 선착장 주변의 레게 머리를 한 젊은 청년들은 피하는 게 좋다. 이들은 여행자들에게 바가지요금을 씌우는 데 능숙하다.
케냐 비자는 케냐 나이로비국제공항을 통해 입국 시 공항에서 받을 수 있다. 일반적으로 싱글엔트리 비자가 주어지며 3개월 동안 유효하다. 비자 요금은 50$. 참고로 케냐에서 인근 탄자니아, 우간다를 방문한 뒤 케냐로 돌아올 경우 별도의 리엔트리 비자가 필요하지 않다 (단, 케냐에서 탄자니아, 우간다 입국 시에는 해당국 비자가 별도로 필요하다).

TANZANIA

잔지바르의 스톤타운
Stone Town of Zanzibar

Information

국가	위치	등재연도
탄자니아	잔지바르	2000년

숨을 멎게 할 것만 같은 좁은 골목길의 미로를 헤맨다.
아프리카에 와 있는 것 같기도 하고,
아랍의 어느 낯선 도시에 와 있는 것 같기도 하다.
혼란스러움과 함께 이그조틱한 풍경으로 여행자를 반기는 곳.
이곳이 바로 잔지바르섬의 스톤타운이다.

    탄자니아의 수도 다르에스살람 항구에서 쾌속선을 탄 지 1시간 30분 정도 되었을 무렵 커다랗게 뻥 뚫린 하늘과 푸르디푸른 바다 사이로 하나의 초록 섬이 나를 반겼다. 멀리서 다가오는 우거진 녹음이 열대 섬의 신비를 불러일으켰다.

    신기하게도 잔지바르항에 다다르자 다시 한번 입국 심사를 하게 되었다. 이미 탄자니아에 들어올 때 국경에서 했던 입국 심사를 잔지바르에서 다시 하게 되다니 좀 의아했다. 알고 보니 잔지바르는 탄자니아와 연방을 이루고 있을 뿐 실제적으로는 자체적인 통치를 하고 있는 곳이었다. 참고로 말하자면 잔지바르에 들어올 때 별도의 비자가 필요한 것은 아니다. 그냥 여권의 지면에 잔지바르 입국 스탬프를 찍어줄 뿐이다.

    오늘날의 탄자니아는 1964년 탄자니아 본토를 중심으로 한 탕가니카공화국과 잔지바르공화국이 함께 연방 국가를 이루어

탄생하게 되었다. 잔지바르의 섬 주민들은 인구는 얼마 안 되지만 잔지바르만의 주권의식은 실로 대단하다.

잔지바르의 잔지바르 타운은 2000년 유네스코에 의해 세계문화유산으로 지정되었다. 이는 동부 아프리카에 자리한 오래된 해양무역 도시로서의 역사적 가치를 높게 평가받았기 때문이다. 게다가 지난 1,000여 년간 동아프리카와 오만을 중심으로 한 아랍국, 인도와 유럽의 문화적 요소들이 한데 어우러져 독특한 전통 문화를 만들어왔기 때문이기도 하다. 실제로 잔지바르섬을 찬찬히 들여다보면 이 섬을 다스렸던 옛 아랍 지배자들이 세웠던 건축물의 유적을 볼 수 있고 노예무역 시대의 잔재 역시 섬 곳곳에 산재해 있음을 알 수 있다.

이 타운의 구시가는 마치 아프리카인들이 사는 아랍 동네

PHOTO ❶
1700년에 세워진 올드 포트.
잔지바르 타운의 주요 건축물이다.

같았다. 건물과 골목은 여지없이 아랍 스타일인데, 사람들은 흑인들이다. 그런데 좀 더 구석구석 들여다보니 피부가 하얀 아랍인들도 눈에 띄기 시작했다. 무슬림 특유의 납작한 원통형의 모자를 쓴 주름살 많은 아랍인 할아버지들의 모습도 곳곳에 보였다.

올드타운의 미로형 골목을 둘러보는 유일한 길은 바로 걷는 것. 잔지바르 타운의 구시가는 반나절 정도면 둘러볼 수 있는 규모이지만 속속들이 음미해 보고 싶다면 아마 한 달도 부족할지 모르겠다. 그만큼 문화와 전통이 풍부한 동네다.

사실 스톤타운은 잔지바르 타운의 별명이다. 잔지바르 타운을 스톤타운이라고 부르는 이유는 오래전 아랍인들이 지은 석조 건축물들이 많기 때문이다. 당시 지어진 건물들의 벽은 섬 주변의 산호에서 나온 물질과 모래를 섞어 만든 재질로 지어졌는데, 대단히 두텁고 단단하여 오늘날까지 건물을 잘 지탱하고 있다. 잔지바르 타운 건축물의 특징 중 하나는 바로 대문마다 있는 독특한 장식들이다. 이는 티크 목재로 만들어졌으며 커다란 놋쇠 장식과 다양한 아랍풍 장식들로 치장되어 있다.

잔지바르 타운은 노예시장이 있던 곳으로 유명하다. 1873년 노예매매가 금지되면서 노예시장이 폐쇄되고 그 자리에 대성당이 들어서게 되었다. 당시 아랍 노예 상인들은 동아프리카 전역에서 잡아온 노예들을 이 시장에 집결시켜 매매하였다고 한다. 우리가 기억해야 할 사실은 아프리카의 노예들이 노예선을 타고 팔려 나가면서 신대륙에 무사히 도착해 생존했던 수가 노예선을 탄 수의 불과 15~20%라는 점. 대부분의 노예들은 배가 난파당해 죽거나 열악한 환경이나 질병을 견디지 못해 죽는 경우가 다반사였다고 한다.

잔지바르에 와서 서글픈 노예무역의 역사를 되돌아보게 된다. 아픈 역사가 숨겨져 있는 것과는 달리 아이러니하게도 현재 보

PHOTO ❷
잔지바르 타운의 무슬림 소녀

PHOTO ❸
잔지바르 타운의
좁은 골목

PHOTO ❹
아랍풍의 골동품이 가득한
올드타운 내 골동품 상점

PHOTO ❺
광주리에 코코넛을 가득 담고
잔지바르 타운의 골목길을
거니는 코코넛 장수

이는 잔지바르의 역사적 유산들은 고풍스러운 문화적 빛깔을 유감없이 발휘한다. 잔지바르 타운의 묘미는 바로 미로 같은 골목길을 배회하며 현지인들의 삶을 들여다보는 것이다. 눈빛을 마주한 아이들과 인사하거나 주름 가득한 할아버지에게 "살람" 하고 이슬람식 인사를 미소와 함께 건네는 것도 좋다. 재미난 기념품과 민예품 파는 가게들을 들여다보거나 즐겁고 오래된 시장에서 블랙페퍼나 시나몬, 사프란 등 향신료를 구입해 요리에 활용해 보는 것도 좋다. 시간적 여유가 있다면 잔지바르 박물관에 들러 이 섬을 방문했던 리빙스턴을 비롯한 탐험가, 선교사들의 관련 자료나 유물들을 둘러보는 것도 의미 있는 일이 될 것이다. ❤

Travel Info

잔지바르

잔지바르 타운에 콜로니얼 건축물

잔지바르 타운 시장

콜로니얼 스타일의 현지 호텔 객실

(Access) 에미레이트항공, 에티오피아항공 등이 경유편으로 탄자니아 다르에스살람국제공항을 연결한다. 카타르항공은 도하를 경유해 잔지바르까지 운항한다. 잔지바르는 다르에스살람에서 쾌속선으로 약 1시간 소요되며, 요금은 편도 40$/60$(일반석/1등석) 정도이다. 일반 페리의 경우 4시간 소요되며 요금은 편도 20$이다. 또한 밤에 출발하는 플라잉 호스Flying Horse 페리의 경우에는 밤 10시에 출발, 다음 날 오전 5시에 도착한다. 프리시전항공Precision Air, 아우릭항공Auric Air은 다르에스살람과 잔지바르 타운 사이를 운항하며 비행시간은 30분이다(요금 편도 90~110$ 정도). 잔지바르 타운의 시내 중심에서 눙귀 비치를 비롯한 섬의 주요 비치를 일종의 소형 트럭을 개조한 미니버스 형태의 차량이 오간다.

(Travel Season) 일반적으로 6~10월 사이가 덜 덥고 건조해 여행하기 좋다. 덥고 건조한 12~2월까지도 방문객들이 즐겨 찾는 시즌이다. 다이빙하기에 가장 좋은 시즌은 7~8월과 2~3월이다.

(Travel Tip) 잔지바르는 아프리카에서 스쿠버다이빙을 즐기기에 가장 좋은 조건을 지닌 곳 중 하나이다. 스쿠버다이빙은 1년 내내 즐길 수 있지만 종종 3월 말에서 6월 중순 사이에 폭풍우 따위가 올 수도 있다. 일반적으로 7~8월부터 2~3월까지가 다이빙을 즐기기에 가장 좋은 시즌이다. 눙귀 비치를 비롯해 잔지바르섬의 주요 비치에 위치한 여행사에서 스쿠버다이빙 장비 대여 및 강습 서비스를 제공한다.
탄자니아 비자는 다르에스살람국제공항이나 잔지바르국제공항에서 쉽게 받을 수 있다. 3개월 유효한 싱글엔트리 공항 도착비자를 받을 수 있으며 비자 비용은 50$이다.

MOROCCO

마라케시의 메디나
Medina of Marrakesh

Information

국가	위치	등재연도
모로코	마라케시	1985년

북아프리카에 위치한 모로코의 이국적인 정취를 잘 드러내는 대표적인 도시는 단연코 마라케시다. 눈 덮인 아틀라스산맥 아래 드라마틱한 지리적 풍경을 지닌 이 도시는 지난 1,000년간 모로코의 유원한 역사와 자랑스러운 문화의 맥을 담고 있다.

마라케시는 오랫동안 사하라의 대상들이 넘나들던 상업 중심지로 발전해 왔다. 주변의 평원과 아틀라스산과 사하라를 넘어 들어온 상인들과 무역업자들이 이곳에 매료된 건 이곳에 유럽과 아프리카를 잇는 주요한 무역 거점이 있었을 뿐 아니라 이 지역만의 문화적 예술적 색채가 풍부했기 때문이다. 11세기에 건설된 마라케시는 16세기부터 비약적인 발전을 거듭했다. 도시의 중심가이자 전통 지구인 메디나에는 곳곳에 신비스러운 이슬람과 아랍 양식의 문화유산이 가득하다. 마라케시는 흙과 건물의 외벽이 온통 붉은색을 띠고 있어 '레드 시티'라는 별명을 가지고 있다. 이 도시의 또 다른 매력은 도시 바깥의 풍광이다. 바로 사하라 사막 바깥쪽의 오아시스 타운과 건조한 바위로 이루어진 협곡이 군데군데 드러나 있다.

제마 엘프나Djemaa el-Fna는 마라케시 메디나의 구심점이다. 중세 이후로 변하지 않은 마라케시의 참모습을 볼 수 있는 곳으로

PHOTO ❶
다채로운 모로코 전통 음식을
맛볼 수 있는 제마 엘프나의
먹거리 야시장

잘 알려져 있는데 늦은 오후부터 시작되는 먹거리 시장 모습이 화려하다. 마라케시 메디나의 중심지인 이 광장은 해 질 무렵이 되면 수백 개의 푸드 스톨(음식 가판대)이 들어선다. 세계에서 가장 큰 먹거리 광장이 매일 밤마다 펼쳐지는 셈. 이곳에선 양고기 석쇠구이를 비롯한 다양한 향신료가 첨가된 모로코의 전통 음식들이 눈앞에 펼쳐진다. 또한 늦은 오후부터 광장 중앙에는 거리 악사와 함께 비단뱀, 원숭이 등이 인기몰이로 등장한다. 기이한 복장의 곡예사, 점쟁이, 춤꾼 등도 나타나 사람 냄새 물씬 풍기는 장터의 신명나는 놀이판을 벌인다.

광장 주변에는 2층 건물의 카페, 레스토랑들이 즐비하게 들어서 있는데, 2층의 발코니를 지닌 루프톱 카페Rooftop Cafe에서 민트 티 한 잔을 마시며 야시장이 형성된 광장의 야경을 바라보는 것

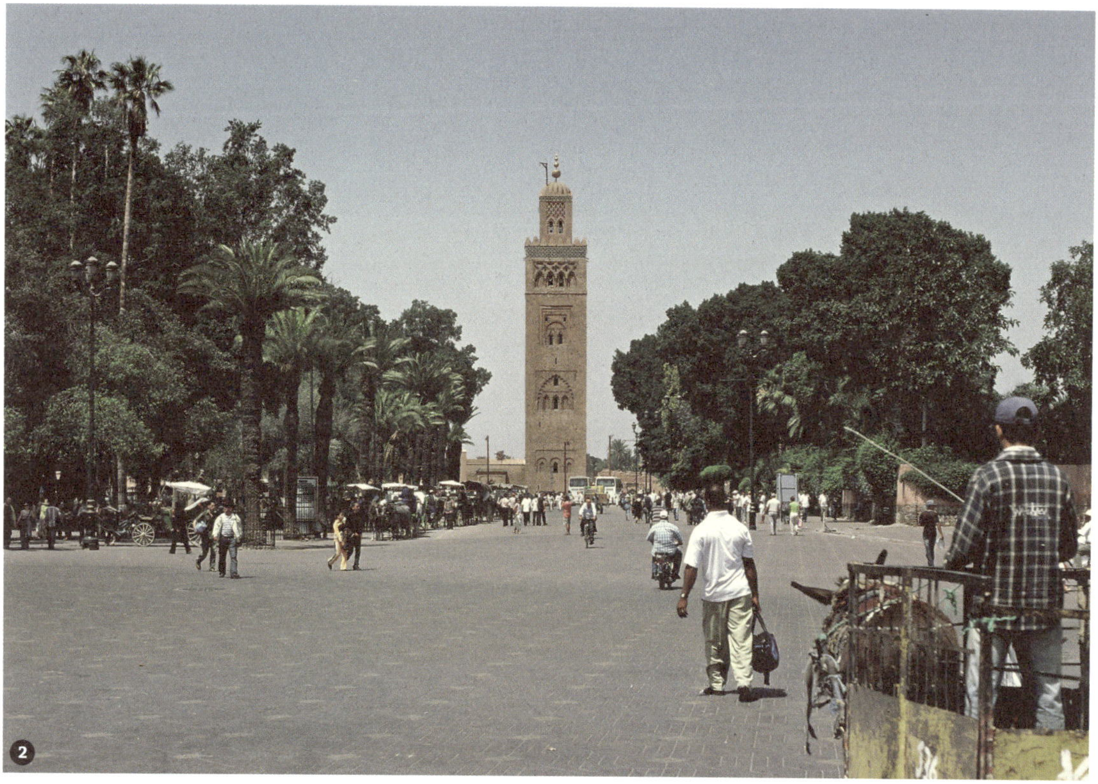
2

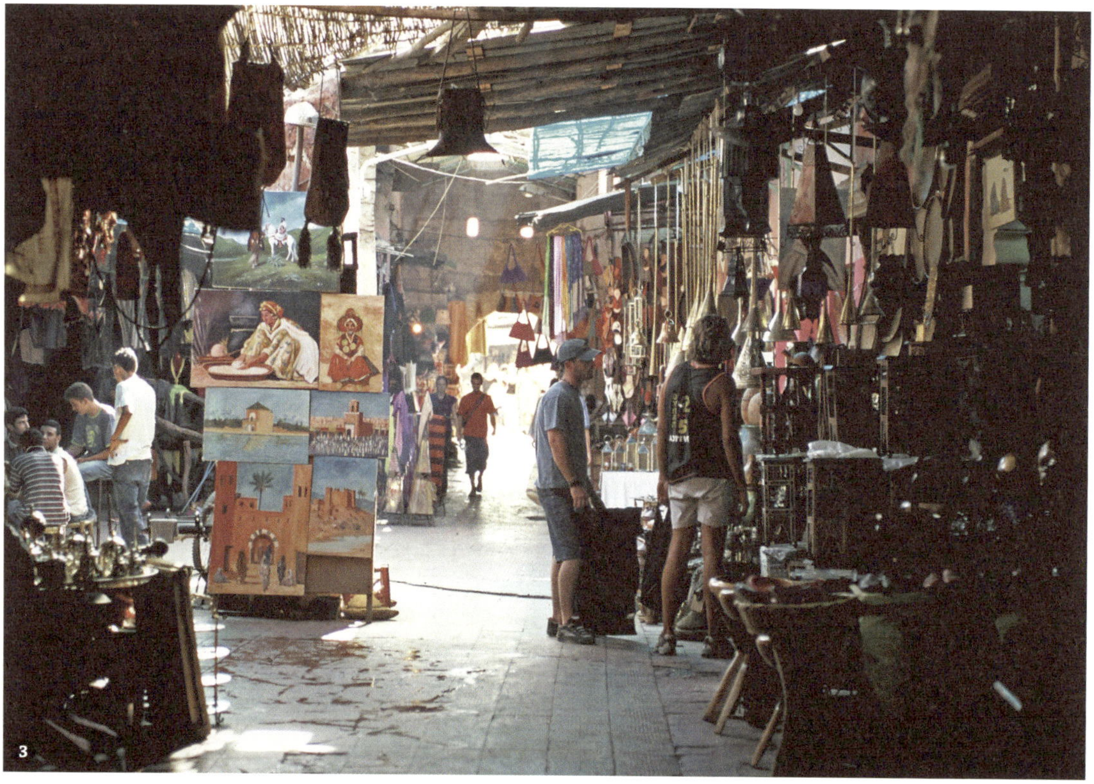
3

이야말로 마라케시에서 가장 추억에 남을 만한 장면이 된다.

마라케시 메디나에서 결코 빼놓을 수 없는 명소가 바로 수크^{Souq}이다. 전통 재래시장인 수크를 방문하면 마치 타임머신을 타고 과거로 거슬러 올라가 북아프리카의 상인들이 북적거렸을 법한 시장 분위기를 마주한다. 제마 엘프나 뒤편에 펼쳐진 수크로 들어서는 순간 어디선가 과거로부터 흘러나왔을 듯한 매캐한 내음이 콧등을 찌른다. 삶의 에너지가 넘쳐흐르는 이곳은 모로코에서 가장 큰 전통 재래시장이다. 관광객들에게 흥미를 자아내는 가죽제품, 텍스타일 등 다양한 민예품을 볼 수 있는 곳으로 크기가 실로 방대한데, 염색제품 시장, 직물 시장, 목공예 시장, 보석 시장, 가죽 시장, 양철제품 시장 등 다양한 물품으로 이루어진 크고 작은 시장들이 한데 엉켜 있다. 각종 생필품을 비롯해 건과류, 전통 과자류와 같은 식품류도 볼 수 있으며, 각종 새, 도마뱀, 원숭이와 같은 애완동물도 판매한다.

도시의 심벌인 쿠투비아 모스크$^{Koutoubia\ Mosque}$의 첨탑은 시내 어디에서나 볼 수 있는 마라케시의 랜드마크이다. 이 첨탑은 현시민들에 마라케시의 심징이리고도 불리는데, 탑의 높이는 무려 67m이다. 또한 이 첨탑은 훗날 라바트의 하산 모스크 첨탑과 스페인 세비야의 지랄다^{Giralda} 첨탑의 실질적인 모델이 되었다고 한다. 사원의 면적은 5,400㎡에 달한다. 마라케시에서 가장 큰 모스크이자 이슬람 3대 사원으로 꼽히는 이곳은 제마 엘프나 서쪽 가까이에 위치한다. 부지 안에는 17개의 작은 이슬람 사원들로 이루어져 있다. 이 모스크는 1153년 알모하드 왕에 의해 착공되어 술탄 야쿱 만수르 시기인 1190년에 완공되었다. 앞에 3개의 황금 왕관을 얹은 탑은 아침저녁으로 햇살을 받으면 과거 이 도시의 영광을 재현하듯 더욱 눈부신 빛을 발한다.

무엇보다 마라케시에 와서 모로코의 근사한 궁전 건축을 둘러보지 않고 떠나는 것만큼 애석한 일은 없다. 바히아 궁전^{Palais}

PHOTO ❷
메디나의 랜드마크인
쿠투비아 모스크

PHOTO ❸
옛 모습을 그대로 간직하고 있는
마라케시의 수크

PHOTO ④
메디나의 전통 양식 건물에 자리한 레스토랑 내부

de la Bahia은 근대 모로코의 건축미와 정원의 아름다움을 대표하는 궁전이다. 이 궁전은 1894년부터 6년간의 공사 끝에 완공되었다. 궁전을 건축할 당시 페스Fes에서 모자이크 타일 기술자를 데려와 타일 장식에 심혈을 기울였을 정도로 정성스럽게 디자인된 궁전 내부의 모습이 화려하다. 이런 이유 때문인지 스페인 그라나다의 알람브라 궁전 내부를 축소해 놓은 듯하다. 건물의 외관도 아름답지만 2개의 안뜰은 고상한 품위를 지닌 왕실 정원의 정수를 보여준다. 타일을 입힌 벽에 싸인 넓은 공간의 중앙에 파운틴이 자리 잡은 기하학적 형태와 구조를 지닌 안뜰이 단연 돋보인다. 재스민이나 부겐빌레아 등 화사한 색깔의 꽃들과 푸른 초목이 무성한 또 다른 안뜰은 나른한 오후에 조용히 산책을 즐기기에 안성맞춤이다. ♥

Travel Story

나홀로 수크 둘러보기

수크 안의 골목길은 마치 미로와 같다. 꼼꼼히 시장을 둘러본다면 4~5시간은 족히 걸린다. 혼자 다닐 때 이정표를 머릿속에 세우지 않고 다니다가는 길을 잃기 십상이다. 시간적 여유가 없다면 현지 가이드와 함께 둘러보는 것도 현명한 생각이다. 또한 가끔은 일부 몰상식한 상인들의 강매에 시달리거나 심리적인 중압감을 받는 경우도 있다. 더욱이 민트 티 한 잔을 대접받게 되면 물건을 사지 않고 자리를 뜨기란 쉽지 않을 때도 있다. 때문에 살 물건을 마음속으로 결정하기 전에는 이러한 환대를 살며시 피하는 지혜도 필요하다.

전통 복장을 한 상인

바하이아 궁전의 문

Travel Info

마라케시

(Access) 한국에서 가는 직항편은 없다. 주로 유럽이나 중동의 주요 도시를 거쳐 모로코의 국제 관문인 카사블랑카로 갈 수 있다. 마라케시는 카사블랑카에서 버스로 약 3시간 30분 걸린다. 몇몇 저가항공은 파리 등지에서 마라케시까지 직항 운항한다. 스페인 남부 안달루시아 지방의 알헤시라스Algeciras와 타리파Tarifa에서 각각 모로코 북단의 항구 탕헤르Tanger로 가는 배편이 매일 수차례 있다. 쾌속정의 경우 30~35분 소요되며 페리의 경우 1시간 30분 소요된다. 마라케시는 탕헤르에서 야간기차로 9시간 45분 걸린다.

(Travel Season) 3~5월, 10~11월이 여행하기에 가장 쾌적한 날씨를 선보인다. 40도를 웃도는 6~8월은 상당히 덥고, 12~2월은 춥기에 이 시기에 여행하려면 두툼한 겨울옷을 준비해야 한다.

(Travel Tip) 마라케시 등 모로코의 주요 도시를 여행하다 보면 이유 없이 조롱하는 현지 젊은이들이나 소매치기를 만날 수도 있다. 이런 경우에는 당황하지 않고 자리를 피하는 게 가장 좋다.

MALI

도곤 카운티의
반디아가라 절벽

Cliff of Bandiagara(Land of the Dogons)

Information

국가	위치	등재연도
말리	도곤 카운티	1989년

서아프리카 말리의 중부에 놓인 도곤 카운티는 해발 500m 높이의 사암 절벽 지대에 집을 짓고 사는 도곤족의 고장이다. 이 고장의 마을은 전부 700여 개. 각 마을마다 대략 500여 명의 사람들이 모여 산다. 비록 이곳까지 찾아가기가 고달픈 게 사실이지만 도곤 카운티는 서아프리카를 통틀어 가장 인상적인 자연 경관과 독특한 문화적 매력을 풍기는 곳이기에 모험심을 갖고 도전해볼 만한 여행지이다.

도곤 카운티는 그야말로 서아프리카 여행의 하이라이트이다. 도곤 카운티 방문의 출발점은 반디아가라라는 작은 타운이다. 이곳은 도곤 카운티를 방문하고자 하는 외국 방문객들이 집결해 중심가 주변에는 항상 가이드를 자처하는 청년들이 꼬리에 꼬리를 물고 방문객들 주변을 서성이며 성가시게 한다. 도곤 카운티를 방문하는 데에 있어서 반드시 현지 안내인이 필요한 것은 아니지만, 여러 가지 위험요소들이 존재하기 때문에 혼자 먼 길을 걷는 것보다는 현지인과 동행하는 편이 보다 안전하다. 반디아가라보다 적은 비용으로 가이드를 구하려면 도곤 카운티 방문의 베이스인 상가Sanga라는 마을로 가야 한다.

수백 개의 마을이 자리한 도곤 카운티 방문 일정은 본인이 세우기에 달렸다. 마을과 마을 사이를 걸으며 주변의 드라마틱한 산세를 둘러보는 것이 도곤 카운티 여행의 진정한 매력이다. 좀 더 과장해 유럽에 산티아고 데 콤포스텔라 순례길이 있다면 아프리카

PHOTO ❶
티렐리 마을의 원추형 가옥

에는 도곤 카운티 순례길이 있는 셈이다. 도곤 카운티에서의 일정은 짧게는 하루, 이틀부터 길게는 일주일 이상도 가능하다. 대부분의 방문객들은 천천히 자연 경관을 둘러보고 문화적 단면과 소소한 일상을 감상하기 위해 도보로 도곤 카운티의 여러 마을을 방문한다.

나는 세이버라고 불리는 현지인 가이드를 상가 마을에서 만나 오전 11시에 도곤 카운티 하이킹을 시작했다. 이번 하이킹의 최종 목적지는 티렐리Tireli라는 곳이다. 나는 그곳에서 유명한 도곤 마스크 댄스를 보고 두로Dourou라는 곳을 거쳐 반디아가라로 돌아올 예정이었다. 우리 일행은 잠시 상가 마을 주변을 둘러보고 바위산을 넘어 바나니Banani 마을로 향했다. 도곤 카운티에서 가장 큰 마을인 상가는 눈길을 끌 만한 도곤족 스타일의 가옥들이 있었

지만 도곤 카운티 하이킹의 출발점이었기에 마을 주변을 대충 둘러보고 서둘러 갈 길을 재촉했다.

　　바위산을 넘는 도중에 양철통에 무언가를 잔뜩 넣고 머리에 이고 가는 마을 아낙네 무리의 뒤를 따르게 되었다. 바나니 마을에 이르니 도곤 카운티의 독특한 가옥 형태인 텔렘 하우스Tellem House의 모습이 드러났다. 바위산 중턱 높은 곳에 자리한 모습이었다. 텔렘 하우스는 11세기부터 15세기까지 이 지역에 존재했던 텔렘 문명의 건축 유산이다. 집들이 놓인 자리가 꽤 높았기 때문에 거주민들이 그 높은 곳까지 어떻게 올라갔을까 하는 의문은 예부터 지금까지 사라지지 않고 있다. 올라가는 길도 없고 계단도 없는데, 산중턱의 벼랑 같은 곳에 집을 짓고 살았다는 사실이 참 믿기 어렵다. 도곤족의 말처럼 그들의 조상들은 하늘을 나는 능력이 있어 실제로 지상으로부터 산중턱의 집까지 날아서 오르락내리락했던 것일까?

　　바나니 마을로부터 1시간 정도 걸으니 이렐리Ireli라는 마을이 나타났다. 이곳은 도곤 카운티에서도 가장 주목받는 곳으로, 여러 채의 텔렘 하우스가 옹기종기 모여 인상적인 자태를 드러낸다. 이 마을을 둘러보니 마을 여성들은 나이가 많건 적건 간에 상관없이 모두 웃옷을 벗고 가슴을 드러내놓고 있었다. 마을 곳곳에는 상형 그림도 그려져 있어 궁금증을 자아냈다. 가이드 왈, 마을에서 숭배하는 토속신앙과 관련된 그림이라고 한다. 이렐리 마을을 나와 다시 길을 걸었다. 모래가 수북한 길을 걷는데, 한낮이라 햇살이 무척 강했다. 야예Yaye, 아마니Amani 마을을 지나 2시간 넘게 걸은 뒤 해 질 무렵인 오후 7시쯤 티렐리 마을에 도착했다. 티렐리 마을에도 진흙으로 만든 가옥들이 어깨동무를 하며 촘촘히 서 있었다. 담벼락은 두텁고 무거운 바윗돌을 쌓아 만들어졌다. 볏짚 같은 것을 서로 이어 원추형 형태의 지붕을 올려놓은 모습이 이채로웠다. 티렐리에서 하룻밤을 보내고 다음 날 아침 마을 주민들이 마련한 도곤 마스크 댄스를 생애 처음 볼 기회를 가졌다. 솔직히 말

PHOTO ❷
상당수의 도곤족은
오늘날 목축업에 종사한다.

PHOTO ❸
도곤 카운티에서
가장 인상적인 건축물인
이렐리의 텔렘 하우스

PHOTO ④
죽은 자를 위한 의식에만
사용되는 도곤족 마스크

하자면 도곤족 댄서들이 외국 여행자들 앞에서 퍼포먼스를 하는 대가로 돈을 지불받는 것은 공공연한 관례가 되어버렸다. 15분 동안의 퍼포먼스에 5,500CFA의 거금을 요구하다니. 좀 건성건성한 댄서들의 태도에 실망하기도 했지만, 사실 도곤족 마스크 댄스는 아무데서나 아무에게나 보여주는 의식이 아니다. 그래서 더 놀랍고 의아하다. 알고 보니 도곤족 마스크 댄스는 오직 죽은 자를 위한 의식에 사용되는 행위라 한다. 때문에 오늘날 방문객들 앞에서 행해지는 의식은 일종의 퍼포먼스에 불과하다. 도곤족 마스크 댄스는 화려하게 조각된 갖가지 모양의 마스크 때문에 더 유명한데 마스크의 종류만 거의 80여 종에 이른다. 그렇다면 도곤족이 장례 의식에 굳이 무거운 마스크를 쓰고 춤을 추는 이유는 무엇일까? 이는 죽은 자의 영혼을 달래고 마지막 영혼의 휴식처로 가는 길을 인도하기 위함이라고 한다.

Travel Info

반디아가라

음식을 취하는 도곤족 여성

티렐리 마을이 도곤족 마스크 댄스

낙타를 몰고 길을 가는 도곤족 남성

(Access) 에어프랑스는 파리와 말리의 수도 바마코 사이를 매일 식항 운항한다. 노곤 카운티를 방문하려면 반디아가라까지 가서 다시 도곤 카운티의 베이스인 상가 마을까지 가는 게 좋다. 몹티 인근의 세바르에서 반디아가라까지는 승합차로 1시간 거리이고, 반디아가라에서 상가 마을까지는 45km 거리이다(약 1시간 20분 소요).

(Travel Season) 4월부터 6월까지 가장 더운 시기이므로 피하는 게 좋다. 10~2월 사이가 그나마 좀 덜 덥다. 7~8월은 우기이다. 따라서 10월과 2월 사이 7~8월이 여행 적기이다. 4~6월에는 간혹 극심한 모래폭풍이 사막으로부터 밀려와 시야를 가리기도 한다.

(Travel Tip) 말리는 서아프리카에서도 대중교통 차량의 수준이 가장 낮은 것으로 악명 높다. 10인승 차량이라면 보통 20명까지 태운다. 또한 차량의 지붕 위에 엄청난 양의 짐을 싣는다. 승합버스나 승합택시는 정해진 시간 없이 승객이 모두 타야 출발한다. 차량의 상태도 매우 나쁘다. 한국에서 폐차할 수준이면 이곳에서 준수한 차량으로 쓰일 정도다.
말리를 방문하려면 관광비자를 발급받아야 한다. 국내에는 말리 대사관이 없다. 말리 비자는 말리 인접국인 부르키나파소와 가나의 말리 대사관에서 받을 수 있다(각각 하루, 이틀 소요). 세네갈과 말리 사이의 국경에서도 말리 비자를 쉽게 받을 수 있다.

NIGER

아가데즈의 역사 중심지
Historic Centre of Agadez

Information

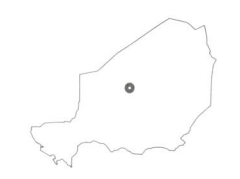

국가	위치	등재연도
니제르	아가데즈	2013년

니제르 중부에 위치한 아가데즈는 아프리카 대륙을 관통하는 사하라 대상들의 무역 거점이었던 곳이다. 유서 깊은 역사를 지닌 이 도시는 세월의 무상함 속에서도 변한 게 없는 고대의 매력을 고스란히 간직하고 있다. 마치 타임머신을 타고 과거로 떠난 여행처럼 사헬 스타일의 뾰족한 모스크 첨탑이 그대로 남아 있고, 구시가에는 진흙 벽돌로 만든 원시적인 연갈색 가옥 사이로 낙타를 타고 오가는 유목민들의 행렬이 오늘날까지 이어지고 있다.

서아프리카에 위치한 니제르는 남한 면적의 13배 크기를 지닌 나라로 사하라 사막을 사이에 두고 알제리, 리비아, 말리 등과 이웃하고 있다. 우라늄 개발이 한창이던 1975년부터 1990년까지 서구자본이 몰려와 잠시 경제적 호황을 누리기도 했지만 그 후 지속적인 우라늄 가격의 하락과 냉전시대의 종식으로 경제적으로 매우 낙후된 아프리카의 최빈국 중 하나로 머물러 있다.

니제르의 중부에 위치한 아가데즈는 오랫동안 사하라를 횡단하는 오아시스 대상들의 주요 무역 거점 도시로 발전했다. 특히 무역 거래에 있어서 알제리, 리비아 등 지중해 연안의 북아프리카 국가와 가나, 나이지리아 등 기네아만 연안의 서아프리카 국가를 연결하는 주요한 고리 역할을 했으며 여행자들에게 있어서 아가데즈는 신비와 전설의 땅으로 인식되어 왔다. 이는 아가데즈야말로 사하라의 드라마틱한 풍광을 안고 있는 지구상의 몇 안 되는 도시이자 북아프리카의 트리폴리와 서아프리카 말리의 가오를 연결하는 사하라 대상들의 무역 요충지로서 유서 깊은 역사를 자랑하는 곳이기 때문이다. 놀라운 것은 오늘날의 아가데즈 모습이 지난 4세기 동안 거의 변한 게 없다는 점이다. 낙타에 잔뜩 실은 금과 소금, 그리고 노예가 오갔던 이곳에 옛 길을 따라 고물이 되다시피 한 오토바이, 전기제품, 생활용품 등이 덜그럭거리는 트럭 위에 실린 채 거대한 먼지 물결을 일으키며 리비아와 니제르 국경 사이를 오가고 있다.

아가데즈에는 사하라 대상들이 몸담았던 고대 도시의 분위기가 그대로 남아 있다. 누구에게나 이 비밀스러운 도시의 놀라운 첫인상은 자동차 대신 낙타를 타고 오가는 대상들의 모습이다. 하늘색 또는 검은색의 터번을 두른 투아레그족 대상들이 길게 늘어뜨린 파란색 의복을 먼지 자욱한 비포장 거리 위로 팔랑거리며 걸어가는 모습은 흡사 한 세기쯤 퇴보해버린 시대의 빛바랜 필름을 들여다보는 것 같다. 도시 한 구석에는 투아레그족이 지난 수세기 동안 사용해 온 가축 시장(투아레그 낙타 시장이라고도 불린다)이

PHOTO ❶
우뚝 솟은 첨탑이 인상적인
아가데즈의 그랜드 모스크

PHOTO ❷
아가데즈의 가축 시장

마련되어 있다. 저마다 인근 마을에서 데려온 낙타, 소, 양, 염소 등의 가축을 사고파는 모습은 예나 지금이나 변함없는 유목민들의 일상을 가감 없이 보여준다. 무엇보다 윤기 있고 단단한 허리와 발굽을 지닌 낙타만을 골라내는 사하라 대상의 노련하고 예리한 식별력을 엿보게 된다.

아가데즈의 블루 스카이와 멋진 조화를 이루는 이집트 피라미드 형태의 뾰족한 그랑 모스크Grande Mosquée의 첨탑은 그야말로 사하라 고대 도시로서의 위용을 잘 나타낸다. 아가데즈 구시가의 대표적인 랜드마크인 이 그랑 모스크는 1515년 세워진 것으로 1844년 재건축을 통해 오늘날의 모습으로 다시 태어났다. 방문객들은 이 그랑 모스크의 첨탑 안의 나선형 돌계단을 따라 27m 높이의 기둥 위까지 올라가 도시 전경을 내려다본다. 드넓게 펼쳐진 도시 주변의 황량하면서도 미스터리로 가득 차 있는 듯한 풍광은 이 도시의 또 다른 숨은 비경이다. 모스크 탑에 설치된 확성기에서는 매일 정해진 시간이 되면 어김없이 이슬람 성직자의 목소리가 울려 퍼진다. 이때 모스크 주변을 지나가던 행인들은 발걸음을 멈추고 길바닥에 엎드려 이마가 땅에 닿도록 절을 하며 기도문을 읊는다.

PHOTO ❸
현대 문명의 이기와는
무관해 보이는
아가데즈의 거리 풍경

모스크를 나와 북쪽으로 발걸음을 옮기면 5분 정도 지나 술탄 왕궁Palais du Sultan 건물이 나타난다. 술탄 왕궁은 이 지역을 전통적으로 다스려온 술탄과 그 후계자, 그리고 그 가족들이 거주하는 곳이다. 이들은 정치적 권력이나 행정적 기반을 가지고 있지는 않지만 현지 주민들에게 존경을 받는다. 여러 부족의 갈등이나 분쟁이 생기면 전통과 관례에 따라 일을 조정하는 역할을 하기 때문이다. 술탄 왕궁은 일반인들의 출입이 금지되어 있지만, 왕궁 앞마당에는 종종 북과 장구로 흥을 띄우는 악사들의 등장과 함께 전통 레슬링 경기가 펼쳐지기도 한다.

아가데즈의 구시가를 거닐면 마치 타임머신을 타고 날아온 것 같은 기분이 든다. 온통 연갈색 가옥들로 가득한 이곳에서 하루

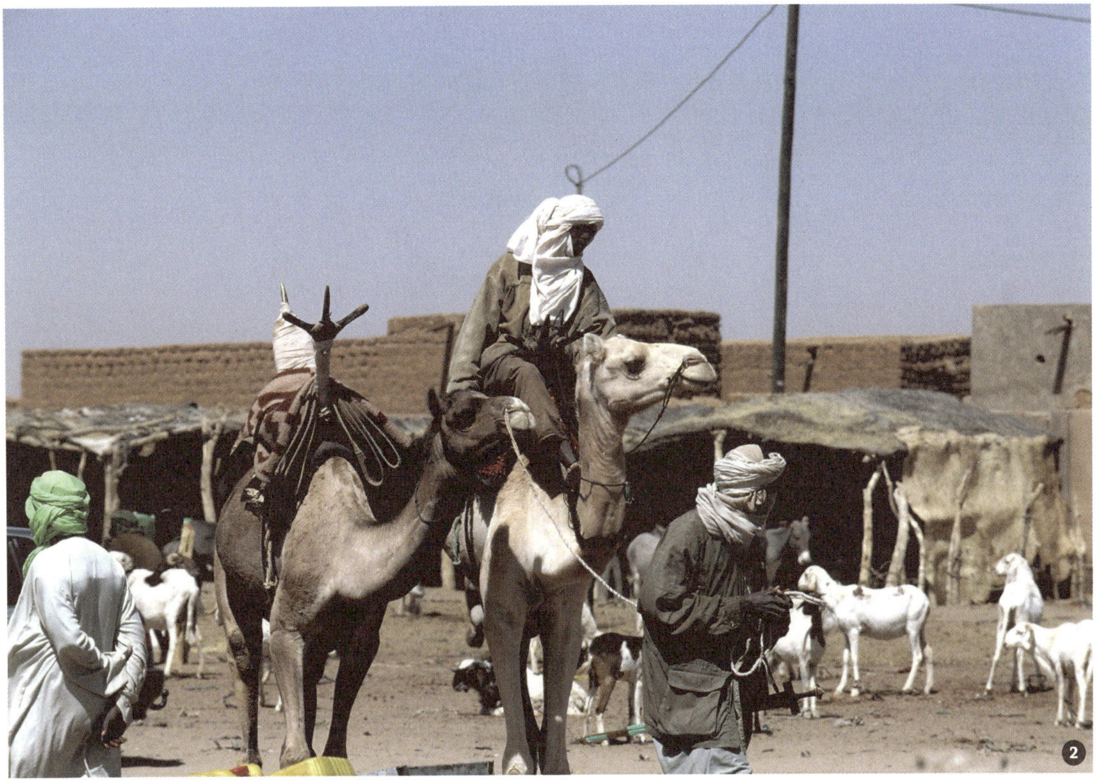
2

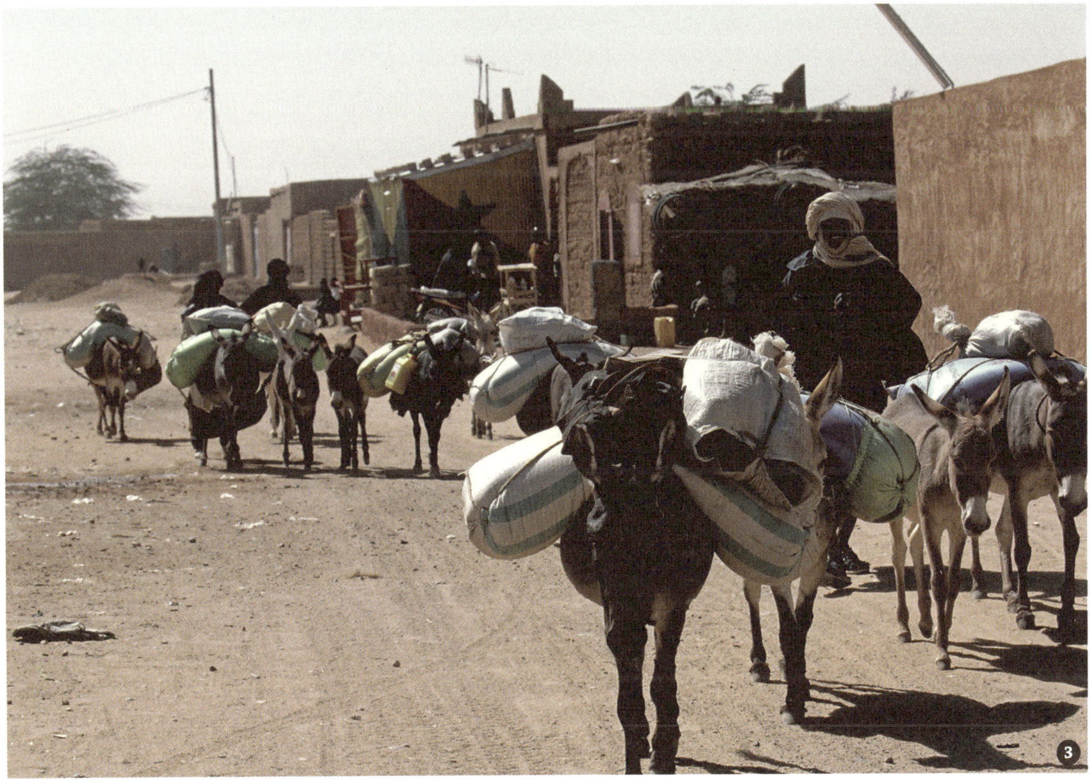
3

PHOTO ④
어도비 벽돌용 점토로 만들어진
전통 양식의
현지 레스토랑 건물

를 행복하게 보내는 방법은 무엇이 있을까? 아마도 사막지대의 건축양식을 대변하는 진흙 벽돌의 가옥들 사이에 난 좁은 골목을 거닐다 길을 잃는 것. 그것이 아닐까? 때로 아가데즈 구시가와 같이 낯선 곳에서는 길을 잃은 채 주변을 배회하는 것도 매우 흥미진진한 일이다. 사헬 스타일의 건축양식에 관심이 많다면 이곳 투아레그족과 하우사족이 만든 방코 하우스Banco House라 불리는 집들을 유심히 관찰해 보기를. 150년 정도의 오랜 역사를 지닌 이 가옥들은 햇볕에 말린 어도비 벽돌용 점토로 만들어진 것으로 가옥 위의 끝부분을 뾰족한 뿔 모양으로 장식한 게 특징이다. 그 밖에 하우사 집들은 아름답게 하우사 특유의 문양으로 장식된 파사드를 지니고 있으며 몇몇 가옥의 문 앞에는 소뿔로 장식해 놓은 다소 인상적인 모습도 발견할 수 있다. ❤

Travel Story

투아레그족

니제르의 주요 종족은 하우사(56%), 제르마(22%), 투아레그(8%), 풀라니(8.5%)족이다. 사실 니제르 하면 투아레그족이 떠오른다. 아마도 많은 사람들이 1992년 일어난 투아레그족의 봉기 사건을 떠올리기 때문이다. 투아레그족이 니제르에서 반란을 일으킨 이유는 중앙정부의 지원이 턱없이 부족하고 그들 고유의 언어인 타마세크Tamashek를 배우지 못하도록 한 중앙정부의 교육정책에 대한 불만 때문이다. 비록 1995년 중앙정부와 투아레그 반란군 사이의 평화협정이 맺어졌지만 오늘날까지 아가데즈 주변의 일부 지역에서는 간간이 정부군과의 교전이 벌어지거나 외국 여행자를 상대로 한 납치 사건이 일어나기도 한다. 이로 인해 현재 사하라 사막에 놓인 멋진 바위산 아이르 마운틴Air Mountains 지역을 방문하는 것은 상당히 위험하다.

Travel Info

아가데즈

(Access) 에어프랑스는 프랑스 파리와 니제르의 니아메이를 직항 운항한다. 보다 저렴한 로열에어모로코 등은 카사블랑카를 경유하여 파리와 니아메이를 연결한다. 니제르에는 현재 국내선 여객기가 없기 때문에 니아메이에서 아가데즈까지 버스를 이용해야 한다(약 15시간 소요). 니제르의 남부 도시 진데르에서 아가데즈까지는 아데르비시나트를 경유해 버스로 약 10시간 걸린다. 아데르비시나트에 정차하여 군호위 차량을 기다리는 데에 약 3~4시간이 소요되며 그곳에서 아가데즈까지는 약 2시간 45분 정도 걸린다.

(Travel Season) 기온이 낮고 비가 내리지 않는 12~2월 사이가 니제르를 방문하기에 가장 좋다. 3~6월까지는 기온이 45도까지 올라갈 정도로 더운 날씨를 선보인다. 5월 말~9월까지 남부 지방을 중심으로 비가 종종 내리며, 8월에 강수량이 가장 많다. 참고로 아가데즈를 방문할 예정이라면 매년 9월 중순 또는 하순 무렵 3일 동안 아가데즈 인근의 작은 마을 인갈In-Gall에서 펼쳐지는 큐르 살리Cure Salée 축제에 참여해 볼 것을 적극 추천한다. 니제르 정부의 후원을 받아 펼쳐지는 이 유목민 축제에는 화려한 화장으로 여성 차림을 한 투아레그족과 와다베족이 참여하며 성대한 각종 퍼포먼스가 펼쳐지는 것으로 유명하다.

(Travel Tip) 아가데즈에 도착하면 가까운 경찰서에 여권을 가지고 가서 외국인 방문등록을 해야 한다. 아가데즈는 인터넷이나 이웃국가의 니제르 대사관을 통해 니제르 현지 정세를 알아본 뒤 방문하는 것이 현명하다.
한국에는 니제르명예영사관이 있어 출입국에 관련된 비자 서비스와 정보를 받을 수 있다. 또한 니제르 비자를 받는 방법은 서아프리카 현지의 니제르 대사관이나 프랑스 파리 주재 니제르 대사관을 통하는 것이다. 서아프리카에서는 베냉의 코토누에 주재한 니제르 대사관에서 관광비자를 쉽게 발급해준다. 싱글엔트리 관광비자의 경우 발급 수수료 외에 사진 2장이 필요하다(3일 정도 소요되지만 사정을 이야기하면 당일발급도 가능하다. 더블엔트리 비자가 필요할 경우 별도로 영사에게 요청해야 한다).

- [ ] USA
- [ ] MEXICO
- [ ] CUBA
- [ ] HAITI
- [ ] COLOMBIA
- [ ] PERU
- [ ] BRAZIL
- [ ] FIJI
- [ ] AUSTRALIA

CHAPTER 4
AMERICA & OCEANIA

USA

메사버드 국립공원

Mesa Verde National Park

Information

국가	위치	등재연도
미국	콜로라도	1978년

미국 콜로라도주 남서부에 자리한 메사버드 국립공원에는
8세기부터 700년 이상 계곡의 암벽 아래 거주했던
독특한 형태의 인디언 거주지가 자리해 있다. 이 거주 공간은
문헌 자료를 남기지 않은 인디언들의 전통 문화와
생활방식을 알아내는 데에 아주 귀중한 역사적 자료로 사용된다.

고고학적으로 가치가 있는 인디언 거주지를 보호하고자 1906년 국립공원으로 지정된 메사버드 국립공원은 콜로라도주 남서부에 자리해 있다. 이 국립공원은 유타, 애리조나, 뉴멕시코와의 접경지대에서도 가깝다. 메사버드 국립공원 안에는 현재 4,500군데의 크고 작은 고고학 유적이 있으며 600개의 크고 작은 암벽 거주지가 공원 내 흩어져 있다.

메사버드는 암벽으로 이루어진 언덕 아래의 움푹 팬 공간에 마련된 거주지로 유명하여 연중 내내 이곳을 방문하는 여행자들이 적지 않다. 유럽인들이 아메리카 대륙에 들어오기 훨씬 이전인 8세기부터 아나사지^{Anasazi} 인디언들은 700년 넘게 13세기 후반까지 이곳에 거주하면서 전통 방식의 삶을 영위하였다. 아나사지는 나바호 인디언 언어로 '고대의 이방인'이란 뜻을 담고 있다. 참고로 오늘날 미국에서는 전통 방식으로 생활했던 아메리카 원주민인 인디언들을 인디언이라는 단어 대신에 푸에블로안^{Puebloan}이라

부른다. 푸에블로안은 뉴멕시코, 애리조나 등 미 서부에서 볼 수 있는 푸에블로 인디언 취락에서 나온 말이다.

이곳의 인디언들은 사냥을 하거나 비옥한 토양에서 호박, 옥수수, 콩 따위를 경작하면서 식생활 문제를 해결했다. 밭을 경작하는 데에는 나무 막대기를 사용했으며, 종종 작은 댐을 만들어 비나 눈이 오는 날 이를 모으는 공간을 만들어 밭에 물을 공급하였다. 또한 언덕 위에 있는 소나무와 향나무를 가져다가 가옥을 만드는 재료로 사용하거나 추운 날씨에 불을 피우는 땔감으로 사용하였다. 그들은 아주 가파른 경사면 암벽에 홈을 파서 언덕 위와 주거지 사이를 오르내리는 계단으로 사용하기도 했다.

메사버드의 인디언 암벽 거주지는 역사적으로 큰 가치를 지닌다. 왜냐하면 인디언들은 전통적으로 그들의 문화나 생활방식

PHOTO ❶
암벽 아래 자리한 인디언 거주지

PHOTO ❷
인디언들은 물과 흙을 섞은
반죽을 사용해
벽돌과 벽돌을 접합했다.

을 기록으로 남기지 않기 때문이다. 따라서 이 거주지를 통해 당시 인디언들의 문화나 생활방식을 유추할 수 있다. 당시 인디언들은 사암을 이용해 빵 덩어리 정도 크기의 직사각형 모양의 벽돌을 만들어 집을 짓는 데 사용했다. 벽돌과 벽돌을 접합하는 데에는 물과 흙을 섞은 반죽을 사용했다. 이들이 만든 가옥의 구조를 살펴보면 거실은 두세 사람이 활동할 수 있는 공간으로 만들어졌다. 거실 뒤편으로는 일반적으로 작은 방이 하나 놓였고, 위층의 작은 공간은 곡물 따위를 저장하는 공간으로 사용되었다. 아나사지 인디언들은 선조로부터 대대로 기술을 습득한 숙련된 건축공이었기에 이들은 가옥과 벽면을 높고 반듯하게 세울 줄 알았다. 가옥들은 대개 1~2층 높이였으나 3~4층 높이를 지닌 것도 있었다. 형태도 다양하여 어느 것은 탑 모양으로 높고 기다랗게 쌓아 올린 것도 있었다. 또한 이들이 세운 건축물은 오랜 세월이 흘러도 쉽게 무너지거나 바람에 의해 흔들림이 없을 정도로 견고했다. ❧

Travel Info
메사버드 국립공원

메사버드 국립공원의 전경을 볼 수 있는 전망대.

절벽 아래 인디언 거주지를 보기 위해 모인 사람들.

(Access) 메사버드 국립공원은 콜로라도주의 주도인 덴버Denver에서도 방문할 수 있지만 뉴멕시코주의 앨버커키Albuquerque나 산타페Santa Fe에서 더 가깝다. 조금 시간이 걸리는 장거리 여정이지만 라스베이거스에서 저렴하게 렌터카를 빌려 유타주의 아름다운 캐니언을 둘러보면서 이곳까지 찾아오는 것도 좋은 방법이다. 앨버커키와 산타페에서 메사버드까지는 차량으로 각각 5시간 30분, 6시간이 걸린다.

(Travel Season) 메사버드 국립공원을 방문하기 가장 좋은 시기는 5월과 6월 초, 9월이다. 7~8월에는 무덥고, 겨울철에는 춥고 종종 눈이 내린다.

(Travel Tip) 미국은 무비자 방문이 가능하나 방문하기 전 ESTA(전자여행허가제)를 통해 필요한 여권 정보 등을 입력하여 온라인 등록을 해야 한다. 한 번 ESTA 등록을 마치면 2년간 유효하며 2년 내에는 얼마든지 재입국이 가능하다. 2년이 지난 후에는 다시 ESTA 온라인 등록을 해야 한다.

MEXICO

치첸이트사 유적

Pre-Hispanic City of Chichen-Itza

Information

국가	위치	등재연도
멕시코	치첸이트사	1988년

멕시코에서 발생한 고대 문명은 아즈텍Aztec 문명, 마야Maya 문명을 비롯하여 테오티우아칸Teotihuacan 문명, 사포텍Zapotec 문명, 톨텍Toltec 문명, 올멕Olmec 문명 등 실로 다양하다. 유카탄반도에 자리한 치첸이트사는 대표적인 마야 문명 유적지로 엘 카스티요 신전 등 마야 문명의 피라미드 건축물이 잘 보존되어 있다.

멕시코에서 발생한 복잡한 듯 여겨지는 문명을 정리하면 다음과 같다. 멕시코에서는 1521년 스페인 침략자들에게 정복되기 훨씬 이전부터 인디언 원주민들에 의한 역사가 시작되었다. 이미 기원전 11세기에 멕시코에서는 단순한 농경문화에 기반을 둔 올멕 문명이 탄생하였으며, 기원전 3세기경에는 과테말라의 페텐 지방에서 태동한 마야 문명이 멕시코 유카탄반도의 치첸이트사, 욱스말 일대까지 퍼지기 시작했다. 10세기 마야 문명의 확실한 쇠퇴기에 중앙아메리카에서 최초로 거대 제국을 세웠던 톨텍 문명이 태동하였다. 톨텍 문명이 무너지면서 1325년 테노치티틀란에 중심 도시를 세운 아즈텍인들은 스페인 정복자들이 침입하던 시기에 멕시코 중부와 남부 지방을 중심으로 아즈텍 문명을 일으키며 16세기 초까지 대제국을 건설하였다.

마야 문명의 유적지들은 멕시코 유카탄반도 일대와 치아파스주 일대의 정글 속에 감추어진 보물처럼 묻혀 있다는 것이 특

PHOTO ❶
엘 카스티요 신전의 전경

징이다. 오늘날 여행자들이 즐겨 찾는 마야 유적지로는 유카탄반도의 치첸이트사Chichen Itza, 욱스말Uxmal, 툴룸Tulum, 치아파스주의 팔렌케Palenque, 그리고 과테말라의 티칼Tikal, 온두라스의 코판Copan 등이 있다. 그중에서 멕시코 최대의 휴양지인 칸쿤에서 지리적으로 가까운 치첸이트사는 오늘날 손쉽게 방문할 수 있는 곳이자, 마야 문명 최대의 피라미드가 아름다운 자태를 뽐내고 있는 곳이다.

치첸이트사는 5세기에 세워진 고대 도시로, 우물가의 집이란 의미를 지녔다. 그래서 학자들은 고대 이 지역 일대에 거대한 샘터가 있었을 것으로 추정하고 있다. 치첸이트사의 가장 대표적인 유적은 바로 쿠쿨칸Kukulcan의 피라미드라 불리는 엘 카스티요El Castillo 신전이다. 쿠쿨칸은 톨텍인들이 섬기던 신 이름인데, 마야

PHOTO ❷
엘 카스티요 신전 벽면에 새겨진
정교한 형태의 부조

PHOTO ❸
23m의 높이를 지닌
엘 카스티요 신전의 계단

인들에게는 케찰코아틀Quetzalcoatl이라 불린다. 케찰코아틀은 케찰새의 날개 달린 뱀의 형상을 띠고 있는 신인데, 뱀은 땅의 권위를, 날개는 하늘의 권위를 상징한다. 높이가 23m에 달하는 이 신전의 가파른 계단을 오르기 위해 각지에서 방문객들이 쉴 틈 없이 몰려들고 있다. 아찔한 91개의 계단을 오르면 피라미드 신전의 상단에서 치첸이트사 유적지 일대를 멋지게 조망할 수 있다.

치첸이트사의 유적에는 마야 문명뿐 아니라 톨텍 문명의 자취도 남아 있다. 바로 톨텍 조각인데, 치첸이트사의 유적은 뛰어난 톨텍 조각이 담겨 있는 유적으로 유명하다. 톨텍의 조각 중에는 신전의 상단에 장식된 뱀 머리 조각상이 눈에 띄는데, 이는 아마도 톨텍의 전사들을 상징하는 조각인 듯싶다. 마야 유적지인 치첸이트사에 톨텍 문명이 공존하는 이유는 850년경 톨텍인들이 치첸이트사를 정복했기 때문이다. 그 후 이 고대 도시는 오랫동안 톨텍 문명이 자리하다가 1400년 알 수 없는 이유로 버림받게 된다. ♥

Travel Story
마야 달력

엘 카스티요 신전의 그림으로 옛 마야인들의 생활상을 유추할 수 있다.

언어 연대학적 연구에 의하면 마야족의 조상은 빙하기에 아시아 대륙에서 북아메리카 대륙으로 건너간 인디언의 한 부족으로 추정된다. 그들이 오늘날 마야 문명이 번성한 지대에 정착한 시기는 대략 기원전 3000년대이다. 이들은 이후에 갈라져 멕시코만 연안의 아즈텍 어족과 유카탄반도 일대의 유카텍 어족으로 나뉜다.

고대 마야인들에 대한 기록은 오늘날 찾아보기가 매우 어렵다. 그 이유는 이들이 자신의 생활, 문화 등을 기록으로 남기지 않았기 때문이다. 오늘날 전 세계의 수많은 사람들이 마야 유적지를 찾아오는 이유는 바로 마야 문명이 지닌 신비로움 때문이다. 특히 유적지의 도처에서 기념품으로 팔고 있는 마야 달력이 그려진 비석이나 그림을 자세히 들여다보면 신비로운 상형문자와 알 수 없는 그림과 도형의 신비에 사로잡힌다. 일부 학자들 사이에서는 마야인들이 만든 달력이 정확한 우주현상을 나타내고 있다는 믿음이 존재한다. 특히 지구에 대한 예언을 나타낸다는 마야의 달력에 의하면 지구는 1992년과 2012년 사이에 은하계 대주기(5125년)가 끝나므로 그 후 은하계로 진입한다고 되어 있다. 하지만 다행히도 아직까지 지구에는 엄청난 대변화가 일어나고 있진 않은 듯하다. 아무튼 마야인들은 이 기간이 지구가 재생하는 아주 중요한 시기라고 믿었다고 한다.

많은 고고학자들이 마야인들의 수학적 능력과 천문학적인 재능을 조사하며 밝혀내 왔다. 미개한 원시생활을 영위해 온 것으로 알려진 마야인들은 실제로는 이와 반대로 기원전후쯤에 이미 숫자 '0'의 개념을 가지고 있었으며 20진법의 계산법을 알고 있었다고 한다. 아울러 상형문자를 일찍이 사용해 왔고 풍부한 천문지식을 가지고 있던 흔적이 그들의 벽화나 토기 등에 새겨져 남아 있다. 특히 마야인들이 지구가 태양을 에워싸고 공전하는 궤도를 계산한 것은 아주 정밀한 것으로 알려져 있다.

Travel Info

치첸이트사

(Access) 델타항공, 아에로멕시코항공 등을 통해 멕시코시티 등지를 경유해 칸쿤으로 갈 수 있다. 치첸이트사는 칸쿤에서 대중교통인 버스나 투어로 갈 수 있는데, 차량으로 2~3시간 정도 소요된다.

(Travel Season) 여행자들에게 인기 높은 유카탄반도의 최대 성수기는 크리스마스 이전부터 부활절까지다. 이때는 북미에서 수많은 휴양객들이 찾아온다. 이 시기는 바닷물이 잔잔하고 따뜻해 스노클링, 다이빙 등 워터스포츠를 즐기기에도 좋다. 일반적으로 건기인 11~4월까지가 여행하기에 좋은 시기이다. 5~10월까지는 우기로 비가 내리고 가끔 허리케인이나 폭풍이 몰려오기도 한다.

(Travel Tip) 영상 촬영 기기 반입 시 별도로 추가요금을 내야 한다. 여름철에는 매일 오전 8시부터 오후 6시까지, 겨울철에는 오전 8시부터 오후 5시 30분까지 오픈한다.

CUBA

아바나의 구시가와 요새
Old Havana and its Fortifications

아바나는 아직까지 쿠바 혁명의 불꽃이 피어오르는 듯 식을 줄 모르는 정열과 꺼지지 않는 욕망의 덩어리를 안고 사는 도시처럼 보인다. 살사 음악이 흘러나오면 걸음을 멈추고 흥겨운 리듬에 육중해진 몸집을 흔들어대는 중년의 여인들, 시간의 가장자리에 머물러 있는 것만 같은 비에하 지구, 그리고 헤밍웨이가 사랑했던 작은 레스토랑 등 도시 전체가 하나의 커다란 문화를 이룬다.

Information

국가	위치	등재연도
쿠바	아바나	1982년

16세기 스페인 식민주의자들에 의해 건설된 인구 약 215만 명의 아바나는 카리브해의 도시들 중에서 콜로니얼 문화유산을 가장 잘 간직한 도시이자 오늘날 카리브해에서 가상 인기 있는 여행지이다. 아바나의 구시가는 크게 비에하Vieja 지구와 센트로Centro 지구로 나뉜다.

콜로니얼 문화의 중심지인 비에하 지구는 항상 변하지 않은 채로 센트로 지구 동편에 있다. 카테드랄 광장과 아르마스 광장을 중심으로 다이내믹한 거리 풍경이 곳곳에서 펼쳐진다. 가장 행렬을 비롯한 거리공연을 감상하고 있으면 광대, 마임꾼이 다가와 사진모델이 되어준다. 비에하 지구는 아바나 시내에서 스페니시 콜로니얼 양식의 건축물을 가장 쉽게 찾아볼 수 있는 지역이기도 하다. 특히 아름다운 장식미가 돋보이는 다채로운 교회 건축물이 산재해 있고, 무엇보다 밤거리가 화려하다. 밤마다 라이브 음악을 들을 수 있는 나이트라이프의 메카이다.

PHOTO ❶
비에하 지구의 심장인
카테드랄 광장

카테드랄 광장Plaza de la Catedral은 비에하 지구의 심장이라 불리는 곳으로 매년 8월 아바나의 가장 성대한 연중행사가 열린다. 가장 성대한 행사는 바로 아바나 카니발과 가장행렬이다. 이 기간 동안 광장 주변은 댄스, 음악, 거리공연, 퍼레이드 등 주말마다 정열적인 이벤트가 풍성하다. 무엇보다 컬러풀한 의상을 입고 기다란 장대 위에 서서 아슬아슬하게 거리를 활보하는 이들의 익살스러운 모습을 볼 수 있다.

산 크리스토발 데 라 아바나 성당Catedral de San Cristobal de la Habana은 카테드랄 광장의 랜드마크다. 균형 잡히지 않은 채 높이가 서로 다른 2개의 종탑은 그 모양새가 무척이나 특이하다. 바로크 양식의 눈에 띄는 파사드는 이 성당의 우아함을 대변한다. 아메리카 대륙에서 가장 오래된 성당 중 하나로 1748년 예수회에 의해 건축되었고, 예수회가 추방된 이후인 1787년부터는 가톨릭 주교 관구의 교회로 사용되어 왔다. 라틴 문학의 대표적인 소설가이자 아바나 출신인 알레호 카르펜티에르는 이 성당을 가리켜 '돌로 만들어진 음악상자'라고 표현했다. 그의 표현대로 이 성당 앞에는 종일 거리의 악사를 비롯해 서로 다른 뮤지션들이 나타나 아바나의 하늘을 울릴 정도로 정열적인 멜로디를 연주한다.

PHOTO ❷
비에하 지구의 거리를 활보하는
퍼레이드 행렬

카테드랄 광장 인근에 자리한 라 보데기타 델 메디오La Bodeguita del Medio는 쿠바에서 휴가를 즐겼던 헤밍웨이가 자주 들렀던 곳으로 오늘날 아바나의 명물이 된 레스토랑이다. 1940년대부터 문을 연 이곳은 실제로 쿠바의 유명 지식인과 예술가들이 그들의 지성과 예술적 의지를 서로 나누었던 곳이다. 이곳의 식당 벽에는 피델 카스트로를 비롯한 많은 유명 인사의 사인과 낙서가 가득 채워져 있다.

과거와 현재가 공존하는 센트로 지구는 1959년까지 쿠바의 국회의사당이었던 건물인 카피톨리오 나시오날Capitolio Nacional을 중심으로 문화 지구와 주택가로 나뉜다. 문화 지구에서는 쿠바의

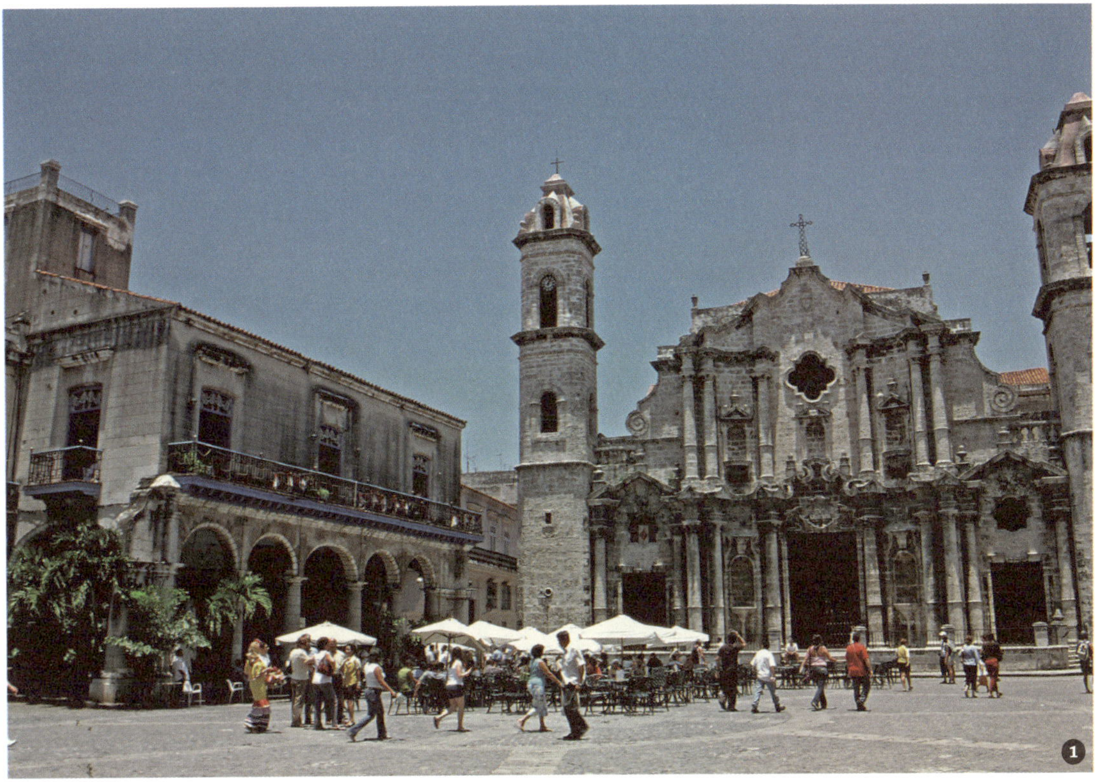
1

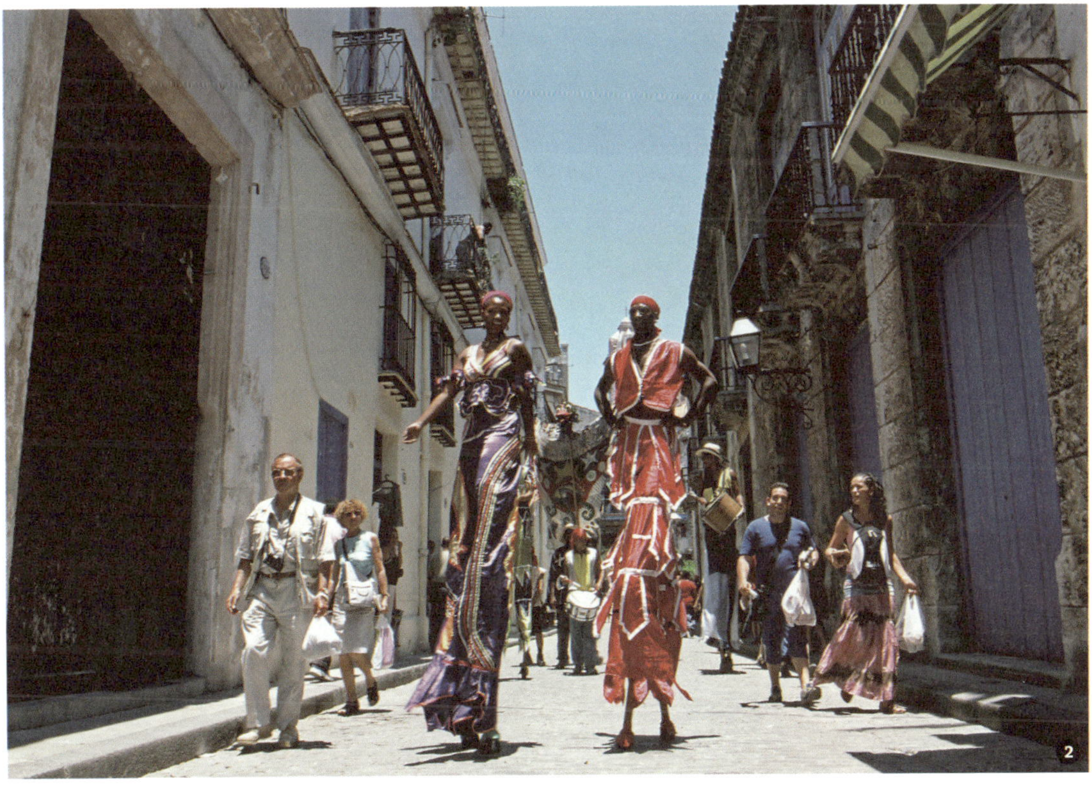
2

고품격 공연문화를 즐길 수 있다. 네오바로크 양식으로 지어진 그란 테아트로Gran Teatro de la Havana에서는 1년 내내 오페라, 발레, 모던 댄스 등이 공연된다. 쿠바, 라틴 아메리카를 비롯한 여러 지역의 방대한 예술 작품을 담고 있는 벨라스 아르테그 국립박물관과 쿠바 혁명 자료를 한눈에 볼 수 있는 혁명박물관도 이곳에 자리해 있다.

PHOTO ❸
아바나의 다양한 공연 문화의 무대인 그란 테아트로

센트로 지구의 주택가는 아바나 서민의 소박한 삶의 체취를 느낄 수 있는 동네이다. 값싼 생선을 튀겨 파는 카페테리아 앞에 길게 줄을 서 있는 노인들의 모습, 60년대 미국에서 생산된 클래식 자동차가 고장 난 채 거리에 방치되어 있는 모습이 마치 빛바랜 흑백 필름을 보는 것처럼 푸근함이 느껴지는 곳이다. 이 도시의 구조적 특징 중 하나는 바로 멋진 해안도로를 끼고 있다는 점이다. 〈부에나 비스타 소셜 클럽〉의 영상에도 소개된 말레콘Malecon 해안도로는 아바나의 북쪽 해변을 따라 8km 길이로 펼쳐져 있다. 방파제와 함께 놓인 이 해안도로는 비에하 지구의 라 푼타 요새에서 리오 알멘다레스의 입구에 위치한 라 초레라 요새Castillo de la Chorrera까지 이어져 있다.

라 푼타 요새Castillo de la Punta는 이탈리아 출신의 군사기술가에 의해 1590년 공사가 시작된 뒤 1595년 허리케인의 강습으로 큰 피해를 입은 후 다시 7년의 공사 기간을 걸쳐 완공된 요새이다. 라 푼타 요새와 마주 보고 서 있는 또 다른 요새인 델 모로 요새 Castillo de Los Tres Reyes Del Morro처럼 아바나만으로 들어가는 가장 좁은 출입구를 적의 침략으로부터 보호하기 위해 세워졌다. 오늘날 이 요새는 아바나의 대표적인 성곽 건축물일 뿐 아니라 아름다운 카리브해의 비경과 아바나 항구의 그림 같은 풍광을 조망할 수 있는 전망대 역할을 하고 있다. ❤

PHOTO ❹
산 크리스토발 데 라 아바나 성당 앞에서 한 여성이 쿠바산 시가를 물고 서 있다.

PHOTO ❺
아바나 비에하 지구의 골목길을 거닐다 보면 오래된 마차나 60년대 미국산 클래식카를 어렵지 않게 발견할 수 있다.

Travel Story

무아지경의 살사 댄스

경제적으로 어려운 가운데 나날이 고립된 절망적인 상태에 대한 몸부림일까? 아바나의 밤거리는 어느 도시들보다 화려하고 정열적이다. 그 화려한 문화에는 살사 댄스가 있다. 살사로 몸을 흔들며 무아지경에 빠져 있는 이곳 젊은이들을 보면 세상과 소통하지 못하기에 그들만의 언어로 생활하는 사람처럼 보인다.

쿠바의 라틴 문화는 다른 라틴 국가들과 다른 독창성을 지니는데, 그 대표적인 예가 바로 살사 댄스다. 살사 댄스는 다양한 리듬과 다양한 스타일의 음악에 맞춰 정해진 스타일에 제한 없이 정열적으로 춤을 추는 것을 특징으로 한다. 살사는 1940년대에 무도 반주음악 연주양식과 맘보, 볼레로, 차차차 등의 리듬이 혼합되어 생겨났다. 그동안 살사는 50년대에서 70년대를 거쳐 라틴 재즈의 형식으로 뉴욕 등지의 쿠바 출신 뮤지션들에 의해 명맥이 유지되어 왔다.

Writer's Story

황당했던 쿠바의 화폐

쿠바에 와서 가장 처음 놀란 것은, 아니 좀 황당했던 것은 이 나라가 두 종류의 서로 다른 화폐를 사용한다는 점이었다. 공항에 내리자마자 환전 창구로 달려갔는데, 쿠바의 화폐 단위가 컨버터블 페소Convertible Peso(CUC)여서 100$를 주고 80CUC를 받았다. 원래 달러와 CUC의 환율은 1대1인데, 달러로 환전할 경우에는 20%를 커미션으로 내야 한다고 했다. 미국에 대한 적대 감정이 달러를 소지한 관광객들에게 고스란히 돌아오는 것 같단 생각이 들었다. 쿠바의 또 다른 화폐단위는 쿠바노 페소Cubano Peso(CUP)다. 관광업에 종사하지 않는 일반인들이 사용하던 화폐 단위인데, 허름한 현지인 카페테리아나 작은 빵 가게 등지에서 유용하게 쓰였다. 그러나 관광객들이 즐겨 찾는 호텔이나 레스토랑, 박물관 등지에서는 거의 무용지물이었다. 아예 CUP를 받으려고 하지 않았다. 그래서 여행자들은 대부분 CUC로 돈을 지불하며 CUP는 조금만 소지했으나, 2021년부터 이중통화 제도가 폐지되어 현재는 CUP만 사용 가능하다.

Travel Info
아바나

Access 멕시코 칸쿤에서 비행기로 가는 게 가장 저렴하다. 칸쿤 외에 멕시코시티나 과테말라시티 등지에서 비행기를 이용해 아바나로 갈 수 있다. 칸쿤에 있는 대부분의 여행사들은 아바나행 항공권을 판매한다. 칸쿤-아바나 구간의 왕복요금은 일반적으로 300~350$ 정도이며 멕시코시티-아바나 구간은 약 380~450$ 정도이다(세금 포함).

Travel Season 쿠바는 열대성 사바나 기후로서 건계와 우계가 뚜렷하며 연중 덥다. 7~8월의 쿠바는 가장 습하고 더운 시기이며 현지인들의 바캉스 시즌이기도 하다. 6~11월 사이에는 비가 많이 오고 종종 허리케인이 불어오기도 한다. 쿠바를 방문하기 가장 좋은 시기는 기온이 내려가는 12~5월 사이이다. 아바나 비엔날레가 2년에 한 번씩 11월에 열리며, 매년 12월에는 아바나에서 국제 라틴 영화제가 열린다.

Travel Tip 아바나국제공항에서 시내로 들어가는 유일한 방법은 택시를 이용하는 것인데, 요금은 획일적으로 23~25$ 정도이다. 택시요금이 비싸다고 생각된다면 택시를 타기 전 공항에서 미리 합승할 여행자를 찾는 게 현명하다. 아바나 시내의 대중교통수단으로는 버스와 택시, 자전거 택시 등이 있다. 버스는 승객이 많고 운행시간이 길지 않아 외국인이 이용하기엔 불편하다. 전반적으로 택시 요금은 서울과 비슷한 수준이다. 쿠바 입국 시 비자가 필요하며 비자는 항공권 구입 시 여행사로부터 구입할 수 있다. 비자 비용은 20$ 정도이다.

HAITI

상수시 궁전과 라미에르 성채
Sans Souci & Citadel, Ramiers

Information

국가	위치	등재연도
아이티	노르 지방	1982년

카리브해에 자리한 아이티는 히스파니올라섬에 자리한 작은 나라로 이 나라에는 카리브해 도서 국가의 몇 안 되는 세계문화유산인 상수시 궁전과 라미에르 성채가 자리해 있다. 19세기 초 아이티 독립국가의 초대 황제 앙리 크리스토프에 의해 완성된 건물로 최초의 아프리카 흑인들이 세운 나라에서 세계문화유산으로 지정된 건축물이라는 데에 큰 의미가 있다.

27만㎢의 면적에 인구 약 1,000만 명을 지닌 아이티는 카리브해에서 쿠바 다음으로 큰 섬 안에 위치해 있다. 히스파니올라Hispaniola라 불리는 섬의 서쪽은 아이티가, 동쪽은 도미니카공화국이 자리한다. 백인과 원주민의 혼혈인 메스티조가 인구의 73%를 차지하는 도미니카공화국이 경제적으로 좀 더 발전해 있고 중남미적인 분위기가 넘친다. 이에 반하여 아프리카 노예의 후손들이 인구의 대부분인 아이티는 경제적으로 가장 낙후된 카리브해의 국가이며 아프리카풍의 분위기가 나라 전체를 사로잡고 있다. 아이티는 무엇보다 세계에서 가장 먼저 아프리카인들이 세운 독립국가로 이름나 있다. 과거 노예에서 아이티 혁명의 리더가 된 앙리 크리스토프는 아이티의 독립운동을 선도하여 1804년 프랑스 식민주의자들로부터 독립을 선언했다. 독립선언 후 아이티가 공식적으로 국가로 공인된 것은 1825년이다.

오랫동안 아이티는 전 세계 미디어를 통해 이 나라의 정세

불안, 빈곤 따위가 끊임없이 보도되어 왔는데, 아마도 가장 큰 이슈는 2010년 1월 24일 이 나라에서 발생한 지진일 것이다. 진도 4.5의 강력한 대지진이 수도 포르토프랭스Port Au Prince를 강타하여 10만 명 이상의 목숨을 앗아간 사건이었다.

아이티 북쪽에 자리한 카프아이시앵Cap Haitien은 이 나라에서 두 번째로 큰 도시로 포르토프랭스보다 작지만 좀 더 서민적이고 정감이 가득한 도시이다. 이곳에서 남쪽으로 약 25km 떨어진 곳에 유네스코에서 세계문화유산으로 지정한 상수시 궁전과 라미에르 성채가 자리해 있다.

상수시 궁전은 현재 폐허로 변해 유적만 남아 있다. 독립한 아이티의 초대 황제였던 앙리 크리스토프에 의해 3년간의 공사 끝에 1813년 세워졌다. 그의 측근 중 한 명이 "아프리카인들이 일찍

PHOTO ❶
폐허가 된
상수시 궁전의 전경

PHOTO ❷
라미에르 성채의
계단식 내부 구조

PHOTO ❸
라미에르 성채는 적의 침입에
대비하여 높은 산 위에
세워져 있다.

이 에티오피아와 이집트, 튀니지 등지에서 역사적으로 가치 있는 건축물을 세웠다"라고 상기시키며 아프리카인의 긍지를 보여줄 궁전과 요새를 세울 것을 부추겼다고 한다. 앙리 크리스토프는 자신의 아내와 두 딸과 함께 이곳에 거주하였다. 이 궁전은 아쉽게도 앙리 크리스토프가 집권에서 물러난 뒤 방치되었고, 1842년에는 지진으로 말미암아 황폐화된 후 다시 복구되지 않았다.

또한 앙리 크리스토프는 인부 2만 명을 동원하여 15년간 라미에르 성채를 건축했다. 1820년에 세워진 라미에르 성채는 40m의 높이를 자랑하고 성벽 두께만 무려 4m에 달하는 장엄한 요새이다. 그 탓에 건축 기간 중에 수많은 인부가 과로와 사고로 죽었다. 이 성채는 프랑스군의 침입에 대비해 세워졌지만 불행인지 다행인지 실제로 그런 일은 일어나지 않았다고 한다. 언덕 위에 세워진 라미에르 성채는 오늘날 예전과 같은 모습으로 철옹성 같은 자태를 뽐내고 있는데, 아쉽게도 내부는 텅 비어 있다. 주변은 온통 크고 작은 산들로 둘러싸여 있고, 별도의 헬기 투어도 없어 일반인은 여행하기 다소 어렵다. 그렇지만 헬리콥터를 타고 상공에서 카메라로 촬영한 사진을 보면 이 성채의 자태는 가히 환상적이다. 🍂

Travel Info
상수시 궁전과 라미에르 성채

Access 카프아이시앵에서 남행 버스를 타고 밀로Milot에서 하차하면 쉽게 오토바이택시를 타고 상수시 궁전이나 라미에르 성채 인근 매표소까지 갈 수 있다. 성채 인근 매표소에서 입장료를 내고 성채 위까지 도보로 가거나 말을 타고 올라갈 수 있다(약 30분 소요).

Travel Season 바다에 면한 아이티는 1년 내내 습하고 덥다. 하지만 고원지대로 갈수록 시원하고 기온이 내려간다. 일반적으로 비가 덜 내리는 11월부터 3월이 방문하기에 가장 좋은 시기이다. 4~10월이 우기이며 종종 허리케인을 동반한다. 4~6월은 비가 많이 내린다.

Travel Tip 아이티는 비자 없이 90일 동안 체류 가능하다. 도미니카공화국 수도인 산토 도밍고에서 아이티 수도 포르토프랭스와 카프아이시앵으로 직행하는 버스가 매일 운행한다. 2023년 현재 아이티는 수도인 포르토프랭스를 비롯해 대도시의 치안이 매우 불안한 상태이기에 특별한 주의가 필요하다. 시위 현장 등 사람들이 많이 모인 곳을 피하자. 대도시의 번잡한 거리나 시장 등지에서는 항상 소지품에 유의할 필요가 있다.

COLOMBIA

카르타헤나의 구시가
Old Town of Cartagena

Information

국가	위치	등재연도
콜롬비아	카르타헤나	1984년

스페인 식민지 시대의 콜로니얼 스타일의 건물들이 잘 보존된 카르타헤나의 구시가는 유네스코에 의해 세계문화유산으로 지정되었다. 가브리엘 가르시아 마르케스 소설 속에 풍자된 서민들의 소소한 일상이 실제로 살아 숨 쉬는 곳이기도 하다. 한마디로 인정 많고, 사람 사는 냄새가 가득한 동네다. 그렇기에 여행자들이 이 도시와 운명적인 짝사랑에 빠진다 해도 그리 이상한 일이 아니다.

카르타헤나는 콜롬비아에서 콜로니얼 문화적 향기를 가장 짙게 발산하는 곳이다. 카르타헤나를 방문한 여행자는 무엇보다 먼저 이 도시 제일의 관광명소인 산 펠리페 데 바라하스 요새 Castillo San Felipe de Barajas를 찾는다. 이 요새는 1536년부터 1767년까지 200년이 넘는 시간 동안 건축된 곳으로 산 라사로 San Lazaro 언덕 위에 세워진 석조 요새이다. 이 요새는 스페인 식민지 시대에 적의 침입으로부터 도시를 보호하고자 스페인 사람들에 의해 세워졌다. 이곳은 처음에 산 라사로 요새로 불렸지만 후에 스페인의 펠리페 4세 국왕의 이름을 본떠 산 펠리페 데 바라하스 요새로 불렸다. 1741년 영국군이 이 요새를 공격했지만 요새 함락에 실패하고 스페인 군대에 의해 쫓겨나기도 했다. 그만큼 이 요새는 적들이 쉽게 넘볼 수 없는 견고한 요새였다.

인구 약 99만 명의 대도시 카르타헤나는 콜롬비아의 북부 카리브해 연안에 자리해 있다. 대부분 산지와 고지에 위치해 서늘

PHOTO ❶
마차와 차량, 행인이 한데 뒤섞여
구시가의 좁은 거리를
활보하는 모습

한 기후를 자랑하는 콜롬비아의 도시들과 달리 카르타헤나에 오면 어느 정도 찌는 듯한 더위를 예상해야 한다. 이 때문에 현지인을 비롯해 여행자들은 선선해지기 시작하는 오후 5시 이후부터 거리를 어슬렁거리기 시작한다. 그리고 어둠이 깔리고 시원한 바닷바람이 불면 여기저기서 흥겨운 음악이 흘러나오고 사람들의 경쾌한 발걸음이 분주해지기 시작한다.

카르타헤나의 라 마투나La Matuna 지역은 포석 깔린 좁은 도로 좌우에 단층짜리 작은 집들이 촘촘히 붙어 있고 집집마다 컬러풀한 색상으로 벽면이 화려하게 칠해져 있었다. 주말 오후라서 그런지 골목마다 모든 주민들이 나와 있는 듯 분위기가 들썩거렸다. 시원한 저녁바람을 맞으며 황금빛 저녁 햇살에 눈이 부신 역사 지구인 엘 센트로El Centro까지 슬리퍼를 질질 끌고 가벼운 복장으로

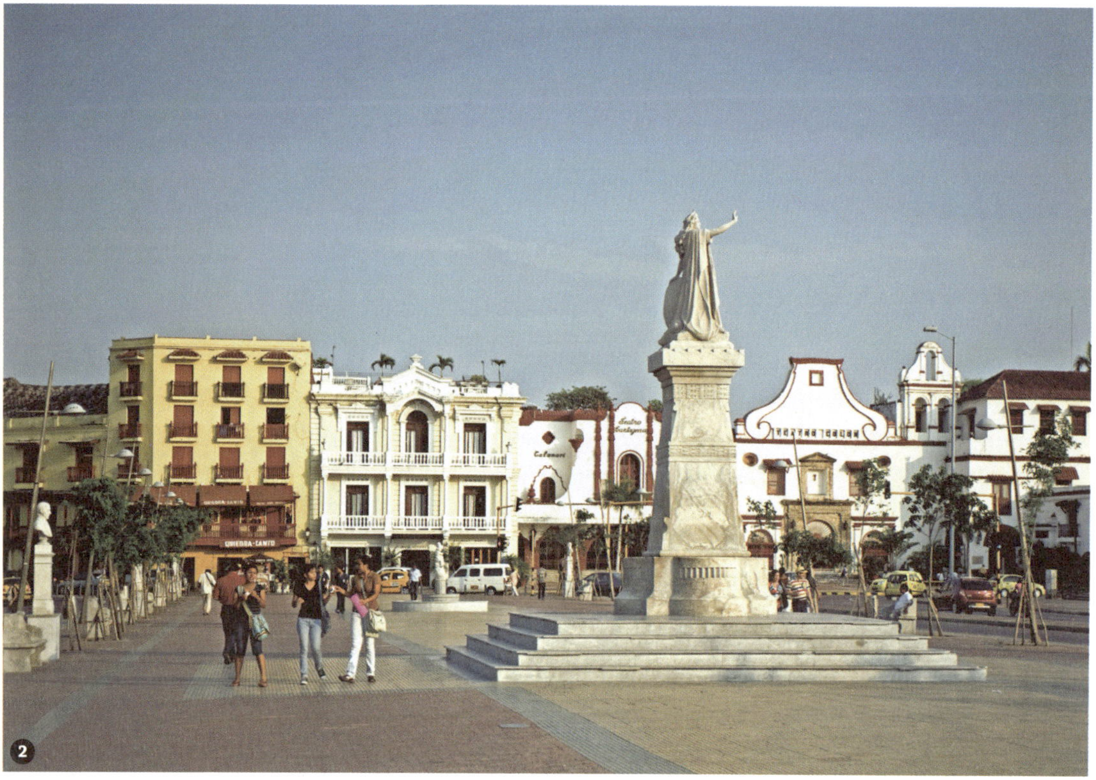
2

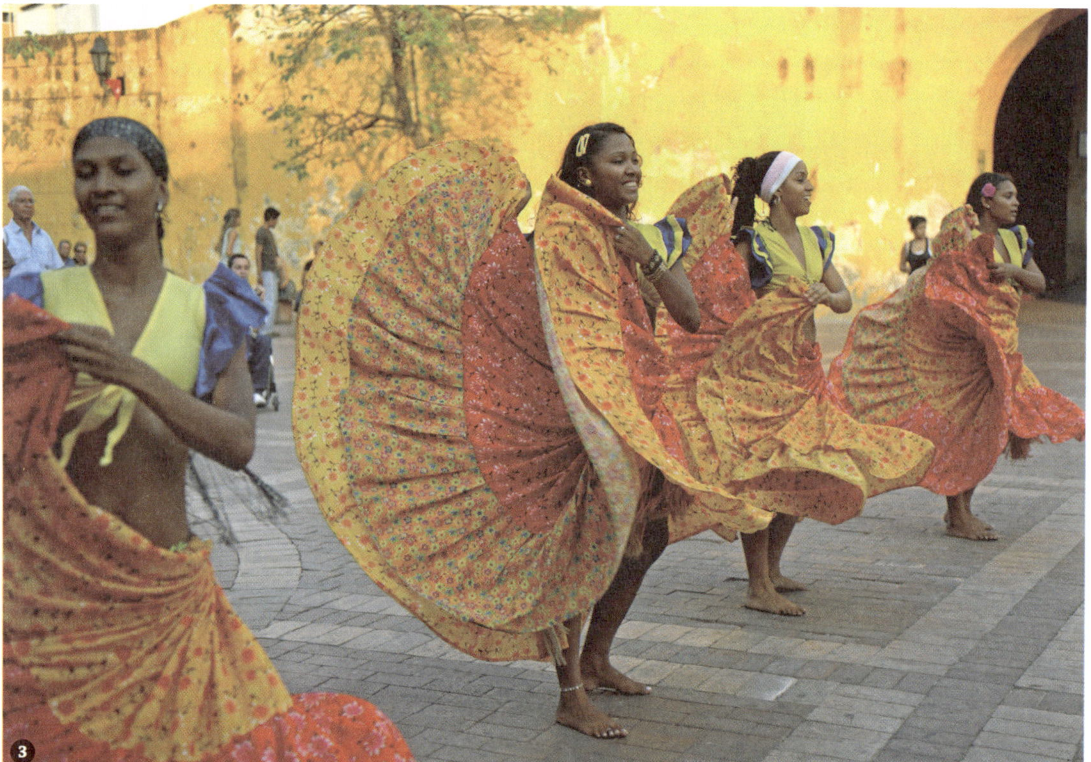
3

길을 걸었다. 센테나리오 공원Parque de Centenario 옆에는 거리 가판대가 줄지어 있었는데 소시지, 닭꼬치 등을 구워 파는 길거리 음식점들이 성황을 이루고 있었다. 길을 걷다 보니 콜롬비아의 다른 도시보다 유난히 흑인들이 눈에 많이 띄었다. 이는 아프리카에서 노예로 팔려온 흑인들이 이 땅으로 많이 유입되었기 때문이다. 이 나라의 순수 흑인 인구는 전체 인구의 약 5%, 흑인과 백인의 혼혈인 물라토는 약 14%이다. 참고로 콜롬비아의 전체 인구는 약 5,200만 명이 넘는다. 콜롬비아의 흑인들은 주로 더운 카리브해 연안에 거주하고 있다.

첫날 저녁은 워밍업에 불과했다. 다음 날 다시 본격적으로 구시가 역사 지구인 엘 센트로 지구 탐방에 나섰다. 카르타헤나를 찾는 이유는 바로 이 도시의 주옥같이 아름다운 콜로니얼 스타일의 건축물과 가옥들을 감상하기 위해서다. 마치 2세기쯤 뒤로 돌아온 듯 보이는 골목길에는 북미와 유럽 등지에서 찾아온 방문객들과 이들을 상대로 기념품, 음식 등을 파는 행상인들로 분주한 일상이 시작되고 있었다.

시계탑이라는 뜻을 지닌 토레 델 레로이Torre del Reloj라는 구시가의 관문으로 들어서니 드넓은 구시가 광장인 로스 코체스 광장Plaza de Los Coches이 펼쳐져 있었다. 이 광장 주변을 어슬렁거릴 때 이 지역의 전통 무용 공연을 펼치는 젊은 남녀 무용단을 만났다. 현란하면서도 관능적인 춤사위를 펼치는 이들을 보면서 연신 카메라의 셔터를 눌러댈 수밖에 없었다.

이 광장 옆에 위치한 아두아나 광장Plaza de la Aduana에는 마차 여러 대가 손님을 기다리고 있었다. 어느 도시든지 달그락거리며 지나가는 마차의 역동적인 움직임은 중세적인 분위기를 자아내기 마련이다. 광장의 뒤로 돌아가 보니 18세기 초에 완공된 산 페드로 클라베르 교회Iglesia de San Pedro Claver가 위용을 드러내며 우뚝 솟아 있었다. 돌로 장식된 건물 정면의 파사드는 이 도시의 어느

PHOTO ❷
구시가의 관문
토레 델 레로이

PHOTO ❸
로스 코체스 광장에서
전통 무용을 선보이는
무희들

PHOTO ④
카르타헤나 대성당의
돔 양식 첨탑이 돋보이는
카르타헤나 구시가의 야경

교회 건축물보다 아름다운 자태를 한껏 뽐내고 있었다. 저녁 때에 이곳에서 진행되는 가톨릭 미사를 일핏 엿보기도 했다. 교회 건물 앞에는 관광안내소 가판대가 놓여 있었는데, 한 여성이 친절히 주변 안내를 하고 있는 모습이 보였다.

날이 어둑해진 후 카르타헤나의 야경을 보기 위해 찰스턴 카르타헤나 호텔의 옥상에 마련된 루프톱 스위밍풀 라운지로 올라가 보았다. 이곳에서 사방을 둘러보니 구시가의 아름다운 교회 탑과 대성당의 둥근 돔 양식의 건축물이 또렷하게 시야에 들어왔다. 카르타헤나는 낮이건 밤이건 상관없이 주야로 도시의 고풍스러운 미를 그대로 간직하고 있었다. ❦

Travel Info
카르타헤나

카르타헤나 대성당

16세기에 지어진 산페드로 대성당

산디에고 성벽에서 바라본 도심

전통 의상을 입은 여인

Access 남미 최대 항공사인 라탐항공은 로스앤젤레스와 보고타를 경유하여 콜롬비아 카르타헤나까지 운항한다. 카르타헤나국제공항에서 구시가까지는 약 3km 거리이다. 카르타헤나에서 시외버스로 콜롬비아의 주요 도시인 산타마르타, 메데진, 보고타까지 각각 4시간, 13시간, 20시간이 소요된다.

Travel Season 카르타헤나는 연중 내내 덥고 습하다. 하지만 대체적으로 1~3월까지 바닷바람이 불어와 선선하기도 하다.

Travel Tip 카르타헤나의 치안 상태는 상당히 좋은 편이다. 하지만 밤거리를 혼자 다니는 것보다 동행자와 함께 걷거나 야간에는 택시를 이용하는 게 좋다. 카르타헤나는 연중 덥기에 항상 모자를 착용하고 자외선 차단용 선크림을 바르는 게 좋다. 대한민국 여권 소지자는 관광 목적으로 비자 없이 90일 동안 머물 수 있다.

PERU

쿠스코의 구시가
Old City of Cuzco

Information

페루에서 가장 인기 많은 여행지인 쿠스코는 마추픽추로 가는 베이스로 잘 알려져 있다. 원래 이 도시는 잉카 제국의 중심지였던 곳으로 16세기 스페인 정복자들이 들어온 후부터는 이 지역에서 가장 화려하고 멋진 콜로니얼 타운으로 변모하게 되었다.

국가	위치	등재연도
페루	쿠스코	1983년

잉카 제국의 수도였던 쿠스코는 태양신을 숭배하던 잉카인들이 지녔던 우주관의 중심이었다. 쿠스코를 중심으로 주변에 잉카 유적들이 산재한 모습을 볼 때 당시 잉카 제국의 위용을 알게 된다. 16세기 쿠스코에 스페인 정복자들이 침략하면서 쿠스코는 잉카의 초석 위에 스페인의 건축양식이 접목된 바로크풍의 교회와 궁전들이 들어서게 되었다. 오늘날 이 도시가 흥미로운 건 바로 잉카 문화와 콜로니얼 문화가 상존해 있기 때문이다.

쿠스코의 보석처럼 반짝이는 콜로니얼 시대의 문화유산들은 센트로Centro라 불리는 구시가에 밀집해 있다. 안데스 문화와 잉카 제국의 숨결이 고이 간직되어 있는 쿠스코 구시가의 좁은 거리를 거니는 것처럼 유쾌한 일은 없다. 자동차가 다니지 않는 두툼한 포석 깔린 이러한 거리에서 화려한 의상을 두른 인디오 아낙네들을 마주하게 될 때에는 심장이 콩닥콩닥 뛸 정도로 타임머신을 타고 딴 세상에 와 있는 듯한 기분이 든다.

아르마스 광장은 잉카 시대부터 존재했던 곳으로 후아카이파타Huacaypata 또는 아우카이파타Aucaypata로 불렸다. 당시의 면적은 오늘날 존재하는 광장보다 두 배 이상의 크기를 지녔다. 이 광장을 중심으로 주변에는 쿠스코 대성당과 아름다운 콜로니얼 교회 건축물인 라 콤파니아 교회가 각각 광장 북쪽과 동쪽에 들어서 있다. 광장을 둘러싸는 건물에는 콜로니얼 시대에 만들어진 아케이드가 마련되어 보행자들의 통행에 편의를 제공한다. 또한 각각의 콜로니얼 스타일 건물들은 목재로 만들어진 발코니를 두고 있어 이채로움을 더한다.

쿠스코 대성당La Catedral del Cusco은 1559년에 착공하여 거의 100년에 가까운 시간을 거쳐 완공된 쿠스코 건축의 마스터피스이다. 이 대성당은 오른편에 쿠스코에서 가장 오래된 교회인 엘 트리운포 교회El Triunfo(1536년 완공), 왼편에 헤수스 마리아 교회Jesus

PHOTO ❶
100여 년에 가까운 시간을 거쳐 만들어진 쿠스코 대성당

Maria(1733년 완공)와 연결되어 있다. 쿠스코 대성당은 개인적으로 둘러본 세계의 여러 기독교 교회 건축물 중에서 가장 화려한 내부 장식을 자랑하고 있었다. 실제로 이곳은 쿠스코의 콜로니얼 아트의 보물창고라는 평을 듣기도 한다. 특히 안데스 지방 출신의 인디오 화가들이 활동했던 쿠스코 예술학교Escuela Cuzqueña의 작품들이 성당 곳곳에 장식되어 있다.

종교예술 박물관Museo de Arte Religioso은 매력적인 중세의 종교화를 소장하고 있는 쿠스코의 대표적인 미술관으로 이곳에 놓인 회화 작품들을 잘 들여다보면 16세기 스페인 정복자들과 인디오 원주민 사이에 서로 주고받던 문화적 접촉이 세밀하게 묘사되어 있다는 것을 알 수 있게 된다. 아르마스 광장 북동쪽에 위치한 잉카 박물관Museo Inka은 건축학적으로 쿠스코에서 가장 세련된 콜로니얼 스타일 건물로 평가받고 있다. 이곳은 1438년 이전부터 약 1세기 동안 존재해 왔던 것으로 알려진 잉카 제국의 유물을 소개하고 있어 꼭 들러볼 만하다. 전시된 잉카 유물 중 금속과 금으로 만든 장신구와 세공품이 눈에 띈다.

어둑해질 무렵 아르마스 광장에서 바라볼 때 가장 돋보이는 야경을 자랑하는 라 콤파니아 교회Igresia de la Compania는 1571년 예수회에 의해 세워졌다. 그리고 1650년 쿠스코 대지진 이후에 다시 재건되었다. 당시 예수회에서는 이 교회를 쿠스코에서 가장 웅장한 교회로 만들고자 했다. 그러나 당시 쿠스코의 가톨릭 대주교들은 이 교회와 바로 맞닿은 쿠스코 대성당의 화려한 명성에 해가 될까 봐 이러한 계획을 승인하지 않았다고 한다. 이러한 사소한 분쟁으로 마침내 교황 바오로 3세가 이 문제를 중재하기 위해 이곳을 방문하기도 했다. 하지만 교황의 결정은 대성당 측에 유리하게 적용되어 라 콤파니아 교회의 규모는 쿠스코 대성당보다 작게 만들어질 수밖에 없었다고 한다. 그럼에도 오늘날 이 교회는 놀라울 정도로 아름다운 바로크 양식의 파사드를 선보이고 있다. ❤

PHOTO ❷
쿠스코 대성당의 중앙 제단

PHOTO ❸
쿠스코 대성당 측면에 놓인 제단

PHOTO ❹
라 콤파니아 교회와 주변 풍광

Travel Info

쿠스코

아이를 업은 쿠스코 어머니와 라마

쿠스카 극장서 레스토랑에서의 전통 공연

Access 남미 최대 항공사인 라탐항공과 여러 항공사가 인천공항을 출발하여 미국의 로스앤젤레스를 경유해 페루의 수도 리마로 향한다. 라탐항공은 리마에서 쿠스코까지 매일 국내선 연결편을 제공한다(1시간 20분 소요).

Travel Season 쿠스코는 언제 방문해도 좋다. 일반적으로 겨울철인 6~8월보다 따뜻한 기온을 선보이는 10~3월이 방문하기에 좋다.

Travel Tip 쿠스코는 상대적으로 페루의 수도 리마에 비해 치안상 안전한 곳이지만 주야로 북적이는 거리나 광장 등지에서 소매치기를 조심할 필요가 있다. 쿠스코는 고산지대라서 저지대로부터 도착했다면 하루 정도 휴식을 취하거나 첫날에는 천천히 걸으며 도시를 둘러보는 게 좋다. 대한민국 여권 소지자는 관광 목적으로 비자 없이 90일까지 체류할 수 있다.

PERU

마추픽추 역사보호지구
Historic Sanctuary of Machu Picchu

해발 2,430m의 안데스산맥 중턱에 자리한 마추픽추는
그 어떤 도시보다 창조적이다. 또한 경관이 뛰어날 뿐 아니라
형용할 수 없는 신비감을 불러일으킨다.
마추픽추는 잉카 제국의 대표적인 고원도시의 유적으로
경사면 위에 층층이 놓인 건물과 성벽, 테라스 등으로 구성되어 있다.

Information

국가	위치	등재연도
페루	우르밤바 계곡지대	1983년

남미 여행을 계획하는 이들 중 페루의 마추픽추를 방문하지 않는 사람은 거의 없다. 아무리 마추픽추의 모습을 잡지나 TV에서 많이 보았다 하더라도 직접 눈으로 확인하고자 하는 이들에게 이 고원도시 유적지는 일종의 성지라고 해도 과언이 아니다.

마추픽추를 방문하는 가장 흥미로운 교통수단은 바로 잉카 트레인Inca Train이다. 쿠스코와 마추픽추를 연결하는 세계에서 가장 흥미진진한 기차 여행을 마다할 여행자는 아마 거의 없을 것이다. 잉카 트레인에 탑승하면 세계 최대 불가사의 중 하나인 마추픽추 유적지를 방문하게 되지만 쿠스코-오얀타이탐보를 거쳐 마지막 최종 목적지인 아구아칼리엔테스(마추픽추 유적지 근처)까지 가는 여정 속에서 실로 다채로운 주변 경관을 만끽할 수 있다. 무엇보다 차창 밖으로 내다보는 산과 바위, 계곡과 시냇물, 푸른 초목과 가축들로 이루어진 신비스러운 자연 경관은 기대하지 않았던 선물처럼 다가오기에 더할 나위 없는 기쁨을 선사한다. 특히 굽이

치는 계곡 위로 흘러내려가듯 달리는 기차 위에 몸을 실을 때 마치 놀이동산에서 물 위의 보트를 타고 미끄러져 내려가는 기분까지 느낄 수 있다.

'공중 도시', '잊혀진 도시'로 불리는 마추픽추는 인류 역사상 가장 위대한 문화유산 중 하나이자 시간이 멈춰버린 것처럼 오랜 유적들을 고스란히 간직하고 있는 신비의 보고이기도 하다. 1만 명이나 살던 잉카 제국의 성채 도시였으나 1911년 미국인 탐험가 하이럼 빙엄에 의해 발견되었을 때 한 명도 살지 않는 폐허였던 사실이 미스터리한 의문을 자아낸다.

잉카 트레일Inca Trail을 따라 이어진 마추픽추는 쿠스코가 스페인 정복자들에게 침략을 당하자 위기를 느끼고 인적 드문 계곡으로 도망 온 잉카인들이 세운 비밀의 도시이다. 놀랍게도 마추픽추는 스페인 정복자들의 눈에 띄지 않을 정도로 20세기 초까지 꼭꼭 숨겨져 있었다. 15세기 무렵 잉카 제국의 왕족과 귀족들이 이곳에 숨어 머물렀던 것으로 추정된다. 그리고 1527년 무렵 전염병이 돌아 이곳에 머물던 대부분의 잉카인들은 죽게 되고, 도시는 20세기 초에 발견되기 전까지 폐허인 채로 남게 된다.

마추픽추는 단순히 고산지대에 세워진 도시가 아니라 잉카족들에게 신성시되는 장소이기도 했다. 이곳에서는 잉카인들이 믿는 신 파차 마마Pacha Mama에게 드리는 제사와 각종 의식이 행해졌는데, 이러한 제사와 의식에는 여자가 신에게 제물로 드려지기도 했다. 이 사실은 훗날 이곳 신전 근처에서 발견된 여성의 미라를 통해 알려졌다. 1460년부터 1470년까지 건설된 마추픽추 고대 도시는 신전과 왕궁 외에도 수많은 가옥과 곡물 저장소, 계단식 밭, 가축 사육장 등으로 구성되어 있다. 건물의 재료로는 화강암이 주로 쓰였으며 가옥들은 정방형의 마당을 가운데에 두고 여러 채가 함께 모여 있었다. 🖤

PHOTO ❶
마추픽추 유적지로
들어가는
메인 게이트

PHOTO ❷
마추픽추를 방문하는
가장 편리한 교통수단인
잉카 트레인

PHOTO ❸
계단식 테라스의
높은 곳에 자리한
가드 하우스(Guard House)

PHOTO ❹
마추픽추 유적지 전경

Travel Info
마추픽추

여러 채의 가옥이 한데 모여 군락을 이룬 모습
마추픽추의 가옥
유적지 곳곳에 있는 라마
마추픽추의 가옥은 계단식 테라스 위에 있다.

(Access) 잉카 트레인 기차표는 쿠스코 시내에서 가까운 완착Huanchac역에서 판매하며, 성수기에는 적어도 2~3일 전에 미리 표를 예약하거나 구매하는 것이 좋다. 마추픽추 방문은 쿠스코에서 출발할 수도 있으며 쿠스코와 마추픽추 사이에 자리한 오얀타이탐보Ollantaytambo에서 출발할 수도 있다. 마추픽추의 기차역은 아구아칼리엔테스Agua Calientes라는 이름의 기차역으로 온천으로 유명한 마을이기에 이곳에 잠시 머물러 온천욕을 즐기는 것도 좋다.

(Travel Season) 마추픽추는 언제 방문해도 좋지만 일반적으로 9~4월 사이가 온화한 날씨를 선보인다. 단, 방문 전에 미리 일기예보를 통해 현지의 기상상태를 알아보는 것이 좋다. 맑은 날씨여야 멋진 전망을 즐길 수 있기 때문이다.

(Travel Tip) 마추픽추의 높은 경사진 테라스 위를 올라 드라마틱한 산세에 둘러싸인 잉카 유적을 둘러보자. 날씨 좋은 날 마추픽추 유적지를 내려다볼 수 있는 우아이나 픽추Huayna Piccu산에 올라 태고의 절경을 감상해 보는 것도 좋다. 산 정상까지 2시간 정도 소요되며, 마추픽추 유적지 입구에서 현지의 등산 가이드를 만날 수 있다.

BRAZIL

리우데자네이루의
산과 바다 사이 카리오카 경관

Carioca Landscapes between the Mountain and the Sea
in Rio de Janeiro

세계 3대 미항 중 하나인 리우데자네이루.
가히 세상에서 가장 아름다운 풍광을 담고 있는 도시라 불릴 만하다.
이 도시의 특징은 한마디로 정의하긴 어렵다.
끝없이 펼쳐진 해변, 들쑥날쑥한 산세의 오르내림. 한눈에 보면
도저히 같은 곳이라곤 찾아볼 수 없을 정도로
다양함과 신비로움이 가득하다.

Information

국가	위치	등재연도
브라질	리우데자네이루	2012년

인구 약 670만 명을 지닌 리우데자네이루는 면적이 무려 1,255㎢에 달하는 대도시이다. 리우데자네이루는 나폴리, 시드니와 더불어 세계 3대 미항으로 불리지만 실제적으로 세상 그 어느 곳도 이 도시만큼 산과 바다에 둘러싸인 드라마틱한 풍광을 자아내지는 못한다. 이러한 연유로 유네스코는 2012년 이 도시의 도시적 풍경을 세계문화유산으로 지정했다(참고로 위의 타이틀에 소개된 카리오카Carioca라는 말은 원주민 언어에서 유래된 말로 리우데자네이루를 지칭한다).

리우데자네이루는 삼바 열풍의 심장이라는 별명이 어울리는 삼바의 본고장이다. 매년 2~3월 중 5일 동안 성대하고 화려한 삼바 카니발이 펼쳐져 세계의 이목을 집중시킨다. 또한 근래의 빠른 경제발전처럼 이 도시는 축구뿐 아니라 패션, 예술에 이르기까지 브라질의 위력을 높이고 있다. 이러한 기세를 몰아 2016년에는 하계 올림픽을 개최하기도 했다.

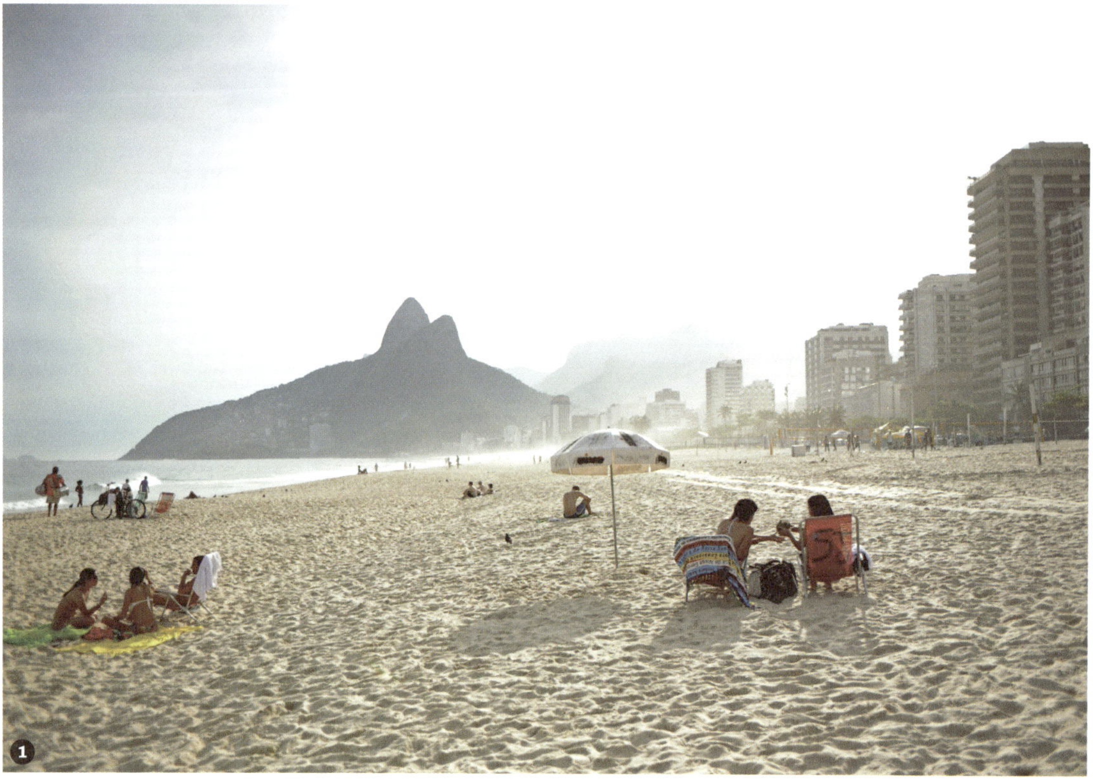
1

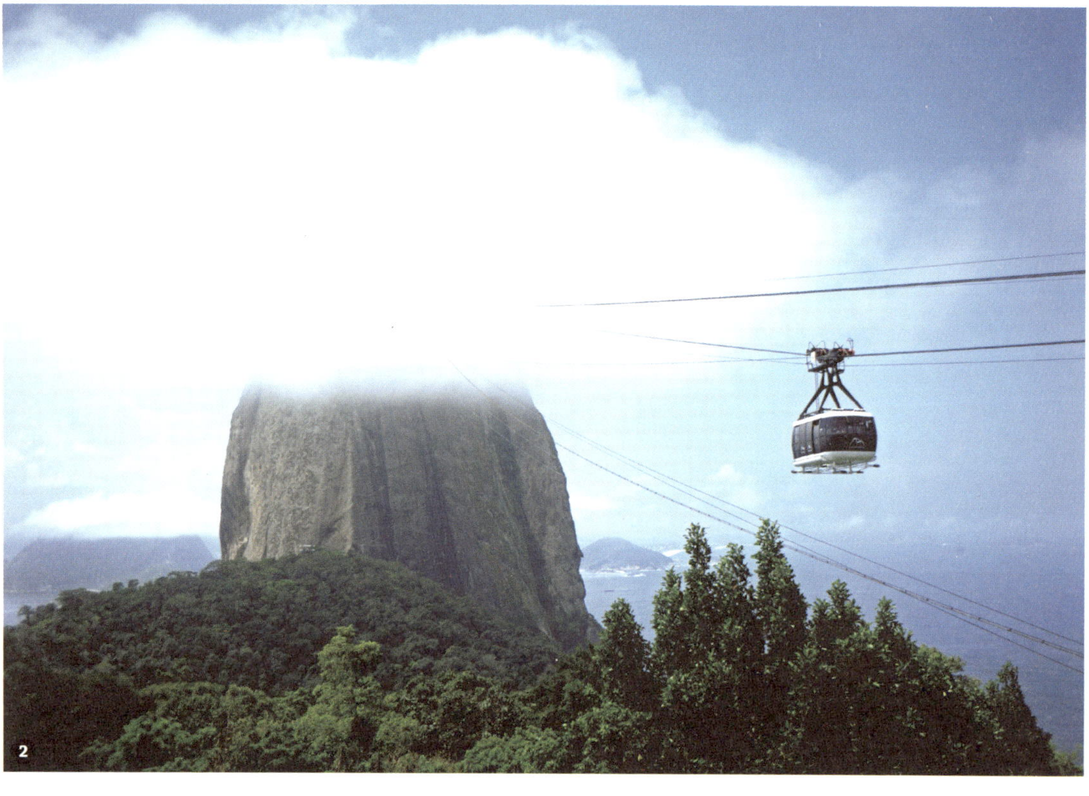
2

리우데자네이루의 도시 경관을 한눈에 펼쳐 놓고 보면 동일한 구석을 찾기 힘들 정도로 다양한 지형으로 이루어졌음을 알 수 있다. 티후카 국립공원Tijuca National Park을 형성하고 있는 2개의 산인 코르코바도산Corcovado Mountain과 슈거로프산Sugarloaf Mountain의 뾰족한 봉우리와 주변의 능선으로부터 바다의 해안선이 만들어내는 지형의 곡면까지 실로 다채로운 형태의 지면과 자연 경관 속에 도시가 발전해 왔음을 알 수 있다. 이처럼 독특한 도시 경관 속에 코파카바나 베이와 이파네마 해변가를 중심으로 오늘날 활기찬 도시 문화와 함께 해변에서 즐길 수 있는 다양한 아웃도어 컬쳐를 드러내고 있다. 뿐만 아니라 산과 바다로 이루어진 이 도시의 견줄 수 없는 경관은 뮤지션은 물론 화가, 조각가, 건축가들에게도 예술적 영감을 불러일으켜 도시의 문화적 발전에도 공헌했다.

PHOTO ❶
우뚝 솟은 파웅 지 아수카르가 멀리 보이는 이파네마 해변

뉴욕과 파리에 각각 자유의 여신상과 에펠탑이 있다면 리우데자네이루에는 710m에 달하는 코르코바도산 위에 자리한 예수 그리스도상이 있다. 크리스토 헤덴토르Cristo Redentor라고 불리는 이 예수상은 그야말로 이 도시의 랜드마크이다. 이 동상은 지난 1931년 브라질이 포르투갈로부터 독립한 지 100년을 기념하여 세워졌다. 무게만 총 1,145톤, 높이가 38m로 세계에서 가장 큰 예수상 중 하나로 손꼽힌다. 이 동상이 세워진 코르코바도산은 이파네마 지구에서 호드리고 지 프레이타스 호수 너머 북쪽에 위치하는데 그 위치가 워낙 높아 날씨가 좋은 날에는 리우데자네이루의 대부분의 지역에서 이 동상을 볼 수 있다고 한다. 코르코바도산 정상까지는 코그 트레인Cog Train이라 불리는 톱니바퀴로 달리는 전동차가 운행된다. 코르코바도산 정상에 오르면 예수상을 가까이서 바라볼 수 있을 뿐 아니라 도시를 감싸 안고 있는 과나바라만Baia de Guanabara 어귀의 굴곡 있는 해안선과 리우데자네이루의 눈부신 도시 경관을 함께 조망할 수 있다.

PHOTO ❷
로프웨이를 타고 정상까지 오를 수 있는 파웅 지 아수카르

원뿔형 모양 때문에 슈거로프산이라고도 불리는 파웅 지 아수카르Pao de Acucar는 이파네마 지구로부터 북동쪽에 위치해 있

PHOTO ❸
시의회가 자리한 티라덴테스 궁전. 1640년에 완공되었다.

다. 리우데자네이루의 명물인 예수상이 있는 코르코바도산과 함께 파웅 지 아수카르는 리우데자네이루의 멋진 시가와 과나바라만 일대의 그림 같은 자연 경관을 조망하기에 더할 나위 없이 좋은 명소이다. 케이블카를 타고 395m의 정상에 오르면 주먹만 한 크기의 마모셋 원숭이도 만날 수 있다. 무엇보다 이곳에서 바라보는 일몰의 찬란한 광경은 기억에서 지울 수 없을 정도로 아름답다. 정상에서 내려다보는 리우의 화려한 밤거리도 가히 환상적이다. 모두가 이구동성으로 왜 이 도시를 세계에서 가장 아름다운 도시로 꼽는지를 이곳에서 비로소 실감하게 된다. ❦

Travel Info

리우데자네이루

파웅 지 아수카르 정상에서 내려다본 풍경

독특한 구조를 지닌 콜로니얼 스타일 레스토랑

(Access) 대한항공 등은 미국을 거쳐 브라질의 상파울루까지 운항한다. 남미 최대 항공사인 라탐항공은 로스앤젤레스와 칠레의 산티아고를 거쳐 리우데자네이루까지 운항한다.

(Travel Season) 리우데자네이루는 1년 중 언제 어느 때 방문해도 좋다. 아무래도 삼바 카니발(해마다 축제 일자가 바뀐다)이 열리는 2~3월이 가장 방문하기 좋은 때이지만 이 기간에는 숙박료가 비싸고 서둘러서 숙박 예약을 해야 한다. 해수욕을 즐기기에 좋은 리우의 여름은 12월부터 3월 중순까지 계속된다.

(Travel Tip) 여행자들이 좀처럼 갈 일이 없는 리우데자네이루의 우범 지역은 낮에도 총성이 들릴 정도로 위험하다. 하지만 일반적으로 여행자들이 즐겨 찾는 관광지는 치안이 안전하다. 단, 귀중품은 항상 보이지 않게 잘 보관하는 것이 현명하다. 비자 없이 관광 목적으로 90일 동안 체류할 수 있다.

BRAZIL

살바도르 데 바이아의
역사 지구
Historic Centre of Salvador de Bahia

Information

국가	위치	등재연도
브라질	살바도르	1985년

브라질 대서양 연안에 자리한 살바도르는 삼바의 리듬 속에 365일 예술가의 열정과 정열적인 일상이 살아 숨 쉬는 곳이다. 예술가들이 아무런 방해 없이 그들만의 열정을 살리려면 살바도르로 와야 한다. 눈부신 태양과 트로피컬 야자수, 별빛 아래의 삼바 리듬, 해변에서 뛰노는 아이들과 고기 낚는 어부들의 생으로 넘쳐나는 공간이기에 자신들의 예술성에 원색적인 일상의 풍요로움을 더할 수 있다.

브라질 사람들은 눈빛과 미소만으로 그 누구와도 이야기를 나눌 수 있다고 믿는다. 초롱초롱한 눈빛과 지칠 줄 모르는 미소만으로 무장되어 있다면 브라질 여행의 기쁨은 배가 된다. 살바도르는 브라질 여행의 중심에 있다. 인구 약 270만 명을 지닌 제법 큰 도시이지만 여행자들에게는 이 나라에서 가장 문화적인 매력이 넘실대는 곳으로 알려져 있다. 바로 이곳에서 태동한 삼바 리듬 때문인데, 살바도르의 삼바 리듬은 이곳 출신 이주자들에 의해 리우데자네이루와 같은 곳에서 발전되었다. 살바도르가 자리한 바이아Bahia 지방은 브라질 음악의 중심이다. 그리고 그 가운데 살바도르가 있다. 브라질의 대표 음악인 삼바 리듬은 브라질로 건너온 아프리카 흑인 노예들에 의해 만들어진 것으로 그들의 야성과 열정, 삶의 애환 등을 담고 있다. 때로는 흥겹지만 때로는 차분하다. 리우데자네이루에서 삼바가 발달한 이유도 바로 바이아에서 건너간 노동자들이 바이아 특유의 리듬을 그곳에서 전했기 때문이라고 한다.

살바도르는 역사 도시이기도 하다. 16세기 중반 포르투갈 식민주의자들이 건설한 도시로 처음에는 사탕수수와 담배 따위를 유럽으로 보내는 역할을 하였으나 점차 아프리카 흑인 노예들을 태운 노예선이 들어오는 남미 대륙의 주요 항구로 탈바꿈하였다.

살바도르의 구시가는 언덕 위에 자리해 있다. 이러한 지형적 이점 때문에 식민주의자들은 적들의 침입을 막기 위해 이곳에 도시를 건설한 것이다. 이곳에 오르기 위해서는 라세르다Lacerda라고 불리는 오래된 구식 엘리베이터를 타야만 한다. 엘리베이터를 타고 전망대에 오르면 이곳에서 내려다보는 대서양의 눈부신 수평선과 그 아래 펼쳐진 도심의 낡은 고층빌딩들이 한눈에 들어온다. 이곳에서 조금 걸어 들어가면 살바도르 구시가의 주요 명소가 본격적으로 등장한다.

구시가의 중심인 예수 광장 주변에는 금가루를 사용해 만든 높은 제단이 놓인 바실리카 성당Catedral Basilica과 18세기 바로

PHOTO ❶
항구 지역과 언덕 위에 자리한 구시가를 연결하는 라세르다 엘리베이터

PHOTO ❷
그레고리오 지 마토스 거리에서 만난 현지 여성

PHOTO ❸
브라질의 전통 무예로 불리는 카포에라를 선보이는 청년들

PHOTO ❹
오르뎀 테르세이라 상 도밍구스 교회 천장에 그려진 프레스코

PHOTO ❺
오르뎀 테르세이라 상 도밍구스 교회 내 전시 공간

크 양식의 교회 건축의 진수를 보여주는 오르뎀 테르세이라 상 도밍구스 교회Igreja da Ordem Terceira de Sao Domingus가 있다. 예수 광장 남동쪽 끝과 연결된 작은 골목을 지나면 성 프란시스코의 순항Cruzeiro de Sao Francisco이라는 이름의 기다란 광장이 나타난다. 이곳에는 파사드가 은세공으로 아름답게 장식되어 있는 성 프란시스코 3계명 교회Igreja da Terceira Ordem de Sao Francisco와 수도원 안뜰의 벽면을 치장하고 있는 포르투갈 전통 타일인 아줄레주Azulejo로 유명한 성 프란시스코 수도원 교회Igreja e Convento Sao Francisco가 있다.

성 프란시스코의 순항 광장으로부터 북쪽으로 뻗어 있는 작은 골목길 몇 군데는 구시가의 숨은 진주와 같은 이색 공간을 담고 있다. 그레고리오 지 마토스Rua Gregorio de Matos를 중심으로 북카페, 아트 갤러리, 부티크숍, 앤티크숍 등이 포진해 있기 때문이다. 이 주변은 가난하고 배고픈 현지 예술가들이 종이 위에 자신만의 개성 넘치는 손놀림으로 예술적 색감을 입힌다. 저마다 이 도시를 표현하는 기법은 다르지만 이 도시에 대한 애정은 누구 못지않게 진하다.

그레고리오 지 마토스 거리를 따라 북쪽으로 좀 더 올라가면 카포에라Capoeira 쇼를 볼 수 있는 미구엘 산타나 극장Teatro Miguel Santana이 나온다. 이 극장 내에 자리한 발레 폴크로리코 다 바이아Bale Folclorico da Bahia에서는 화요일을 제외한 매일 밤 8시에 카포에라 쇼가 펼쳐진다. 카포에라는 바이아주의 아프리카 흑인 노예들에 의해 개발되고 계승된 호전적이고 용맹스러운 무예이다. 한 명 또는 두 명이 함께 춤을 추기도 하는데, 춤 동작은 주로 발을 이용한 발차기, 돌려차기, 공중회전 등을 쉴 새 없이 보여주기에 매우 율동적이다.

구시가의 중심 지구를 둘러보았다면 500~600m 좀 더 북쪽으로 걸어 올라가 보자. 한가하지만 여행자들의 눈길을 끄는 콘벤투 두 카르무Convento Do Carmo와 같은 스타일리시 호텔과 레스토

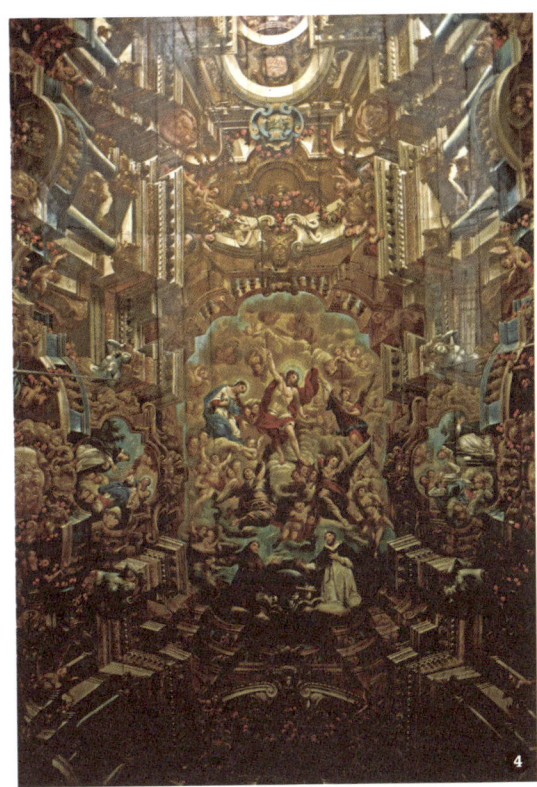

PHOTO ⑥
파스텔 톤 가옥들이 즐비한
카르무 지구의
한적한 거리 풍경

랑, 아트숍 등이 펼쳐있는 카르무Carmo 지구가 나오는데, 현지인의 일상을 볼 수 있기 좋은 지역이다. 뭔가 펑키한 분위기를 풍기는 카페도 발견할 수 있고 무명 아티스트의 낙서와 같은 그라피티로 어지럽혀 있는 거리의 벽면도 인상적이다. 대서양을 바라보는 전망 좋은 옥외 테이블을 갖춘 소규모 레스토랑도 숨어 있다. ❦

Travel Info

살바도르

요트가 정박된 살바도르의 항구

카르무 지구에서 만난 현지 소년

살바도르 해변가에서 갓 잡은 생선을 파는 행상인

카르무 지구의 카페

(Access) 브라질 최대의 국내선 항공 노선을 지닌 라탐항공은 브라질 동부에 위치한 바이아주의 주도인 살바도르와 리우데자네이루, 상파울루, 브라질리아, 나탈 등 브라질의 주요 도시 사이를 매일 수차례 직항 운항한다.

(Travel Season) 온화한 기후를 보이는 겨울철인 6~8월이 방문하기 좋다. 다양한 축제와 행사가 열리는 6월이 방문하기에 가장 좋은 시기이다. 여름철인 12~3월은 상당히 덥다.

(Travel Tip) 브라질의 대부분 대도시가 그렇듯이 살바도르에서도 늦은 밤 사람들의 발길이 드문 곳을 혼자 걷는 것은 매우 위험할 수 있다. 먼 거리는 걷는 것보다 택시를 이용하는 게 안전하다.

FIJI

레부카 역사적 항구 도시
Levuka Historical Port Town

Information

국가	위치	등재연도
피지	오발라우	2013년

남태평양의 보물이라 불리는 피지는 눈부실 정도로 아름다운 휴양지이다. 환상적인 바닷속 세계는 차치하고라도 야자수 우거진 열대 섬의 해먹에 누워 유유자적하는 낭만은 가히 꿈에서나 그려볼 법하다. 낙원 같은 휴양지의 작은 열대 섬 오발라우는 때 묻지 않은 원시적 자연 경관을 그대로 간직한 곳이다. 무엇보다 이 섬에는 이 나라에서 가장 오래된 역사적인 거리 풍경이 곱게 감추어져 있다.

승객을 달랑 세 명 태운 경비행기는 구슬 구르듯 유연하게 수바Suva공항의 활주로 위를 달리고 드디어 힘차게 땅을 박차고 하늘을 날아올랐다. 비행을 시작한 지 10분 정도밖에 안 되었는데, 조종석 앞 창문 너머로 목적지인 오발라우Ovalau섬의 실체가 보이기 시작했다. 이윽고 숲으로 뒤덮인 섬 가운데 연둣빛 벌판이 눈에 들어왔고 그 벌판 가운데에 일직선 형태의 검은 띠가 놓여 있는 모습을 보게 되었다. 그 실체는 벌판 위에 만든 직선 활주로였다. 허공 위에서 육안만으로도 활주로의 직선 거리가 매우 짧다는 것을 감지할 수 있었다. 오발라우섬의 유일한 활주로를 지닌 부레타Bureta공항의 청사는 그야말로 '피식' 웃음이 나올 정도로 작고 초라한 건물이었다.

숙소를 향해 해안도로를 달렸는데, 높이 3m가량의 야자수가 도로 옆을 거니는 아낙네들에게 서늘한 그늘을 제공해주고 있

PHOTO ❶
피지에서 가장 오래된 거리인 레부카의 중심가

PHOTO ❷
바닷물 속으로 첨벙 뛰어드는 것은 현지 아이들에게 언제나 흥겨운 오락거리이다.

PHOTO ❸
1897년에 세워진
세인트 존스 칼리지 교회

었다. 가는 도중 가장 인상적이었던 풍광은 야자수와 나무판자 집채들로 이루어진 마을 너머로 뾰족한 엄지손가락 모양의 산봉우리가 보였다는 점. 사실 이 섬 한가운데에는 난데라이오발라우 Nanderaiovalau라고 불리는 626m의 작은 산이 자리해 있었다. 오발라우의 모습은 일요일 오후 가족적인 분위기의 이 섬마을 교회만큼이나 평온하고 사랑스러워 보였다. 하늘은 파랗고 맑았으며 하얀 구름이 솜털처럼 잔잔히 하늘 위에 흰 점을 찍고 있었다. 주위는 온통 초록이 무성한 작은 바위산들로 둘러져 있었고 그 아래에는 핑크빛, 아쿠아마린 톤의 하늘색으로 색칠한 지붕을 덮은 가옥들이 놓여 있었다. 산 아래 펼쳐진 작은 언덕 아래에는 회색 십자가가 놓인 묘비들로 이루어진 묘지도 보였는데 마치 독특한 개성을 발하는 야외 조각공원처럼 보였다.

유네스코 세계문화유산으로 지정된 레부카 타운이 인상적인 것은 단층 높이의 여러 채의 건물이 저마다 도로 위에 차양막을 두고 길게 늘어서 있다는 점. 게다가 모두 파스텔 톤의 연분홍, 연두색, 크림색 등으로 채색된 건물은 독특한 오라를 연출했다. 그 옆에 석조로 만든 회색 시계탑이 인상적인 유럽풍의 건물은 바로 새크레드 하트 교회 건물이다. 19세기에 지은 이 교회는 푸른 산세를 배경으로 하고 있어 꽤 인상적인 풍광을 자아냈다.

PHOTO ❹
1858년 세워진
새크레드 하트 성당

사실 오발라우섬은 피지에서 유럽인들이 처음으로 정착한 땅이다. 레부카는 그 중심지였다. 기록에 의하면 1806년 남태평양에서 원목을 생산하는 유럽 상인이 처음 레부카에 상륙한 뒤 1830년부터 이곳에 고래잡이 센터를 만들어 유럽인들이 정착하게 된다. 2개 이상의 돛대를 지닌 스쿠너 선박을 건조하고 이곳에서 잡은 해삼, 거북이 알, 코코넛 오일 따위를 수출하기 시작했다. 이 중 몇몇 유럽인들은 현지 여성들과 결혼해 살기도 했다. 하지만 섬에 살고 있던 로보니 종족은 이들을 외지에서 온 방해꾼으로 여기고 전사의 기질을 발휘해 유럽 정착민들이 원목으로 세운 마을을 불태웠다. 레부카 추장의 허락 아래 정착해 온 유럽 정착민들은

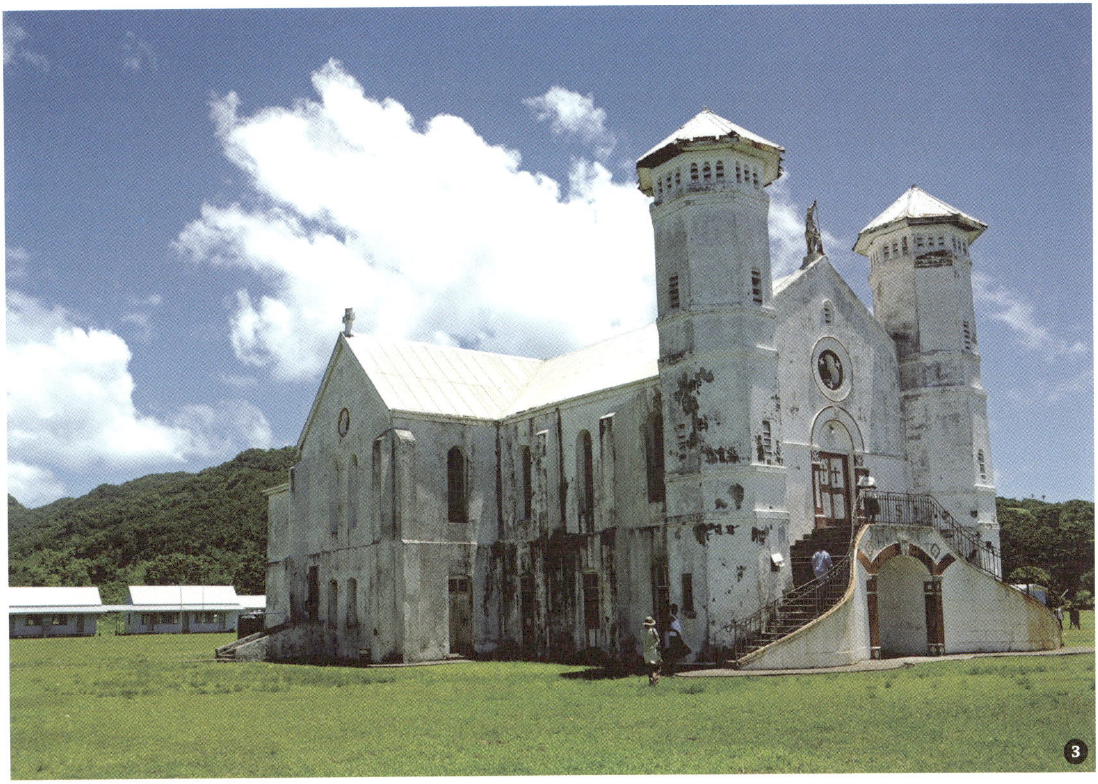
3

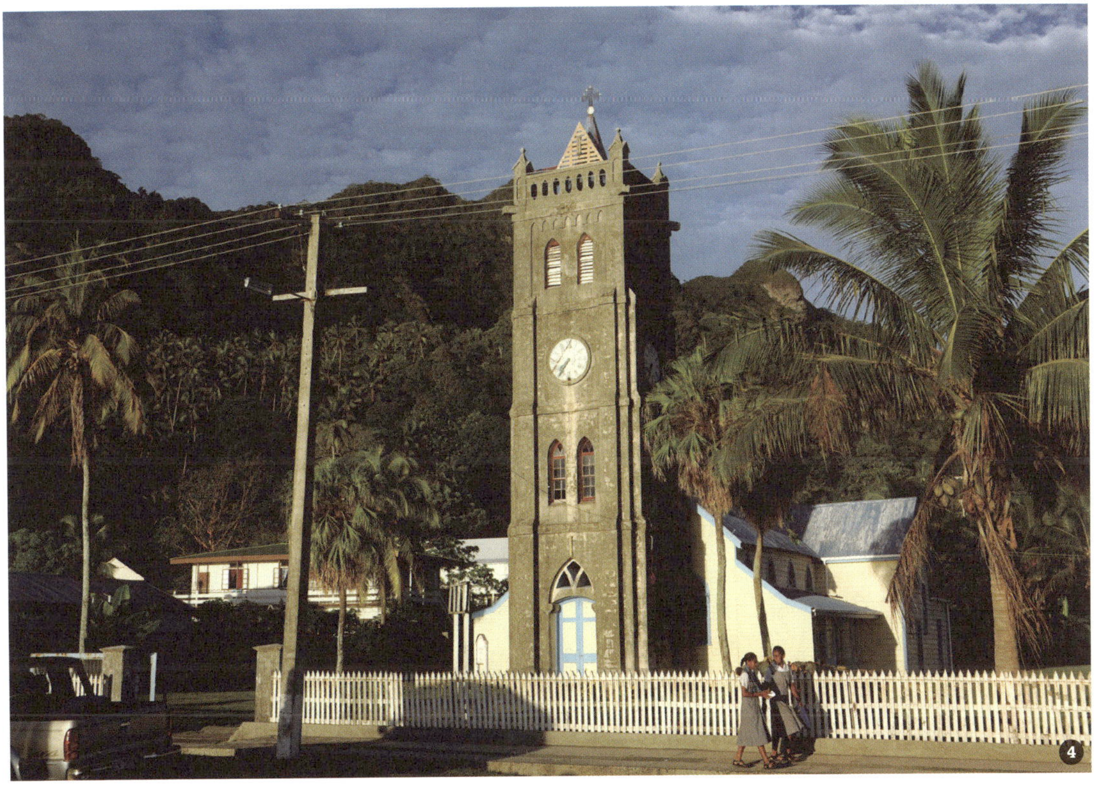
4

PHOTO ❺
이른 아침 학교에 가기 위해 버스로 개조한 트럭에 올라타는 학생들 모습

1846년 레부카 추장이 로보니 전사들에 의해 살해되자 생명의 위협을 느끼게 됐다. 그 후 1850년경부터 레부카는 외관상으로는 발전해갔지만 술주정뱅이, 약탈자, 사기꾼, 중간 상인 등과 같은 부류들이 모이는 곳으로 전락했다. 1870년대에는 약 3,000명의 유럽인들이 살고 있었으며 52개의 호텔이 자리해 있었다. 1874년 피지가 영국의 식민지가 되면서 레부카는 영국식민지령 피지의 첫 수도가 되었다. 하지만 1882년 수도는 비티레부섬의 수바(현 피지의 수도)로 옮기게 되고, 19세기 말부터 레부카를 중심으로 했던 모든 상거래가 수바로 옮기게 되자 1930년대 이곳에서 생산되던 코프라(코코넛의 과육과 코코야자의 배유를 말린 것) 시장이 곤두박질치면서 레부카의 쇠락은 더해만 갔다. 이어 1888년과 1905년 두 차례 큰 허리케인으로 레부카 타운의 북부 지역은 피해를 입었지만, 다행히 레부카 타운 중심지에는 19세기 번영했던 콜로니얼 건물들이 꿋꿋이 자리를 지키고 있다. ❦

Travel Info
레부카

1880년대 세워진 상점 등 레부카의 건물들이 보인다.

레부카 타운 인근 강가에서 뗏목 타는 아이들

(Access) 일본 도쿄, 호주의 브리즈번, 시드니, 뉴질랜드의 오클랜드 등지에서 피지항공, 콴타스항공, 에어뉴질랜드를 통해 피지의 난디국제공항으로 갈 수 있다. 피지항공은 피지의 수도 수바와 오발라우섬의 레부카공항 사이를 직항 운항한다(소요시간은 12분). 배편으로는 나토비 랜딩Natovi Landing을 경유하여 레부카-수바 구간을 운항하는 패터슨 브라더스 시핑Patterson Brothers Shipping 페리가 매일 오전 오발라우섬의 부라셀라 선착장을 출발한다(4시간 소요).

(Travel Season) 피지는 어느 때 방문해도 좋다. 가장 방문하기 좋은 시기는 건기인 5~10월이다. 피지의 우기는 11~4월까지이다.

(Travel Tip) 오발라우섬 내에서 가장 저렴한 교통수단은 트럭이다. 레부카와 로보니 마을을 오가는 트럭이 월요일부터 토요일까지 오전에 두 차례 레부카를 출발하고 오후에 로보니 마을로부터 돌아온다. 오발라우 워터스포츠에서는 스쿠버다이빙 장비 대여 및 강습 프로그램(영어로 진행)을 제공한다. 산호초에서의 스노클링 투어 프로그램도 있다. 피지는 대한민국 여권 소지자가 관광 목적으로 비자 없이 4개월 동안 체류 가능하다.

AUSTRALIA

포트 아서 유형지
Port Arthur Convict Site

Information

국가	위치	등재연도
호주	포트 아서	2010년

포트 아서에는 19세기 중엽에 죄수들을 집단으로 수용하는 거대한 수용소가 세워졌다. 오늘날 이 수용소 유적은 폐허가 되었지만 역사적 가치를 인정받아 세계문화유산으로 지정되었다. 포트 아서 수용소 유적은 시드니의 오페라 하우스와 더불어 호주의 몇 안 되는 세계문화유산 중 하나다. 또한 태즈메이니아섬을 방문하는 여행자에게는 추천할 만한 이 섬의 관광명소이기도 하다.

포트 아서는 호주 태즈메이니아Tasmania섬의 태즈먼Tasman 반도에 자리해 있다. 태즈메이니아섬은 호주 대륙에서 남동부 방면으로 240km 떨어진 곳에 위치한다. 포트 아서는 이 섬의 관문인 호바트Hobart에서 남쪽으로 약 60km 떨어진 곳에 있으며, 오늘날 인구가 300명 정도 되는 작은 마을이다.

포트 아서는 처음 1830년 목재 운반소로 세워졌다. 그 후 1833년부터 대영제국의 죄수들이 이곳에 유배되었다. 수용소가 제대로 세워지기 전까지 초기의 유배된 죄수들은 매우 혹독한 시간을 이곳에서 보냈다. 죄수들의 대부분은 먼 뱃길을 통해 영국에서 온 죄수들이었다. 당시 이곳은 척박한 땅에다 추운 날씨, 고된 노역 등을 이유로 죄수들이 가장 살기 힘든 곳으로 알려졌다. 1853년 이전까지는 제대로 된 수용소 시설도 마련되어 있지 않았다. 수용소 시설이 마련된 후에도 죄수들은 빛이 없고 침묵을 강요당하는 환경 속에서 육체적, 정신적으로 큰 고통을 당하며 살았다.

PHOTO ①
배 위에서 바라본
포트 아서 수용소의 전경

더군다나 가족이 먼 고향으로부터 이곳까지 면회를 오는 상황을 전혀 기대할 수 없는 처지였다.

무엇보다 이 수용소는 죄수들에게 탈출하기 힘든 지리적 여건을 지닌 곳이었다. 수용소 앞에는 깊은 바다가 놓여 있는 데다 헤엄쳐 바다를 건넌다 해도 무인도를 제외하고는 쉽게 다다를 육지가 거의 없었다. 또한 수용소는 도시(호바트)로부터 60km나 떨어져 있었다. 당시 이곳을 오가는 통로는 바닷길이 유일했다. 그럼에도 불구하고 죄수들의 탈출 시도가 이어졌고, 그중에는 어렵사리 보트를 구해 뱃길을 이용해 가까스로 탈출에 성공한 자도 있었다. 포트 아서 수용소에는 소년 죄수들도 상당히 많았다. 가장 어린 죄수는 9살에 불과했다. 이들은 성인 죄수들과 분리되어 수감되었다. 이곳이 유형지였을 때 이곳에 사는 주민은 거의 없었다. 오직

PHOTO ②
수용소 본체 내 독방 내부

PHOTO ③
수용소 내 자리한 병원.
군인들과 죄수들이
함께 이용했다.

수용소 관리를 맡은 군인들뿐이었다. 간혹 뱃사람들이 물건을 나르기 위해 오가곤 했다. 수용소 고위 간부들의 가족을 제외하고는 상당 기간 동안 단 한 명의 여자도 살지 않았다.

포트 아서 수용소 인근 바다 위에 떠 있는 무인도는 수용소 안에서 죽은 자들의 무덤을 세워놓은 곳이었다. '시체들의 섬'이라고 불리는 이곳에는 1,646개의 무덤이 있다. 이 중 180개의 무덤만이 수용소 관리인이나 군인들의 무덤이고 나머지는 모두 죄수들의 무덤이다. 포트 아서 수용소 유적지는 18~19세기 대영제국 시대에 세워진 11군데의 건물로 이루어져 있다. 11개의 건물은 수용소 본채를 비롯해 수용소 관리소장이자 군대의 최고급 간부가 머물던 주택, 수용소를 관리하던 군인들의 병사, 병원 등으로 구성되었다. 오늘날 볼 수 있는 수용소의 본채는 1853년에 완공된 것이다. 그 이전에는 간이 건물 형태의 수용소 캠프가 있었다. 1855년에는 일부 건물이 들어서면서 확장되었다. 군인들이 산책할 수 있는 정원도 마련되었다. 수용소의 건물들은 수용소 본채를 가운데에 두고 십자가 형태로 배열되었다. 따라서 어느 건물에서도 중심에 자리한 수용소 본채를 바라볼 수 있었다. 죄수들을 어느 곳에서나 수월하게 감시하기 위한 구조였다. 포트 아서 수용소는 1877년까지 운영되고 그 이후로는 방치되어 오늘날 보는 것처럼 폐허가 된 채 거대한 유적지가 되었다. ☙

Travel Info

포트 아서

수용소 내 관리소장의 저택 내부

높은 곳에 자리한 수용소 내 가드 타워

(Access) 한국에서 대한항공이나 아시아나항공으로 호주의 시드니, 멜버른까지 직항편이 운항된다. 시드니, 멜버른을 비롯해 호주의 주요 도시에서 호바트까지 젯스타, 타이거에어 등 저가항공을 이용해 저렴하게 찾아갈 수 있다. 포트 아서는 호바트에서 당일 투어를 통해서 찾아가거나 렌터카를 이용해 찾아갈 수 있다.

(Travel Season) 남반구에 위치한 호주는 한국과 계절이 반대이다. 호주에서는 6~8월이 겨울이고, 12~2월이 여름이다. 태즈메이니아는 호주 최남단에 위치해 있어 겨울철에 가장 추운 곳이다. 따라서 한여름에 이곳을 방문하더라도 일교차가 심하므로 따뜻한 옷을 준비해 가는 것이 좋다.

(Travel Tip) 포트 아서가 자리한 태즈먼반도는 아름다운 해안절경으로 유명한 곳이기에 호바트에서 렌터카로 태즈먼반도의 뷰포인트를 둘러보는 것을 추천한다.

유네스코 세계문화유산

개정2판 1쇄 | 2023년 9월 19일

지은이 | 김후영

발행인 | 유철상
편집 | 홍은선, 김정민
디자인 | 노세희, 주인지
마케팅 | 조종삼, 김소희
콘텐츠 | 강한나

펴낸 곳 | 상상출판
주소 | 서울특별시 성동구 뚝섬로17가길 48, 성수에이원센터 1205호(성수동 2가)
구입·내용 문의 | **전화** 02-963-9891(편집), 070-7727-6853(마케팅)
팩스 02-963-9892 **이메일** sangsang9892@gmail.com
등록 | 2009년 9월 22일(제305-2010-02호)
찍은 곳 | 다라니
종이 | ㈜월드페이퍼

※ 가격은 뒤표지에 있습니다.

ISBN 979-11-6782-170-6 (13980)

© 2023 김후영

※ 이 책은 상상출판이 저작권자와의 계약에 따라 발행한 것이므로
본사의 서면 허락 없이는 어떠한 형태나 수단으로도 이용하지 못합니다.
※ 잘못된 책은 구입하신 곳에서 바꿔드립니다.
※ 이 책은 〈언젠가 한 번쯤 유네스코 세계문화유산〉의 개정판입니다.

www.esangsang.co.kr